Edition Delius

PANALP

Neben dem
Mittelmeerraum sind die
Alpen Europas
größtes Ökosystem.

Die Alpen
sind eine Schatzkammer
für Europas
Trinkwasserreserven.

In den vergangenen
150 Jahren haben wir
die Hälfte des
alpinen Gletschereises
verloren.

Für die Zukunft der Alpen
ist von Bedeutung,
dass sich ihre Entwicklung
stets in Harmonie
mit der Natur vollzieht –
getreu dem Prinzip
»Weniger ist mehr«.

Inhalt

DIE ALPEN

Delius Klasing Verlag

Vorwort

Koïchiro Matsuura

Generaldirektor der UNESCO

© UNESCO / M. Ravassard

Die außergewöhnliche biologische und kulturelle Vielfalt der Alpen – Europas berühmtestes Gebirge – ist wahrlich beeindruckend. Sie umfasst Gletscher und Weinkulturen, Finanzzentren, landwirtschaftliche Genossenschaften, prähistorische Fundstellen und Museen zeitgenössischer Kunst. Acht Hauptsprachen und zahlreiche Dialekte werden von den rund 13 Millionen Bewohnern gesprochen. Dennoch hat sich dieser einzigartige geo-kulturelle Raum seine Einheitlichkeit bewahren können. Dies verdankt er Jahrhunderte währender sozialer, religiöser und kultureller Assimilationsprozesse, wie sie in bestimmten gemeinsamen Traditionen, der Architektur und anderen kulturellen Erscheinungsformen zum Ausdruck kommen. Solche Vermischungsvorgänge waren nur möglich, weil die Grenzen zwischen den acht alpinen Staaten nie als Hindernis angesehen wurden. Der informative Text und die beeindruckenden Luftbildaufnahmen in dem Bildband »Die Alpen« tragen ganz wesentlich dazu bei, dass diese faszinierende Region und ihre nachhaltige Entwicklung eine größere Beachtung finden werden.

Wie ich schon auf dem World Mountain Forum (Paris und Chambery, 2000) und auf dem International Year of Mountains der UN (2002) betonte, sieht die UNESCO in der weltweiten Erhaltung der Gebirgswälder eine wichtige Aufgabe. Nach wie vor haben die Förderung innovativer Methoden zu einer nachhaltigen Entwicklung solcher Gebiete und der Schutz ihrer menschlichen und natürlichen Ressourcen einen hohen Stellenwert in unserer Agenda.

Mit Blick auf den Alpenraum haben die gemeinsamen Aktivitäten der sechs Alpenländer Österreich, Frankreich, Deutschland, Italien, Slowenien und der Schweiz, die 1972 die Konvention zum Welterbe ratifizierten, einen Weg geebnet für die Aufnahme eines Dutzends kultureller wie auch natürlicher Regionen in die renommierte Welterbeliste. Dazu zählen die Fossilienfunde des Monte San Giorgio und die Gletscherlandschaften der Jungfrau-Aletsch-Bietschhorn-Bergregion in der Schweiz, die Hallstatt-Dachstein-Kulturregion im österreichischen Salzkammergut sowie die Albula-Bernina-Linie der Rhätischen Bahn in der Schweiz, ein transnationales Projekt der Schweiz und Italiens. Im Jahre 2000 und 2001 trafen sich die unterzeichnenden Länder der Konvention in Hallstatt (Österreich) bzw. Turin (Italien), um ein gemeinsames Konzept zu finden, das künftige grenzüberschreitende Nominierungen besonders schutzwürdiger Alpenregionen erleichtern soll. Jüngste Erörterungen konzentrieren sich auf die Zusammenführung zweier Nationalparks – La Vanoise in Frankreich und Gran Paradiso in Italien – zu einem großen, der Welterbeliste zugehörigen Park. Gemäß der Alpenkonvention von 1991 berät die UNESCO für gewöhnlich die Arbeitsgruppe der Konvention in Fragen des Welterbes.

Die UNESCO begrüßt den Umstand, dass sich das Projekt »Die Alpen« auch um die Förderung eines nachhaltigen und verantwortungsvollen Tourismus bemüht. Das passt hervorragend zum Millennium-Entwicklungsziel 7 der UN, das umweltbewusstes nachhaltiges Handeln fördern will. Die UNESCO trägt mit ihren Welterbe-Aktivitäten ebenso dazu bei wie mit dem Mensch-und-Biosphäre-Programm (MAB), das sich in einem interdisziplinären Ansatz dem Aufbau von Kapazitäten annimmt und durch Forschungsförderung in Umweltfragen engagiert, die im Zusammenhang mit ihrem Netzwerk der Biosphärenreservate steht. Aus diesem Grunde unterstützt die UNESCO voll und ganz das Projekt »Die Alpen«.

Ich möchte Österreich, Frankreich, Deutschland, Italien, Liechtenstein, Monaco, Slowenien und die Schweiz und auch die regionalen Parks und Organisationen wie das Panalp-Institut beglückwünschen zu ihren wertvollen Beiträgen, die der Öffentlichkeit auch multimedial und als Wanderausstellungen präsentiert werden. Ich bin davon überzeugt, dass diese exzellente Initiative die Wahrnehmung der außergewöhnlichen Natur des Alpenraums fördert und hilft, diesen faszinierenden geo-kulturellen Raum in all seiner Vielfalt für künftige Generationen zu bewahren. Des Weiteren hoffe ich, dass diese reich bebilderte Publikation ihre Leser dazu animiert, die Alpen zu bereisen, um sich von der Großartigkeit dieser Landschaft ein eigenes Bild zu machen. Ich bin überzeugt, wer sich auf die Reise in diesen bemerkenswerten Teil unseres Planeten begibt, wird nicht nur Landschaften unvergleichlicher Schönheit antreffen, sondern auch das außergewöhnliche Zeugnis eines gemeinsamen Erbes.

Vorwort

Sir Christian Bonington

Die Alpen sind aufgrund ihrer Größe und geografischen Lage eine einzigartige Gebirgsregion. Höhe und Breitengrade ermöglichen eine permanente Schneebedeckung und ausgedehnte Gletschergebiete. Der wechselhaften geologischen Geschichte verdanken sie eine erstaunliche Vielfalt von Gesteinsformen – zerklüftete Granitspitzen, Wände und Türme aus Kalkstein und dazwischen viele andere Felsformationen –, die sich dank breiter Täler in leicht erreichbarer Nähe dicht besiedelter Regionen im Westen Europas befinden. Dies trägt dazu bei, dass wir es mit einer großen Gebirgsregion von unvergleichlicher Schönheit und Vielfalt zu tun haben, die sich, quasi als ein schützendes Dach über der italienischen Halbinsel, in einem weiten Bogen vom Ligurischen zum Adriatischen Meer wölbt.

Die Alpen sind reich an Geschichte und Kultur. In Zeiten des Römischen Reiches bildeten sie für Italien einen natürlichen Verteidigungswall – obwohl er für kühne Eindringlinge nie unbezwingbar war, wie wir es im Falle Hannibals während der Punischen Kriege, später beim Zusammenbruch des Römischen Reiches und in neuerer Zeit beim Feldzug Napoleons in Italien gesehen haben, der wieder einmal seinen Ruf als genialer Feldherr bestätigte. Die gebirgsreiche Schweiz profitierte im 19. Jahrhundert von ihrer relativen Unzugänglichkeit und vermochte sich in beiden Weltkriegen ihre Neutralität zu bewahren.

In frühgeschichtlicher Zeit galten die hohen Berge als die unerreichbare Heimat von Göttern und Teufeln. Gamsjäger und Mineraliensammler wagten sich auf Hänge und Gletscherzungen, die Gipfelregionen blieben jedoch unberührt. Doch in uns Menschen schlummert ein Urbedürfnis, der Drang, Gipfel zu erklimmen und sich Herausforderungen zu stellen – einer der Gründe für die erfolgreiche Menschheitsgeschichte auf diesem Planeten. Dieser Drang zeigte sich 1786, als der Wissenschaftler Paccard und der Mineraliensammler Balmat sich zum Gipfel des Mont Blanc hochkämpften. Das war ein unglaublicher Erfolg, ein mutiger Schritt ins Unbekannte. In vielerlei Hinsicht sogar bemerkenswerter als die Besteigung des Everests durch Hillary und Tenzing im Jahre 1953. Interessanterweise ist der bezwungene Höhenunterschied zwischen Chamonix, ihrem Ausgangspunkt, und dem Mont Blanc der gleiche wie vom Everest-Basislager zum Gipfel – auch wenn man zugeben muss, dass die Bergsteiger dort mit viel dünnerer Luft auskommen mussten.

Schon bald waren Mont-Blanc-Besteigungen nichts Außergewöhnliches mehr. Doch anfänglich wurden sie nicht als Sport angesehen, sondern als abenteuerliche Pionierleistungen im Dienste der Wissenschaft. Man trug Thermometer, Barometer und Tabellenwerke auf die Gipfel der Berge. Zu jener Zeit wurden die Alpen zunehmend zu einem Ziel für Touristen. Beflügelt wurde dieser Trend damals von der romantischen Bewegung. Eine Reise zu den Tälern der Alpen war ein Muss jenes Zeitgeistes.

Das Bergsteigen als purer Sport war vor allem eine britische Erfindung. In der Mitte des 19. Jahrhunderts bereisten englische Gentlemen und einige Ladies als Freizeitvergnügen die Alpen, um rein aus Freude am Bergsteigen die Gipfel zu erklimmen. Am Beginn ihrer Touren verpflichteten sie einheimische Führer, die die Wege ins Hochgebirge kannten und zäh und belastbar waren – wenngleich sie kaum mehr Erfahrung mit der Besteigung der höchsten Gipfel hatten als ihre Kunden. So entsprach die Beziehung zwischen den Führern und den Fremden eher einer Partnerschaft.

Die Geschichte, wie die Alpen zum Bergsteigerparadies wurden, würde mehrere Bände füllen. Zu den bemerkenswertesten Entwicklungen zählt die des ungeführten Kletterns. Einer der führenden Vertreter dieses Trends war der britische Bergsteiger A. F. Mummery. Als Naturtalent und brillanter Kletterer nutzte er anfänglich das Wissen erfahrener Führer bei seinen Touren Ende des 19. Jahrhunderts in den Alpen und im Kaukasus. Dann begriff er, dass die wahre Befriedigung des Bergsteigens nur aus dem Bewusstsein erwächst, für alle Entscheidungen voll verantwortlich zu sein und selbst die Führung zu übernehmen.

Ein weiterer Meilenstein entwickelte sich in den Ostalpen, wo die besondere Steilheit der Kalkgebirge in den österreichischen Alpen, den Dolomiten und den Julischen Alpen fortgeschrittene Techniken erforderte. Man führte Felshaken und andere Hilfsmittel ein, und es wurden moderne Maßstäbe im Sportklettern gesetzt. Diesen Trend verfolgten einige Traditionalisten in der westeuropäischen, besonders der britischen Bergsteigerszene mit Argwohn. Sie sahen darin einen Verstoß gegen ethische Prinzipien. Dadurch gerieten sie ein wenig ins Abseits, vor allem in der Zeit zwischen den Weltkriegen, als deutsche und österreichische Bergsteiger die großen Nordwände der Alpen in Angriff nahmen: die Schmidt-Brüder am Matterhorn, Meier und Peters in den Grandes Jurasses, Heckmair, Vörg, Kasparek und Harrer am Eiger. Der Eiger erwies sich als die härteste und gefährlichste Herausforderung. Es kostete vier Aufstiegsversuche und acht Leben, bevor der Gipfel erreicht wurde.

Das Bergsteigen, so wie andere Sportarten, wurde von Politikern stets auch für ihre eigenen Zwecke benutzt. Das war besonders zwischen den Weltkriegen der Fall, und so mussten sich die Bergsteiger vorwerfen lassen, die nationalistischen Bestrebungen mit gefördert zu haben, obwohl ich davon überzeugt bin, dass für die meisten, wenn nicht sogar für alle Alpinisten die pure Freude am Bergsteigen und das Bis-an-die-Grenzen-Gehen, vielleicht gepaart mit einer gesunden Portion Ego der Hauptgrund dafür waren.

Ich selbst betrat die Szene kurz nach Kriegsende, als die großen Wände der Alpennordseite bereits bestiegen waren. Es gab aber noch genügend Herausforderungen im gesamten Alpenraum. Mit dem Klettern begann ich 1951, als ich noch ein Schüler in London war. Ich trampte zu den Bergen in Wales und Schottland, übernachtete in Jugendherbergen und kletterte mit allen möglichen Partnern, sowohl erfahrenen als auch unerfahrenen, so wie ich es damals war. Er war eine wunderbare Lernphase, in der ich mir die Grundlagen der Fels- und Eiskletterei aneignete. Damals standen Auslandsreisen nicht zur Diskussion, da sie sich meine Familie nicht leisten konnte, doch später trat ich der Armee bei und war 1956 in Deutschland, in Münster/Westfalen stationiert. Meinen ersten Ausflug in die Alpen unternahm ich im Frühsommer, als ich mit einem Zug nach Berchtesgaden fuhr und mich dort nach einem Partner für eine Bergtour umsah. In den 1950er-Jahren war es noch ein verschlafenes Nest. Dem Bergsteigen war es zu verdanken, dass ich bald über Gleichgesinnte stolperte und mich sogar einer Gruppe anschloss, die die Ostwand des Watzmanns besteigen wollte. Das Wetter vereitelte den Versuch, doch ich bekam einen Vorgeschmack auf das alpine Bergsteigen.

Später in jenem Sommer begab ich mich mit einem Kameraden in die Dolomiten, wo wir uns an die Klassiker wie die Ostroute des Catinaccio, die Dibona-Kante des Cima Grande und die »gelbe Kante« des Cima Picola wagten. Es gab uns einen wunderbaren Einblick in das, was die Dolomiten zu bieten haben, einschließlich historisch interessanter Spuren des Ersten Weltkriegs wie Tunnel und Stollen. Zu jener Zeit war meine »Bibel« Hermann Buhls »Wallfahrt zum Nanga Parbat«. Er erzählte von seinen Abenteuern und seinen ersten Aufstiegen in den Ostalpen auf Routen, die ich nun selbst bezwingen konnte.

Drei Jahre später kehrte ich zurück, um die Brandler-Hasse-Route an der Nordwand des Cima Grande auszuprobieren. Ihre Erstbesteigung lag erst ein Jahr zurück, und sie hatte den Ruf, eine der schwierigsten Routen der Dolomiten zu sein, die ohne Hilfsmittel kaum begehbar sei. Wir brauchten zwei Biwaks und stießen wiederholt an unsere Grenzen. Alexander Huber aus Berchtesgaden bestieg die Wand vor Kurzem dagegen nur in einigen Stunden, allein und ohne Hilfsmittel – ein Zeichen dafür, wie sehr sich das Bergsteigen in den vergangenen 45 Jahren weiterentwickelt hat.

1957 besuchte ich zum ersten Mal die Eigernordwand. Es war zweifellos ein voreiliger Versuch angesichts meiner erst kurzen alpinen Bergsteigerlaufbahn – dafür war mein Partner, Hamish MacInnes, einer der besten britischen Alpinisten jener Zeit. Zu meiner großen Erleichterung machte uns das Wetter schon kurz nach dem Start einen Strich durch die Rechnung, und wir wandten uns dann stattdessen dem Mont-Blanc-Massiv zu. Das geschah kurz bevor sie Longhi und Corti aus der Wand herausholen mussten, nachdem sie der Wettersturz erwischte.

In den folgenden Jahren erweiterte ich meinen alpinistischen Erfahrungshorizont und kletterte mit einigen sehr bekannten britischen Bergsteigern, wobei wir oft in die Fußstapfen vieler Größen des kontinentalen Alpinismus traten. Ich erstieg die Südwest-Säule des Drus mit Hamish MacInnes, Don Whillans und Paul Ross aus England sowie Walter Philip und Richard Blach aus Österreich. Die Erstbesteigung war erst drei Jahre zuvor durch den großartigen italienischen Bergsteiger Walter Bonatti erfolgt, der die Säule ganz allein erklommen hatte. Insgesamt gab es nur noch drei andere Besteigungen, und wir waren die ersten Briten. Wir brauchten drei Tage dafür und konnten kaum unsere Bewunderung verhehlen für Bonattis Mut, sein Können und seine Kraft.

Weitere Besteigungen folgten im Bereich des Mont-Blanc-Massivs. Sie bestätigten mich in der Auffassung, dass diese Gebirgsregion das »Kronjuwel« des gesamten Alpenraums ist, was die landschaftliche Schönheit betrifft wie auch die Qualität und Vielfalt der bergsteigerischen Möglichkeiten und seiner reichen alpinistischen Geschichte. 1961 unternahmen Whillans, der Bergsteiger aus Yorkshire, Ian Clough, der Pole Jan Djuglosz und ich die Erstbesteigung der zentralen Säule an der Südflanke des Mont Blanc vor der Stirn des Freney-Gletschers. Sie ist die höchste und exponierteste Felsformation in den Alpen, und für ihre Besteigung konnten wir auf die Erfahrungen der besten Bergsteiger Frankreichs und Italiens zurückgreifen, die vor uns dort gewesen waren – Bonatti, Desmaison, Julienne, Mazeaud, Piussi und andere. Sie fanden den Weg zu seinem Fuß und hoch zum ersten Stützpfeiler, der sich oben zu einer schlanken Kerze aus nahezu unstrukturiertem Granit verjüngte – doch sie mussten umkehren. Während eines Versuchs, bei dem Bonatti teilnahm, geriet die Gruppe in einen heftigen Sturm. Vier Mitglieder starben auf dem Rückweg. Wir dagegen durften von ihren Erfahrungen profitieren, hatten Glück mit dem Wetter, und dank eines alpinistischen Meisterstücks von Don Whillans vermochten wir die Spitze der Felssäule zu erklimmen und so auch den Mont Blanc. Selten hat mich eine Besteigung glücklicher gemacht als diese.

Und es gab weitere. Ich bestieg im folgenden Jahr den Walker-Sporn. Die Erstbesteigung fand im Jahre 1938 durch Riccardo Cassin, L. Espositi und U. Tizzoni statt. Obwohl es nicht so hoch hinaufgeht wie bei den Grandes Jorasses und der Weg auch nicht so lang und abwechslungsreich ist wie beim Croz-Sporn, handelt es sich doch um die mit Abstand attraktivere Route, ja um eine der besten Aufstiegsrouten überhaupt in den Alpen mit einem großartigen Granit auf der gesamten Wegstrecke. Cassin gehörte zweifellos zu den besten Bergsteigern aller Zeiten mit zahlreichen Erstbesteigungen. Ich konnte förmlich seine Nähe spüren, als wir aufstiegen. Uns gelang ein schneller Aufstieg – in etwa sieben Stunden –, und wir wollten gar nicht, dass er endet. So übernachteten wir auf dem Gipfel und durchquerten am nächsten Tag das Grand-Jorasses-Massiv und den Rochefort-Rücken bis zur Turiner Hütte. Es hat seinen ganz besonderen Reiz, diese Durchquerungen von langen Bergrücken. Man rückt die meiste Zeit zusammen, und es entsteht eine fließende Bewegung, wenn man die schroffen Felsspitzen überwindet, vorbei an steilen Abhängen und immer mit einem sich stets ändernden Ausblick auf die Gipfel rundum – die gezackten Zähne der Aiguilles de Chamonix, die stattlichen Schneemassen des Mont Blanc, die gewundenen Gletscherzungen weit unten.

Drei Tage später trafen wir am Fuße der Eigernordwand ein, und diesmal klappte alles. Es war mein fünfter Versuch. Das Wetter war perfekt, die Wand in gutem Zustand, und wir befanden uns in Topform. Der Aufstieg war ein Genuss. Mit den heutigen technischen Standards ist das Klettern nicht mehr wirklich schwer. Doch es gibt eine Menge Herausforderungen anderer Art. Die Wahl der richtigen Route ist schwierig, da sich der Weg die riesige Wand hinaufwindet. Man muss zur richtigen Zeit am richtigen Ort sein, um Steinschlag zu vermeiden, und wenn sich das Wetter verschlechtert, kann sich die Wand in einen großen Wasserfall verwandeln, bei kalten Temperaturen drohen Lawinen. Auch heutzutage, nach vielen Besteigungen, ist die Wand eine anspruchsvolle Tour und eine der größten Prüfungen im alpinen Klettern.

Dies waren einige meiner persönlichen Erfahrungen mit dem Bergsteigen in den Alpen im Verlauf der vergangenen 50 Jahre. Heutzutage ist natürlich vieles anders. All die großen Routen sind bestiegen worden, auch wenn man immer noch neue Wege entdeckt. Dank der Bergrettung mit dem Hubschrauber ist das Bergsteigen weniger gefährlich als in den 1950er-Jahren. Die Chancen, aus der Wand gerettet zu werden, wenn etwas schiefläuft, sind deutlich gestiegen. Der Klimawandel bringt ebenfalls Änderungen mit sich. Die Gletscher ziehen sich zurück, die Eisflächen sind reduziert, Steinschlag wird zunehmend zur Gefahr. Die großen verschiedenen Routen können nur noch im Frühjahr und Herbst sicher bestiegen werden. Es gibt heute immer mehr mit Haken gesicherte Routen an den großen Felsen – etwas, das ich fragwürdig finde. Für mich gehört zur Freude am Bergsteigen das sich Heranwagen an eine Wand oder einen Felsrücken dazu – und zu akzeptieren, was mir dieser Fels an Spalten bietet, um dort selbst mit der Hand Sicherungen anbringen zu können, die mir das Weiterklettern ermöglichen. So geben wir uns zufrieden mit dem, was uns Gestein oder Eis an natürlichen Mitteln bieten. Wir versuchen nicht, die Natur umzugestalten, sondern nutzen sie, versuchen ihre Risiken richtig einzuschätzen und akzeptieren sie. Wenn wir damit beginnen, den Fels beliebig mit Eisen zu beschlagen, kontrollieren oder reduzieren wir einerseits das Risiko, andererseits zwingen wir der Bergwelt unseren Willen auf. Ich weiß, das ist ein umstrittenes Thema, und es gibt hier verschiedene Sichtweisen. Doch ich denke, es ist ein Thema, das wir alle, die wir die Berge und den Alpinismus lieben, diskutieren sollten.

Aber welche Ansichten wir auch zur Ethik des Bergsteigens vertreten, wie sehr auch der Klimawandel voranschreitet – die Welt der Alpen wird in unseren Augen immer ihre bewundernswerte Schönheit behalten, wie sie dieses großartige Buch »Die Alpen« eingefangen hat. Nicht nur das Landschaftsbild, wie es sich uns aus der Ferne präsentiert, verdient unseren besonderen Schutz, sondern auch jedes kleine Detail, die Fauna und Flora, die Almen und Wälder sowie die Ortschaften in den Tälern und auf den Hängen mit ihrem individuellen Charakter. Aus mehreren Gründen kann man die Alpen als das große Erholungszentrum des westlichen Europas bezeichnen. Ein Ort, der Entspannung, Inspiration und Regeneration bietet und uns auch die Möglichkeit gibt, sofern wir es möchten, an die eigenen Grenzen zu stoßen.

Genau das ist es, was uns dieses wunderschöne Buch zeigt.

Vorwort

Marco Onida

Generalsekretär der Alpenkonvention

Die Alpen waren stets von zentraler Bedeutung für die Geschichte des europäischen Kontinents. Ihre ereignisreiche Geschichte und ihre einzigartige Funktion als Schatzkammer natürlicher wie kultureller Vielfalt machen den Alpenraum zu einer der interessantesten und auch schönsten Regionen der Erde.

Es überrascht nicht, dass das Wort »Alp« Teil des internationalen Wortschatzes ist, mag es nun Bergsteigen andeuten (Alpinismus) oder eine gebirgige Umgebung (alpin). Keine andere Bergregion stand so oft im Mittelpunkt von Gedichten, Geschichten, Liedern und akademischen Studien. Von Petrarca bis Goethe, die Alpen leben auch in unserer Literatur. Die alpine Anthropologie ist in verschiedenen Universitäten ein eigenes Fachgebiet.

Heute sind die Alpen der Lebensraum für 13 Millionen Menschen in rund 6000 Gemeinden, und der Wirtschaftsraum umfasst äußerst wichtige Bereiche wie Tourismus und Berglandwirtschaft.

Die Globalisierung ist in den letzten Jahren immer schneller vorangeschritten, und den Touristen bieten sich heutzutage viel mehr Möglichkeiten als früher. Doch es gibt nach wie vor viele Gründe, die Alpen zu erkunden und hier zu leben. Ihre Kulturen, die sich über verschiedene Sprachräume hinweg erstrecken, bilden ein einzigartiges Welterbe. Ihre Geschichte, der Reichtum an natürlichen Ressourcen, ihre sauber gebliebenen Böden, Gewässer und die Reinluft, ihre Fauna, Flora und Biotope sowie die Ruhe – all das zusammen macht den Alpenraum zu einer der wertvollsten Regionen der Erde. Die Produkte der Berglandwirtschaft zeichnen sich durch hohe Qualität und ausgezeichneten Geschmack aus. So ist eine Reise in die Alpen ein Muss aus vielerlei Gründen. Und um noch einen anderen Aspekt anzusprechen: Der Besuch der Alpenregion – sei es in ihrer Gesamtheit oder nur Teile davon – bedeutet auch, die Grenzen zwischen Staaten zu überqueren. Viele der höchsten und bekanntesten Alpengipfel liegen im Grenzbereich zwischen Staaten oder Regionen, aber nicht zwischen Kulturen.

Aber die Alpen unterliegen auch einem Veränderungsprozess. Verkehr, Energiebedarf und touristische Einrichtungen haben verschieden starke Auswirkungen. Die Menschen wandern in Städte und in die Täler ab. Das bedeutet neue Herausforderungen, wie etwa die Bewahrung der alpinen Landwirtschaft und Kultur. Und es bedeutet gemeinsames und koordiniertes Handeln. 1991 entschieden die Minister der acht Alpenstaaten, ein internationales Abkommen zu schaffen, um die nachhaltige Entwicklung der Alpen zu fördern: die Alpenkonvention. Es ist eines der seltenen internationalen Abkommen, das sich mit einer konkreten Region beschäftigt. Dank der Alpenkonvention wurden in den vergangenen Jahren bedeutende Entscheidungen im Bereich von Transportwesen, Energie, Wald- und Landwirtschaft sowie Tourismus getroffen. Weitere wichtige Themen stehen noch aus wie der Schutz der Bevölkerung und die Bewahrung des Kulturguts, Klimawandel und Wasserwirtschaft. Eine Reise durch den Alpenraum gibt die Möglichkeit, sich selbst ein Bild von den Veränderungen zu machen, das Bewusstsein für sie zu schärfen und langfristig zum Schutz des Alpenraums beizutragen. Das Buch öffnet für den Leser eine Tür in die wunderschöne Welt der Alpen.

Der Boka-Wasserfall (Slowenien)

Janez Bizjak

Die Alpen, wie Vögel sie sehen

Die Alpen wie Vögel sie sehen, sind

- anders, als wir sie sehen
- ein Geschenk der ewigen Schöpfung
- eine Welt voll wunderbarer Schönheiten, die nichts kosten, aber unendlich wertvoll sind
- eine Welt ohne Grenzen und für die meisten Menschen unerreichbar
- eine geheimnisvolle Galerie mit der Vollkommenheit einzigartiger natürlicher und kultureller Phänomene
- neben dem Mittelmeer Europas größtes Ökosystem
- ein strategisch sehr bedeutsames Trinkwasserreservoir für Europa
- mit ihren schwindenden Gletschern sowohl ein Indikator als auch ein Relikt des ewigen Wandels der Natur
- Heimat und Lebensraum von 13 Millionen Menschen mit unterschiedlichen Sprachen
- Urlaubs- und Ausflugsziel für 100 Millionen Besucher
- eine geheimnisvolle Landschaft mit heiligen Bergen und Stätten unserer Vorfahren
- ein Spiegel, der eine besondere, mindestens 5000 Jahre alte Überlebenskultur widerspiegelt
- ein Symbol einer gemeinsamen kulturellen Identität, in der sich prähistorische und urtümliche deutsche, romanische und slawische Wurzeln verbinden.

Die Alpen wie Vögel sie sehen, sind nicht

- aufgeteilt unter den acht Ländern Österreich, Frankreich, Deutschland, Italien, Liechtenstein, Monaco, Slowenien und der Schweiz
- der Besitz von irgendjemandem, sondern das Eigentum und Gut aller
- der monotone Kitsch von Touristenbroschüren.

Vögel – Symbole und in der Natur

Warum dienen ein- oder zweiköpfiger Adler im Wappen von fast allen europäischen Kaisern und Königen als Symbol ihrer Kraft und Unantastbarkeit? Warum werden großen Vögeln übernatürliche Eigenschaften zugeschrieben? Noch heute sind Vögel das am häufigsten verwendete Motiv von Markenzeichen und Logos zahlreicher alpiner Nationen und Naturparks. Warum verbinden die Menschen unterbewusst Vögel mit einer gewissen Mythologie?

Dies war nicht immer so. Noch vor einem Jahrhundert wurde das Schlachten eines großen Raubvogels als eine mutige Tat angesehen. Schockierende Fotografien aus dieser Zeit zeigen den letzten Bartgeier, der in den Alpen geschossen wurde: Einige heldenhafte Männer, die Mörder, bemühen sich, die riesigen gebrochenen Flügel auszubreiten und lachen neben der außergewöhnlichen Trophäe stolz über ihren Sieg. Für das Schlachten von Adlern und anderen großen Greifvögeln hatten die Landesbehörden besondere Belohnungen versprochen. Warum hatten die Leute Angst vor ihnen, und warum dachten sie, sie müssten sie ausrotten? Schließlich gab es kein belegtes Beispiel von einem Adler, der eine Person angriff und zerfleischte. Die Situation war ähnlich wie die der Bären in den Alpen. Bilder von zufriedenen Jägern, die, neben sich das Gewehr, stolz ihren Fuß auf den Kopf eines toten Bären setzten, sind kaum mehr als 30 Jahre alt. Die Mehrheit war überzeugt, dass das Töten notwendig war; dahinter steckte eine unbefriedigte Gier nach Trophäen.

Heutzutage haben sich diese Zustände umgekehrt. Die Europäische Union, zahlreiche Stiftungen und wohlhabende Einzelpersonen finanzieren spezielle Programme zur Wiederansiedlung von großen Beutegreifern und Greifvögeln in ihrem ursprünglichen Lebensraum – insbesondere von Gänse- und Bartgeier. Die Auswilderung junger Tiere in ihre natürliche Umgebung in den Hochalpen hat sich zu großen Medienveranstaltungen entwickelt. Expertensymposien und -konferenzen befassen sich mit dem Inhalt und den Erfahrungen aus diesen Programmen, wissenschaftliche Artikel wurden verfasst und viele Bücher veröffentlicht.

Ist dies ein Zeichen dafür, dass die Menschen neuerdings gut informiert sind, oder ist dies ein Zeichen für ein schlechtes Gewissen aufgrund ungerechtfertigter Taten in der Vergangenheit? Oder ist es insgesamt gesehen einfach nur Selbstzweck? Wir wissen, wie

Ferdinand Lainer

Bartgeier in den Alpen

Eines der erfolgreichsten Artenschutzprojekte in Europa

Der Rückgang des Bartgeiers

Der Bartgeier war einst in fast allen Gebirgen Südeuropas und in den Alpen verbreitet. Wohl kaum ein Greifvogel beeindruckte die Menschen so nachhaltig, wie zahlreiche Fabeln und Legenden zeigen. Der friedliche Bartgeier wurde als blutrünstige Bestie dargestellt, die sogar Kinder attackiert. Dem Bartgeier wurden zu Unrecht auch das Töten von Gämsen und der Raub von Lämmern zugeschrieben, was zu seinem volkstümlichen Namen »Gambsgeier« und »Lämmergeier« führte. Weitere Gründe für den Rückgang und die teilweise Ausrottung der Bestände waren der Einsatz von Giftködern, der Abschuss im Auftrag von zoologischen Sammlungen und in einigen Gebieten ein Versiegen der Nahrungsquellen. In den Alpen wurde der Bartgeier im Verlaufe des 19. Jahrhunderts ausgerottet. Am längsten überlebte er noch in den Westalpen, wobei die letzte Brut im Jahre 1910 nachgewiesen wurde. Im übrigen Europa überlebten Bartgeier nur in den Pyrenäen, auf Korsika und in Kreta sowie mit wenigen Exemplaren auf dem griechischen Festland. Die Bestände sind dort überall stark gefährdet.

30 Jahre internationales Wiedereinbürgerungsprojekt

Nach mühevoller und langwieriger Suche von geeignetem Zuchtmaterial ist es dem Alpenzoo Innsbruck unter dem damaligen Direktor Dr. Helmut Pechlaner gelungen, die ersten Bartgeier in einer Voliere aufzuziehen. Dieser Erfolg war der Grundstein des Bartgeier-Projektes und damit ein wesentlicher Beitrag für eines der bedeutendsten Artenschutzprojekte. Aufgrund regelmäßiger Zuchterfolge konnte dann 1978 mit Unterstützung der Zoologischen Gesellschaft Frankfurt, des WWF Österreich und Schweiz sowie der IUCN das internationale Projekt zur Wiederansiedlung des Bartgeiers in den Alpen gegründet werden. Bis 1986 dauerte der Aufbau eines Zuchtnetzes unter Beteiligung von rund 30 Tiergärten und der zentralen »Richard Faust Bartgeier-Zuchtstation« Haringsee.

Erste Auswilderungen 1986 im Nationalpark Hohe Tauern

Eine internationale Expertenkommission wählte im Alpenraum vier gleich weit voneinander entfernte Freilassungsorte aus. Nach dieser Freilandstudie durch Schweizer Wildbiologen wurden erstmals 1986 im Krumltal/Rauris im Nationalpark Hohe Tauern die vier jungen Bartgeier freigelassen. Neben diesen jungen Vögeln wurden zwei ältere Tiere in Argenterra (Naturpark Alpi Marittime) und zwei in Martello (Nationalpark Stilfser Joch) ausgewildert. Dieser Freilassung folgten weitere: 1987 in Bargy/Hochsavoyen (Frankreich), 1991 im Schweizer Nationalpark, 1993 im Nationalpark Mercantour (Frankreich) und im Naturpark Alpi Marittime (Italien) sowie 2000 im Nationalpark Stilfser Joch (Italien). Insgesamt wurden bisher alpenweit 156 Tiere ausgewildert, davon 47 im Nationalpark Hohe Tauern. Außerhalb der Alpen wurden drei in der Sierra de Cazorla (Andalusien) freigelassen, wo 2006 das Freilassungsprojekt in Spanien startete. 2008 wurden erstmals auch auf Sardinien sieben Junggeier ausgewildert.

Monitoring – Überwachung und Öffentlichkeitsarbeit

Ein äußerst wichtiger Bestandteil des Projektes ist die möglichst genaue Überwachung der freigelassenen Bartgeier auf ihrem weiteren Lebensweg. Das verwendete Markierungsmuster ermöglicht es dabei, die Jungvögel ungefähr drei Jahre lang bis zur Mauserung eindeutig zu identifizieren. Um den Weg der freigelassenen Bartgeier weiter verfolgen zu können, wurde ein begleitendes wissenschaftliches Monitoring eingerichtet. Dazu wurde im ganzen Alpenraum ein Netz freiwilliger Beobachter aufgebaut: die Mitarbeiter der lokalen Bevölkerung, Nationalpark-Mitarbeiter, Jäger, Ornithologen, Bauern und Touristen. Um die bisher noch lückenhaft bekannten Wanderungen junger Bartgeier besser zu verstehen, wird im Wiederansiedlungsprojekt seit dem Jahre 2004 nun auch an elf Junggeiern, die im Raum Schweizer Nationalpark und Nationalpark Stilfser Joch seither ausgewildert wurden, moderne Satellitentechnologie eingesetzt. Dazu wird ein kleiner Satellitensender auf eine Schwanzfeder geklebt.

Zusätzlich zum Beobachternetz wurde in den letzten Jahren verstärkt ein genetisches Monitoring eingesetzt. Das genetische Monitoring der Zucht und der wiederangesiedelten Population hat eine hohe Priorität im Bartgeierprojekt. Nur mithilfe genetischer Untersuchungen können Gefahren wie der Verlust der genetischen Variabilität oder Inzuchtprobleme in den Griff bekommen werden. Außerdem ist es wichtig, das Geschlechterverhältnis und die genetische Struktur der wiederangesiedelten Population zu beobachten.

Erfreuliche Entwicklung der alpenweiten Population

In den vergangenen Jahren entwickelte sich der Bartgeier-Bestand sehr positiv. Je nach Berechnungsmodell leben in den Alpen zwischen 120 und 130 Tiere. Sehr erfreulich entwickelte sich die Zahl der in freier Wildbahn geschlüpften Junggeier. 1997 flog in Hochsavoyen (Frankreich) der erste junge Bartgeier aus. Seitdem zählt der Bartgeier in den Alpen wieder als Brutvogel. War es zu Beginn nur ein einzelnes Brutpaar, so wuchs die Anzahl der brütenden Paare auf 15 an. Im Jahre 2008 flogen alpenweit sieben Junggeier aus, und somit stieg die Zahl der im Freiland geborenen auf 50 Junggeier an. Leider gab es auch einige Brutausfälle.

Der Bartgeier ist wohl die prächtigste Geierart und ist mit einer Flügelspannweite bis zu 2,85 m unser größter Greifvogel in den Alpen. Mit dieser großen Flügelspannweite ist er natürlich ein hervorragender Segler. Bartgeier bewohnen Gebirgsregionen vorwiegend oberhalb der Waldgrenze. Sie leben in riesigen Revieren (100 bis 750 km^2), die sie gegen Artgenossen verteidigen. Die Horste werden in Felsnischen angelegt. Die Brutzeit fällt in den Hochwinter. Zumeist werden zwei Eier im Abstand von vier bis fünf Tagen in den gut ausgepolsterten Horst gelegt. Nach einer Brutdauer von etwa 54 Tagen schlüpfen die beiden Jungen, aufgezogen wird jedoch immer nur eins. Da das erstgeschlüpfte Junge sich aggressiv gegenüber dem Jüngeren verhält und es vom Futter verdrängt, stirbt dieses nach kurzer Zeit (Kainismus). Somit stellt das zweite Ei nur eine biologische Reserve dar, falls das erste Junge kränklich ist oder nach dem Schlupf stirbt. Sowohl beim Brüten als auch bei der Aufzucht des Jungen wechseln sich beide Elternteile ab. Grund für die ungewöhnliche Brutzeit ist das reichliche Nahrungsangebot in der Zeit der Jungenaufzucht: Im Frühjahr sind zahlreiche im Winter verendete oder durch Lawinen umgekommene Wildtiere im schmelzenden Schnee zu finden. Nach etwa 117 Tagen, so zwischen Mitte Juni und Mitte Juli, wird das Bartgeierjunge flügge und verlässt zum ersten Mal das Nest. Für einige Wochen wird es von den Eltern noch weiter mit Futter versorgt.

Bartgeier sind Aasfresser und verwerten vor allem das, was andere Aasfresser übrig lassen. Bis zu 80 Prozent der Nahrung besteht aus Knochen, Sehnen und Bändern. Knochen erscheinen auf den ersten Blick als wenig nahrhaft, enthalten aber genauso viel Energie wie Fleisch. Nur Bartgeier sind durch ihren leistungsstarken Verdauungsapparat und Magensäfte imstande, die enthaltenen Nährstoffe auch zu nutzen. Zum Verschlingen dieser sperrigen Beute ist ihr Schlund besonders dehnbar. Zu große Knochen werden mit den Fängen hoch in die Luft getragen und auf schräge Felsplatten abgeworfen, damit sie zersplittern – deshalb wird der Bartgeier auch »Knochenbrecher« genannt.

Bartgeier sind wichtige Imageträger

Die Bartgeier wurden zu wichtigen »Imageträgern« des Nationalparks Hohe Tauern.

In Rauris war am 2.8.2008 das neue Nationalparkhaus »Könige der Lüfte« eröffnet worden, eine moderne Ausstellung rund um das Leben der drei großen Greifvögel Bartgeier, Gänsegeier und Steinadler.

Das Wiedereinbürgerungsprojekt des Bartgeiers in den Alpen jährt sich zum 30. Mal. Es hat sich überaus erfolgreich entwickelt. Insgesamt wurden bisher in den Alpen 156 Bartgeier-Jungvögel freigelassen; es sind bereits 52 Jungvögel in freier Wildbahn ausgeflogen, im Jahre 2008 haben erstmals 15 Paare gebrütet. Es zählt zu den erfolgreichsten und bekanntesten Arten- und Wiederansiedlungsprojekten in den Alpen. Bartgeier kennen keine von Menschen gezogenen Grenzen. Das Bartgeierprojekt ist daher ein ausgezeichnetes Beispiel internationalen Natur- und Artenschutzes.

Das Bartgeier-Projekt ist aber nicht nur das Aushängeschild eines erfolgreichen internationalen Artenschutzes, es ist auch Symbol dafür, was ein Nationalpark an Bewusstseinsbildung leisten kann. Kein Mensch der Nationalparkregionen fürchtet diesen Vogel mehr, sondern freut sich, wenn der Bartgeier in majestätischen Flügen über den Gipfeln unserer Alpen kreist.

man für klangvolle Studien und Aktionen Unterstützung erhält. Wir wissen, wie man fragt, warum es immer weniger Vögel gibt, aber wir ignorieren die Ursachen, welche die Vögel aus unserem und ihrem Lebensraum vertreiben.

Wir Menschen wissen nicht, wie Vögel die Alpen sehen, wie sie auf sie schauen und was sie wahrnehmen. Die Perspektive eines Vogels ist nicht die eines Menschen, wir stellen uns nur vor, wie Vögel wohl sehen. »Kein Vogel fliegt zu hoch, wenn er mit seinen eigenen Flügeln fliegt«, lautet eine alte tibetische Weisheit. Menschen sind in der Lage zu fliegen und die Alpen aus einer Höhe zu betrachten, die Vögel nicht erreichen können, aber sie haben nicht die Fähigkeit, elegant und ruhig zu landen wie ein Adler in seinem Horst unter einem großen Felsüberhang inmitten steiler Hänge.

Vögel hinterlassen keine Spuren in der Luft, sie verschmutzen weder die Atmosphäre noch verändern sie sie mit Auspuffgasen. Keiner wagt es, Vogelgesang als Lärmbelästigung zu bezeichnen. Niemand hat es jemals geschafft, einen Vogelschwarm zu stoppen oder seine Flugrichtung augenblicklich zu verändern. Niemand ist bisher hinter die Logistik, Organisation und die saisonale Programmierung ihrer transkontinentalen Wanderung gekommen. Für ihren Flug von Skandinavien über Europa nach Afrika und zurück oder vom weit entfernten Asien über die Alpen brauchen sie keine Satellitennavigation, zuverlässige Karten oder kartografisches Wissen. Sie wissen, wohin und warum sie dorthin fliegen müssen: ein Instinkt, dem keine Technologie des Menschen gleichkommt.

Bemerken Vögel den Verkehrslärm, der hoch über den Straßen und Pässen der Alpen widerhallt? Stört er sie, wie die meisten Menschen, die Frieden und Ruhe in den Bergen suchen und dort erwarten?

Wem gehören die Alpen? Diese Frage wird lediglich von denjenigen gestellt, die nicht begreifen, dass sie niemandem speziell, aber eigentlich jedem gehören. Die Alpen sind vor allem Lebensraum Tausender Pflanzen- und Tierarten, aber auch Lebensraum für die dort beheimateten Menschen und erst schlussendlich ein Ziel zur Entspannung und spirituellen Bereicherung – für Urlauber, Bergsteiger, Sportler, Künstler und Einzelgänger. Die Besucher sind Gäste, die nicht aufteilen können, was ihnen nicht gehört. So sind Hubschrauber und Lufttaxis nicht die Besitzer des Luftraums, genauso wie motorisierte Touristen nicht Eigentümer der Straßen sind und Wanderer in den hohen Bergen nicht Anspruch auf die Bergpfade erheben können. Es sind wir Menschen, die die Alpen belasten und verändern. Vögel tun das niemals.

Wir, die wir auf dem Land am Fuße der Alpen leben, sehen oder hören die Vögel nicht, die um uns herumfliegen, da dies zum Alltag gehört und keiner Erklärung bedarf. Diejenigen, die in großen Industriestädten leben, hören und sehen sie ebenfalls nicht, da es sie dort nicht mehr gibt.

Vögel sind ein untrügliches und auch für Laien verständliches Zeichen für ein natürliches und ökologisches Gleichgewicht. Wo auch immer mit der Atmosphäre etwas nicht stimmt, ziehen sie sich zurück, entfernen sich und verschwinden. Wie Licht oder Gedanken symbolisieren sie Grenzenlosigkeit, zeigen unnachahmliche Virtuosität in Gesang und Flug, sind von unermüdlicher Freude an jedem Morgen und ein Beispiel für Lebenslust.

Ein Blick auf die Alpen aus der Sicht der Vögel ist der Versuch, diese Berge ganz anders zu verwerten. Denn unsere mentale Distanz und die Fähigkeit zu hinterfragen dürfen sich nicht einlullen lassen von der üblichen trunkenen Blindheit, die uns suggeriert, alles wäre in Ordnung und gar nicht so schlimm. Vielleicht wird dieser Blick von oben auf die wunderbare Schönheit der Alpen gerade diejenigen wachrütteln, denen er zurzeit gleichgültig ist, und sie zu einer anderen Denkweise anregen und zu der Erkenntnis, dass jeder von uns verpflichtet ist, etwas zu tun, um unsere gemeinsame Heimat zu erhalten.

Die Entstehung der Alpen – ein andauernder Prozess

Die Alpen sind der Beweis dafür, dass in der Natur nichts beständig ist – außer der stete Wandel!

Von oben gesehen sieht das Relief der Alpen wie ein versteinertes und gefrorenes Meer aus, aus dem zahlreiche Archipele mit schroffen Gipfeln ragen. Eine Welt, die für Leben scheinbar ungeeignet und für Menschen gefährlich ist. Ein dramatisches Chaos und zugleich ein mit atemberaubender Perfektion organisierter Kosmos. So sind die Alpen, unsere Heimat und der Traum jener, die woanders zu Hause sind.

Die Entstehung der Alpen begann vor über einer Milliarde Jahren. Das Alter der jüngeren Kalkalpen wird auf gut 200 Millionen Jahre geschätzt, wogegen die älteren Gebirgsketten den viel größeren Teil ausmachen. Solche Dimensionen übersteigen die menschliche Vorstellungskraft und unseren Zeitbegriff. Wir können ja kaum die Zeit der ersten altsteinzeitlichen Besucher vor rund 40 000 Jahren erfassen. Die versteinerten Fische und Muscheln in den Dachstein-Kalkalpen in den Ostalpen, die 200 Millionen Jahre alt sind, sind demzufolge weit jenseits unseres zeitlichen Vorstellungsvermögens.

Die Alpen, wie wir sie heute sehen, sind schlicht das eingefrorene Abbild eines Prozesses ständiger Umformung, Veränderung, periodischer Erneuerung sowie dem Wechsel von Kalt- und Warmphasen. Keiner weiß, wie viele periodische Veränderungen bisher erfolgt sind – auch nicht, wie viele noch kommen werden. Experten haben über die Alpenbildung, über interkontinentale und tektonische Verschiebungen, über das Herausdrücken, Heben, Falten und Zerbrechen von Gebirgen, über das Meer, das einmal die heutigen Gipfel bedeckte, über die Gletscher, die die Erdoberfläche abschleifen, über die Zeit, bevor es Menschen gab und darüber, wann die Erde auf den Kopf gestellt wurde, zahlreiche Bücher und dicke Wälzer geschrieben. Es ist nicht das Ziel dieses Buches, solche Daten einfach abzuschreiben.

Lawinen, Bergrutsche und Erdbeben: Symbole und immer wiederkehrende Zeichen der unaufhörlichen Veränderung der Alpen

Die Alpen leben und bewegen sich nach wie vor. Der Entstehungsprozess dauert an. Erdbeben, Felsstürze, Bergrutsche und die zerstörerische Gewalt von reißendem Wasser erinnern uns daran, wie real dieser Vorgang ist. So sind in den letzten 50 Jahren in den Ostalpen eine Reihe von Gipfeln abgebrochen.

Große Felsstürze verändern das Relief, zerstören Wälder, Häuser und Straßen. Meist sind sie das Ergebnis und die Fortsetzung von gewaltigen Erdbeben. Sie sind typisch für die Ostalpen, besonders für die Julischen und Karnischen Alpen in dem ruhelosen Dreieck zwischen Friaul, Nordwest-Slowenien und Kärnten. Das Villacher Erdbeben von 1349, das Erdbeben von Friaul im Jahre 1975 und das Erdbeben von Posočje 1999 lieferten die drei berühmtesten und eindrucksvollsten Zeugnisse, die auf die zerstörerischen und dramatischen Veränderungen in den Alpen aufmerksam machen. Viele Dörfer und Kirchen wurden unter den Trümmern begraben, während Schätze bäuerlicher Architektur und des nicht ersetzbaren authentischen Kulturerbes zerstört worden sind. An vielen Orten hat die alpine Landschaft ihre Identität verloren. Viel schlimmer als der materielle Schaden sind die nicht sichtbaren Folgen: Die betroffenen Einwohner leben in ständiger Angst. Das ist nicht zu vermeiden, denn Angst wird von den verzweifelten älteren Generationen auf die Kinder übertragen. Kleinere Erdstöße, die jedes Jahr nach einem größeren Erdbeben auftreten, verstärken die Unsicherheit. Keiner weiß, wann es wieder ein starkes Erdbeben geben wird und wann die Felsen über den Häusern ins Tal hinunterdonnern. Dieses Jahr, in einigen Jahren, in 1000 Jahren – oder schon morgen?

Abgesehen von Erdbeben wird die Leidensfähigkeit der Menschen in den Alpen auch durch andere Naturgewalten geprüft, denen man nur hilflos zusehen kann und dabei dankbar sein muss, wenn man am Leben bleibt: Lawinen, Bergrutsche und die gewaltige Kraft großer Wassermassen. Sie reißen Menschen, Häuser, Äcker, Hecken, Wälder und Straßen mit und können die Arbeit eines Jahrhunderts auf einen Schlag vernichten. Jedes Jahr ist irgendeine Region in den Alpen für einige Tage aufgrund von Lawinen, Bergrutschen oder Fluten von der Außenwelt abgeschnitten. Keine computergesteuerte Technologie und kein Informationssystem, das die Erde oder das Weltall kontrolliert, können das fürchterliche und grenzenlose Wüten von Schnee, Erde oder Wasser vorhersagen, geschweige denn verhindern. Wird dieses unerwartete Wüten durch die Instabilität eines natürlichen Gleichgewichts verursacht, das wir nicht verstehen? Als ob Zerstörung eine Bedingung für die Aufrechterhaltung dieses Gleichgewichts wäre.

Klima

Periodische Veränderung ist in der Erdgeschichte ein programmierter Prozess. Wir können Veränderungen nicht verhindern, aber wir können sie, ob wir wollen oder nicht, beschleunigen ...

Die derzeitigen Klimaänderungen, am besten erkennbar am schnelleren Schmelzen des Eises in der Arktis, werden Ozonlöchern, Sonnenflecken, der ungezügelten Zunahme des Ausstoßes von Treibhausgasen und anderen schädlichen Folgen der industriellen und technologischen Expansion zugeschrieben. Um zu erkennen, dass auch etwas in und am Fuße der Alpen falsch läuft, brauchen wir keine alarmierenden Bilder aus riesigen asiatischen Städten, in denen wir die Menschen mit Gasmasken herumlaufen sehen. Es reicht, wenn man auf hohe Berge steigt und aus der Sicht eines Vogels auf die Industriestädte am Fuße der Alpen blickt. Bei klarem Wetter kann man gut eine gräulich-blaue Schicht in der Luft über ihnen erkennen, ein giftiger Smog, umso dichter, je größer die Stadt ist. Es ist noch Zeit und es liegt an uns Menschen zu verhindern, dass wir nicht mit Gasmasken in den Bergen herumlaufen müssen.

Gletscher – das dramatische Schwinden geheimnisvoller Riesen

Die auffälligsten Relikte der endlosen Gestaltung und Veränderung der Alpen verschwinden und mit ihnen auch ein wichtiger Teil der alpinen Identität. Meine Generation hatte das große Glück, andere Alpen zu sehen, die sich bis heute sehr verändert haben. Als wir zu Beginn der 1960er-Jahre an Gletschern entlanggewandert sind, gab es keinerlei Anzeichen dafür, dass sie 50 Jahre später fast nicht mehr existieren oder sich im Zuge ihres Schmelzens bis zur Unkenntlichkeit verkleinern würden. Zu jener Zeit dachte keiner daran, Fotografien der größten Alpengletscher am Ende des 19. Jahrhunderts mit 100 Jahre älteren Bildern zu vergleichen. Die Eis- und Schneedecke der Alpen erschien uns ewig und unveränderlich. Sie erweckte Bewunderung und verlangte Spezialwissen und -ausrüstung, um begangen zu werden. Für diejenigen, die unterhalb der Berge lebten, waren die Gletscher eine mysteriöse Welt hoch oben, eine unzugängliche, verzauberte Region, wo die Menschen es nicht wagten umherzulaufen, es nicht konnten und es auch nicht mussten. Eine Welt voller Legenden über Gold, Glaspaläste und antike Städte tief unter dem Eis. Die Tragödien derjenigen, die unter Lawinen und einstürzenden Eistürmen begraben wurden, erfüllten die Menschen seit Jahrtausenden mit Angst und Vorsicht. Das Wort Gletscher bedeutete die unsichtbare Bewegung eines scheinbar bewegungslosen Eisflusses, das Krachen, Grollen und Einstürzen von unpassierbaren Eistürmen, die gähnenden Spalten, die trügerisch mit Schnee bedeckt waren, und die tiefen schwarz-grünen Abgründe, die das Gletscherwasser schluckten. Wir nennen sie Eisriesen und vergessen, dass sie nur ein bescheidener Rest von wirklichen Riesen sind, die vor 20 000 Jahren die Alpentäler herausgehobelt und geschliffen haben. Inzwischen verabschieden sich selbst die letzten Erinnerungen an die Frühzeit der Alpenbildung. Wahrscheinlich hat keine andere Generation die Möglichkeit, diese unerwartete Verwandlung der Alpen zu beobachten und zu verfolgen.

Jeder, der vor 50 Jahren am Noire- und Blanc-Gletscher im Reich der Les-Écrins-Berge, am Mer de Glace oder am Aletsch-, Gorner- und Morteratschgletscher, Jochferner und Pasterzengletscher entlanglief und ihren Zustand mit dem im Jahre 2008 vergleicht, kann die Veränderung kaum glauben: Die Gletscherzungen der dezimierten Gletscher haben sich weit in höhere Lagen zurückgezogen, während die ehemaligen riesigen Eismassen in einem Konglomerat aus Moränenwällen, Granitfelsen und schlammiger, schwarzer Erde verschwunden sind.

Ist es ein Privileg, dass wir in 40 Jahren Veränderungen erleben, die in der Vergangenheit Jahrhunderte oder Jahrtausende dauerten? Oder ist das eine Bestrafung und Ermahnung wegen unserer Einstel-

Hans Haid

Mythos Lawine

Skizzen zu einer Kulturgeschichte

Die stete Bedrohung durch elementare Naturgewalten wie Lawinen, Muren, Überschwemmungen usw. prägt das Leben der Menschen in den Alpen seit Jahrhunderten, ja sogar Jahrtausenden. Der Respekt vor der Macht der Natur und die vielfältigen Methoden und Versuche, sich zu schützen, ist in vielen exponierten Teilen des Alpenraumes von den französischen Seealpen bis zu den Julischen Alpen in Slowenien wesentlicher Teil der Kultur und der Überlebensstrategie. Neben den ehemals sehr bescheidenen Möglichkeiten durch technische Maßnahmen sind es vor allem Beschwörungen, Prozessionen, Gelöbnisse, Gebete, Wallfahrten und Gottvertrauen.

Eine erste umfassende Kulturgeschichte der Lawinen im Alpenraum führt dramatisch vor Augen, dass es durch Lawinen in den vergangenen Jahrhunderten mehrere Tausend Tote gegeben hat mit unfassbar großen Verlusten an Haustieren, an Gebäuden und Allgemeingut. Es ist, außer in der Schweiz, bisher noch nie vergleichend erhoben und dokumentiert worden, welche Rolle die Lawinen im realen Überlebenskampf und für die lokale Identität gespielt haben und noch immer spielen. Dabei soll auch an jüngere Ereignisse wie 1999 in Ischgl-Valzur sowie Galtür im Tiroler Paznauntal mit zusammen 38 Toten erinnert werden oder an die 120 Toten in Vorarlberg im Jahre 1954, davon allein 80 in der kleinen Berggemeinde Blons im Großen Walsertal. Die beiden Monate Januar und Februar 1951 sind gekennzeichnet durch die schwersten Lawinenereignisse der jüngeren Geschichte.

Eine Vielzahl an Namen kennt der Alpenbewohner für dieses Phänomen der zu Tal stürzenden Schneemassen. Es sind zwei Hauptgruppen: die meist im Frühjahr abgehenden und durchaus »berechenbaren« Grundschnee-Lawinen und dann die völlig unberechenbaren, besonders gefährlichen Staub-Lawinen. Es gibt neuere Berechnungen, wonach dabei Spitzengeschwindigkeiten von 300 bis 400 km pro Stunde erreicht worden sind. Damit zählen Lawinen zu den dramatischsten Naturereignissen und übertreffen an tödlicher Geschwindigkeit die schlimmsten Tornados und Wirbelstürme. Es verwundert nicht, dass sich der Mensch in den Bergen, in extrem gefährdeten und heimgesuchten Tälern, schutzlos und unabwendbar ausgeliefert gesehen hat, wenn mehrere Tage und Nächte hindurch Schnee gefallen ist, bis die Schneedecke zwei bis drei Meter hoch wurde.

Überaus dramatisch und »herzzerreißend«, wie es in authentischen Schilderungen heißt, hat die Lawine an einigen Orten der Alpen besonders schwer gewütet. In einer eindrucksvollen Schilderung der Zeitung »Grundlseer Lahn« im Steirischen Salzkammergut lesen wir, wie die Leichen der Holzarbeiter ausgegraben wurden: »... es ließ uns die Haare zu Berge stehen ... hier schaute ein Kopf, dort eine Hand, woanders ein Fuß heraus ... einige waren entsetzlich zerquetscht, anderen hatte es den Schädel gespalten.« Eindrucksvoll ist geschildert, wie die hartgefrorenen Leiber nicht in die bereitgestellten Särge gelegt werden konnten: »Sie waren wie hartes, krummes Holz zusammengebogen, es war schrecklich anzusehen.« Die meisten Leichen wurden einfach mit Leinen abgedeckt. Der Trauerzug legte mehrere Kilometer bis zum Friedhof von Bad Aussee zurück. Es wurde nicht »Naturkatastrophe«, sondern »Naturbegebenheit« genannt. Die Menschen ergriffen viele, aber zumeist wirkungslose Maßnahmen. Sie waren praktisch völlig wehrlos und brauchten daher geistliche Unterstützung. Es ist überliefert, dass immer wieder Wallfahrten unternommen wurden und dass es »Gelöbnisse« und Versprechungen gab. Aus dem Schweizer Kanton Wallis sind »strenge Gelübde« bekannt, wonach das Tanzen und Spielen verboten war, ebenso den Frauen das Tragen bunter Unterwäsche. Es wird aus dem Wallis und aus der Gegend von Chamonix berichtet, wie Priester Teufelsaustreibungen vorgenommen haben.

Es ist nachgewiesen, dass es nach besonders schlimmen Ereignissen zu den berüchtigten »Hexenprozessen« gekommen ist. Hunderte, ja Tausende von Frauen und Mädchen, aber auch von Burschen und Männern wurden der »Wettermacherei« beschuldigt, verurteilt und hingerichtet.

Zahlreiche Sagen berichten davon, wie Menschen aus gefährdeten Gegenden nach geheimnisvollen und schrecklichen Kreaturen gesucht haben. Trost und Hilfe fanden sie bei »Nymphen«, »weißen Feen« oder anderen mystischen weiblichen Gestalten. In ihnen sind Gut und Böse gleichermaßen vereinigt. Sie sind Rächerinnen, aber auch Beschützerinnen. Frauen spielen in dieser Überlieferung eine sehr bedeutende Rolle, viel mehr als männliche Sagengestalten. Es sind ganz sicher Erinnerungen an eine alte, wirklich sehr alte matriarchal geprägte Kultur.

Der Klang der Glocken soll für Abwehr und Schutz eine besondere Bedeutung gehabt haben. Damit konnte die Gefahr abgewendet werden. Im Alpenraum ist die Macht der Kirchenglocken bekannt. Hier gibt es Hunderte extra geweihte sogenannte »Wetterglocken«. Im Ventertal in Tirol hingegen wurden an gefährlichen Stellen den Pferden die Glocken (die »Singeisen«) abgenommen, denn durch den Schall hätten Lawinen ausgelöst werden können.

Einige der dramatischsten Lawinenereignisse sind genau beschrieben und dokumentiert. Kaum vorstellbar ist das Leid, das in einigen dieser Orte angerichtet worden war. Oft wurden ganze Dörfer und Siedlungen vernichtet. Um die Erinnerung daran auch den späteren Generationen buchstäblich und bildhaft vor Augen führen zu können, wurden die Ereignisse auf Votivtafeln, auf sogenannten »Marterln«, festgehalten. Viele davon sind jetzt gesammelt und dokumentiert. Einmal wurden, wie im Tiroler Lechtal, in elf Häusern 46 Menschen begraben, und einmal sind 40 Männer und Burschen der Ortschaft Elmen beim Heuziehen von einer riesigen Lawine verschüttet und getötet worden. Es kam einer Ausrottung des Ortes gleich. Am »Schneeberg« in Südtirol, dem einige Jahrhunderte lang höchsten Bergwerk Europas, kamen zwischen 1500 und 1693 in Lawinen 83 Bergleute ums Leben.

In Rabenstein, im hinteren Passeiertal in Südtirol, haben die Bewohner der gefährdeten Orte und Höfe jeweils spezielle »Lawinenfeiertage« begangen und in Zeiten höchster Gefährdung in eigenen geschützten »Lawinenhäuschen« Zuflucht gesucht. Ähnlich war es in Saas Fee im schweizerischen Wallis. Allein in der Schweiz sind in der Zeit zwischen 1937 und 1999 laut Statistik 1592 Menschen durch Lawinen ums Leben gekommen.

In den letzten Jahrzehnten überwiegt die Zahl der getöteten Skifahrer und Snowboarder. Es wurde und wird nach wie vor in skitouristisch spektakulären Regionen bis an die äußerste erlaubte Grenze, manchmal auch darüber hinaus und oft sogar in der »roten« Zone gebaut. Zumeist sind es Hotels und Pensionen. Und dann gehen durch die internationale Presse Meldungen von »Jahrhundertereignissen«. Aufgrund der Gefährdung müssen in neuen Touristenzentren gewaltige Eisentraversen als Lawinenschutzbauten, sozusagen als neue »Bannwälder« errichtet werden, die Millionen von Euro kosten. Oder es werden, wie es 1999 im Ötztal geschehen ist, für den Skitourismus aufwendige Lawinensprengungen durchgeführt und damit gewaltige Lawinen ausgelöst, die in das Ventertal donnerten. Die Technik hatte ihren Wert bewiesen und dabei Grenzen gesetzt. An der »Kulturgeschichte« der Lawinen können wir ermessen, wie sensibel die Hochgebirgsregionen sind und wie instabil das Gleichgewicht ist.

Wer Zeuge geworden ist von solch schrecklichen Ereignissen, wird auch erkennen, wie hilflos der Mensch den Naturgewalten ausgesetzt ist und wie unberechenbar beispielsweise die Lawinen für die erfahrensten Lawinenexperten geblieben sind. Wenn Staublawinen mit unvorstellbaren 350 oder 400 km/h herabrasen und in Wäldern und Dörfern eine Schneise der Verwüstung hinterlassen, sprechen Fachleute auch von einer Implosion anstelle von einer Explosion.

Warum bleiben die Menschen trotzdem in den gefährlichen Tälern? Mit dem neuen »Wald« der Eisentraversen hat Galtür nach 1999 eine Werbekampagne gestartet als »sicherstes Alpendorf«. Wie sicher ist aber dieses Alpendorf?

Aus der Lawinenchronik der vergangenen 300 Jahre sind allein im Alpenraum Tausende Lawinen-Tote zu vermelden. Hier ein Auszug aus der Dokumentation:

***1602** und **1609**: Davos/Schweiz – **13** bzw. **26** Tote*

***1613**: Galtür/Tirol – **9** Tote*

***1664:** Elmen/Tirol – **42** tote Heuzieher*

***1667:** Anzonico im Tessin/Schweiz – **88** Tote*

***1689:** gilt neben 1951 als schlimmster Lawinenwinter in den Alpen. Im Vorarlberger Montafon starben **120** Menschen; in ganz Österreich waren es **256**, davon **15** im Gasteinertal, **31** in Elbigenalp im Tiroler Lechtal und **29** in Galtür/Paznauntal. Im schweizerischen Prätigau starben **57** Personen*

***1695:** in Bosco Gurin, Kanton Tessin starben **34** Menschen*

***1720:** etwa **100** Tote in Rueras in Graubünden/Schweiz und **40** im Raum Brig im Kanton Wallis/Schweiz sowie **84** Tote in der Goms im Wallis*

***1738:** in Grundlsee/Steiermark starben **19** Holzarbeiter*

***1749:** starben wiederum **64** Menschen in Rueras, Kanton Graubünden und **41** in Bosco Gurin, Kanton Tessin*

***1755:** Valle Stura im Piemont/Italien – **22** Tote*

***1757:** Villard-de-Valloise – **27** Tote*

***1788:** Molines en Queyras/Frankreich – **21** Tote*

***1807:** starben in Stuben am Arlberg **18** Menschen*

***1817:** starben in Moos und Neder im Ötztal zusammen **19** Menschen*

***1885:** starben am Loiblpass in Slowenien **20** Menschen, im Piemont etwa **300** Menschen, davon um die **80** in Frassino/Val Varaita*

***1916** bis **1918:** starben durch Lawinen an den Bergfronten zwischen Slowenien und dem Ortler-Gebiet etwa **40 000**, nach einigen Schätzungen sogar bis zu **80 000** Soldaten*

***1950/51:** im schrecklichen Winter 1950/51 starben in Slowenien **30** Menschen, in den Schweizer Alpen **98** und in Österreich **135**, davon **54** allein in Tirol, **16** in Heiligenblut und **14** im Gasteiner-Tal (in der Nacht vom 20. auf den 21.1.1951); **19** Tote waren es in Vals/Schweiz*

***1954:** waren in Vorarlberg **122** Tote zu beklagen, davon **80** im Großen Walsertal*

***1970:** starben durch eine Lawine am Plateau d'Assy in Hoch-Savoyen/Frankreich **74** Menschen, davon **56** Kinder in einem Sanatorium*

***1995** bis **1996:** starben in Österreich unter Lawinen **34** Menschen, davon **16** in Tirol*

***1998** bis **1999:** starben im Wallis/Schweiz **13** Personen, **38** in Galtür und Valzur im Paznauntal/Tirol, **10** in Evolène/Schweiz und **12** in Hameau de Montroc/Frankreich*

lung zur Umwelt? Selbstregulierende und periodische Schwankungen, die wir nicht verhindern können, gehören zur Erdgeschichte. Aber es gibt immer mehr Beweise dafür, dass wir diese Prozesse durch egoistisches Ausbeuten unseres Planeten und verantwortungsloses Verändern seiner Oberfläche beschleunigt haben, auch in den Alpen. Wir brauchen nur daran zu denken, mit welcher Besessenheit wir Landgewinnung betreiben, hügelige Wiesen einebnen oder höhere Lagen durch Bulldozer verschandeln, um neue Skigebiete einzurichten.

Die Hälfte Europas wird mit Trinkwasser aus den Eis- und Schneedecken der Alpen versorgt.

Das Wasser, das aus dem Innern der Gletscher strömt, ist genauso alt wie das Eis in den ersten Grundschichten, das heißt bis zu 12 000 Jahren seit der letzten Eiszeit. Wir trinken die Geschichte der Alpen. Aber wie lange noch?

Anstatt ernsthafte Maßnahmen zu ergreifen, verlieren wir Zeit und Energie mit Messungen und dem Sammeln von Daten sowie statistischen Grafiken zum Gletscherschwund. Wir wagen nicht, das Skifahren auf Gletschern einzuschränken oder ganz zu stoppen und geben zugleich zu, dass das schlicht ein Missbrauch des Eiswunders für kommerzielle Zwecke und eine Ausdehnung des Skivergnügens für Snobs weit in den Sommer hinein ist. Wir haben Versuche erlebt, den Gletscher durch Abschirmung mit gigantischen Schutzdecken zu retten, als würde man sie mit einem Leichentuch bedecken. Aber dies rettete nicht die Gletscher, sondern die Skihänge auf ihnen.

Wir können uns vorstellen, wie die Alpen vor 20 000 Jahren ausgesehen haben und bis zu welcher Höhe die Täler mit Eis bedeckt waren, wenn wir die Frühjahrs- oder Herbstnebel beobachten, welche die Talregion einhüllen und aus denen nur die höchsten Gipfel herausragen. Die obere Grenze des Nebelmeeres ist wie die Oberfläche ehemaliger Gletscher, die in die Gegenwart zurückkehren und in die Zukunft blicken lassen. Die letzte Eiszeit war nicht die einzige und wird auch nicht die letzte sein.

Wenn die Gletscher verschwinden, wird der dunkelbraune Hintergrund der schroffen Granitgipfel bleiben. Das schneeweiße Markenzeichen der Alpen wird sich in Schwarz verwandeln. Im wahrsten Sinne des Wortes! Aufgrund der Farben des Silikatgesteins. Nur die Berge in den Ostalpen bleiben weiß, denn sie sind aus Kalk und Dolomit. Werden die Alpen dann nach Farben unterteilt? Sind es dann die »Schwarzen Alpen« anstatt der West- und Zentralalpen und die »Weißen Alpen« anstatt der Ostalpen?

Wasser in den Alpen – die Arterien unseres Überlebens

Wasser war und ist überlebenswichtig für alle Kulturen und Zivilisationen in jedem Zeitalter bis heute. Wasser ist der größte Reichtum der Alpen geblieben. Wir vergessen, wie kostbar es in den felsigen Regionen des Mittelmeers ist und dass Menschen in der Wüste und in den Dürregebieten der Erde Tage und Wochen umherziehen müssen, um Wasser zu finden. Wir begreifen nicht, dass die Menge an Wasser, die wir in Europa täglich wegschütten, ein ganzes Vermögen für mehrere hundert Millionen Menschen auf der anderen Seite der Weltkugel darstellt. Für viele ist es eine unerreichbare Lebensgrundlage.

Die kaum sichtbaren Wasseradern und verwinkelten Wasserläufe in den Hochtälern, die große Flüsse speisen, um das Mittelmeer, das Schwarze Meer und die Nordsee zu versorgen, erscheinen aus großen Höhen wie die Venen und Arterien eines überirdischen Organismus. Neben Feuer ist Wasser das größte Rätsel der Natur, es ist die Voraussetzung für die Geburt und die Existenz allen Lebens.

Es gibt kein Öl in den Alpen, aber sie besitzen eine Fülle von klarem Wasser, von dem reiche Ölscheichs in der arabischen Wüste vergeblich träumen. Heute ist es Öl, das die Weltpolitik gnadenlos bestimmt, aber wir vergessen, dass Wasser die Basis menschlichen Überlebens war und noch immer ist. Wer wusste vor 200 Jahren, was Öl ist? Und 200 Jahre später werden es vermutlich nur noch Geschichtsbücher erwähnen. Die Menschen werden ohne es leben, so wie sie es taten, bevor sie davon hörten. Wenn kein Ölkapital mehr übrig ist, wird es kein Geld mehr geben für teure Einrichtungen, um Trinkwasser aus Salzwasser zu gewinnen. Die Geschichte der Menschheit wurde durch bedeutende Zivilisationen geschaffen, solange sie Wasser hatten. Sie gingen unter, wenn drastische Veränderungen in der Natur zum Verschwinden des Wassers führten.

Die Tieflandregionen in Europa haben Wassermangel bereits erfahren, sei es durch Sommerdürre oder durch sinnlosen intensiven Ackerbau, der das Wasser verschmutzt. Die Höhe des Grundwasserspiegels fällt immer weiter. Im schlimmsten Fall werden die Menschen in gefährdeten Regionen mit Trinkwasserflaschen versorgt, abgefüllt in den Alpen, oder Wassertanks werden von fernen randalpinen Orten zu ihnen gefahren. Woher bekommen wir aber unser Wasser, wenn der Wasserstrom aus den Alpen versiegt?

Wir haben einen Mythos geschaffen über die Alpen als bedeutende Schatzkammer für unser Trinkwasser in Europa. Aber der Mythos schwindet, die Schatzkammer leert sich, weil sie nicht sorgfältig abgeschlossen ist, sondern zu einem Verkaufsartikel wird. Die Gewissheit, dass Wasser das größte Kapital im dritten Jahrtausend ist, wird in vielen Expertenworkshops und Symposien zu einer abgedroschenen Phrase. Einflussreiche Entscheidungsträger, die die Macht, die finanzielle Kapazität und Möglichkeit haben, etwas Konkretes zu unternehmen, um unseren gemeinsam genutzten Schatz zu erhalten und zu schützen, tun nichts. Selbstgefällige öffentliche Auftritte mit gut klingenden, aber leeren Worten, die uns zu nichts verpflichten, werden sicherlich auch nichts in unseren Köpfen verändern. Und aus diesem Grund kann sich in der Natur alles ändern.

Wir haben unterschiedliche Meinungen hinsichtlich des Wassers in den Alpen. Einige, besessen von Habgier und Marketingplänen, würden Rohre legen zu jedem unberührten Wasserstrahl, zu jedem Wasserfall, zu jeder schäumenden Schlucht und jedem tosenden Wildwasser, um das einzigartige Wunder des Wassers einzufangen, das Eigentum von jedem ist, und es geschäftstüchtig und umgewandelt in Kilowattstunden an uns verkaufen. Und gleichzeitig würden sie gefilterte Fäkalien und anderen Abfall durch unsere Wasserrohre laufen lassen. Andere wissen nichts mit dieser Profitabilität anzufangen. Und neben Strom brauchen wir die Art von Energie, die nur urzeitliches Wasser bieten kann, ob stehend, fallend oder fließend, ruhig oder mit ohrenbetäubendem Getöse, stürzend oder stagnierend unter Felsen oder im Gras, kristallklar oder durch Stürme getrübt, schäumend oder bezaubernd als bewegungsloser Spiegel.

Wir schätzen nicht, was uns gegeben worden ist. Ich war persönlich betroffen, als ich einen Touristen aus einer Stadt mit mehreren Millionen Einwohnern gesehen habe, der am kristallklaren, türkisen Wasser des Soča-Flusses in den Julischen Alpen angehalten hat. Auf dem Kies kniend schöpfte er aufgeregt Wasser in seine hohlen Hände und hob sie zeremoniell an seine Lippen. Er kannte nur einen Fluss, der träge durch seine Stadt floss, versteckt unter einer dicken, schäumenden, schlammigen Schicht von stinkenden Abwässern, und an eine Stadtwasserversorgung, die nur Wasser zum Kochen und Waschen liefert. Er hat nie gesehen und konnte auch nicht glauben, dass es irgendwo auf der Welt noch fließendes Wasser gibt, das man sich einfach nehmen und ohne Furcht trinken kann, um seinen Durst zu stillen, ohne eine Plastikflasche kaufen zu müssen.

Die Kultivierung und Besiedlung der Alpen

Die ersten Besucher – das Gestalten der Kulturlandschaft

Wir wissen nicht, wie die ersten Bergbewohner, die ersten Besiedler dieser Bergwelt waren. Sich Wissen über die Berge anzueignen war kein Freizeitspaß für diejenigen, die sich in die unbekannte Wildnis wagten, sondern war Voraussetzung für den gnadenlosen Kampf ums Überleben. Wer hier versagte, verschwand und wurde von nur wenigen vermisst. Jäger, Hirten, die fremden, einsamen, dennoch sachkundigen, nach mineralischen Erzen suchenden Erzsammler und Bergleute, die im Labyrinth der Bergminen starben, Sammler von Heilkräutern, Lastenträger und Händler zwischen dem Mittelmeer und der Ostsee, Schmuggler und Kaufleute, Pilger und Büßer und in der Neuzeit Wissenschaftler und schließlich Touristen – in dieser Reihenfolge kamen sie.

Die ersten Bewohner der Alpen, die bisher entdeckt und dokumentiert wurden, waren in Höhlen hausende Jäger in der späten Altsteinzeit, das heißt vor 30 000 bis 50 000 Jahren. In der Fachsprache heißen sie Homo sapiens sapiens oder Cro-Magnon-Mensch, nach der archäologischen Fundstätte Cro-Magnon in Frankreich. Zu dieser Zeit waren die Alpentäler mit einer mehrere hundert Meter dicken Eisschicht bedeckt, sodass die Höhlen, die sie zu ihren Wohnstätten machten, fast direkt von der Eisoberfläche zugänglich waren. Heutzutage existieren die Gletscher nicht mehr, sodass sich diese Höhlen von den Tälern aus gesehen weit oben in den Bergen befinden. In den Höhlenablagerungen wurde mehrere Meter tief der Beweis für die ersten Besucher gefunden: Reste von Feuerstellen, einfache Stein- und Knochenwerkzeuge (Nadeln und Pfeile) sowie die Knochen ausgestorbener Tiere, in erster Linie vom Höhlenbären (Ursus spelaeus).

Unsere eigene, leichter vorstellbare Geschichte reicht nach Meinung einiger zurück bis ans Ende der letzten sogenannten Würm-Eiszeit, vor ungefähr 10 000 bis 12 000 Jahren, als die Mittelsteinzeit begann. Neue Besucher kamen entlang der Bäche und Flüsse in die Alpen, zeitgemäßere Bergbewohner, die sogenannten mesolithischen Jäger und Sammler von Früchten. Für ihren Sommersitz suchten sie sich keine Höhlen aus, sondern ließen sich auf offenen, ebenen Plätzen nieder. Hoch gelegene kleine Plattformen im Schutz großer Felsen, sonnige Standorte nahe am Wasser (an Bergseen oder Flüssen) und das mit wilden Tieren reich gesegnete Hinterland waren das typische Umfeld ihrer Sommersiedlungen. Im Winter kehrten sie zurück ins Tal und an wärmere Orte.

Interessanterweise haben alle mesolithischen Siedlungen eine ähnliche Lage auf ungefähr derselben Höhe, als ob die Auswahl und Entscheidung entsprechend ungeschriebener Siedlungsstandards

Hervé Cortot

Ein kulturelles Kleinod: die Region Champsaur

Les Écrins (Frankreich) – ein Symbol des Hochgebirges, eine Festung in dieser rauen Welt am Rande der Südalpen, ein Massiv in einer weiträumigen und unbewohnten Region. Und nicht nur das! Das Foto zeigt uns in der Tat hohe Gipfel, die auf bis zu 4000 m ansteigen, und mächtige Gletscher. Doch einem aufmerksamen Reisenden werden auch einige besondere Charakteristika der Landschaft auffallen, die sich ihm nur in unmittelbarer Nähe erschließen.

Die Aussicht vom Bayard-Pass (1248 m) oder vom Manse-Pass (1263 m) führt den Blick zunächst weiter zu den Gipfeln von Le Sirac und Vieux Chaillol, doch etwas weiter unterhalb wandelt sich die Szenerie überraschend und wir sehen mit einem Mal ein miteinander verwobenes Muster aus Hecken, kleinen Parzellen kultivierter Felder und Wiesen – ein Zeugnis sorgfältiger Landnutzung. Die Wildnis wurde gezähmt: Jeder Bergfluss, wie auch der Drac, wird am Rande durch einen noch intakten Uferbewuchs aufgehalten, der wiederum mit einem unregelmäßigen Muster aus Flächen verbunden ist, die der Viehhaltung und diversen anderen Formen der Landbewirtschaftung dienen. Alles wird mit dem notwendigen Wasser versorgt, was in den Kanälen, den Teichen für die Weiden sowie in den kleinen Mühlen mit ihren Rädern zum Ausdruck kommt. All dies verdeutlicht ein Ziel: Effektivität, um eine Selbstversorgungswirtschaft zu ermöglichen, die für lange Zeit der Lebensinhalt einer Bevölkerung beträchtlicher Größe gewesen ist, die hier in Höhen zwischen 1000 und 1500 m Meereshöhe siedelte.

Der diversifizierte Landbau ermöglichte dann in heutiger Zeit eine Konzentration auf die Rinder- und Schafzucht. Champsaur ist berühmt für seine Milch- und Fleischprodukte. Zeichen der Modernisierung sind sichtbar: große Gebäude, die nichts mehr gemein haben mit den traditionellen Häusern, wie wir sie verstreut am Rande des Siedlungskerns finden. Hinzu kommt hier und dort die Schweinezucht. Dennoch stammt das meiste Futter für die Tiere noch aus Eigenproduktion.

Natürlich ist die Wirtschaft in heutiger Zeit abgekoppelt vom ländlichen Raum. Als neue Methoden in Landwirtschaft und Umwelt eingeführt wurden, berieten sich die Bauern in bestimmten Dingen des täglichen Lebens wie der Wasserversorgung und der Hecken, die die Herde vor Wind und Sonne schützen sollten. Unangetastet blieben jedoch die grundlegenden Strukturen der ländlichen Ordnung. Darin zeigte sich die Verwurzelung der Bewohner mit dieser wirklich außergewöhnlichen Umgebung. Wir wissen, dass die besondere Art der Heckenanlage die Regenfluten eines Wolkenbruchs zurückhält und zugleich verhindert, dass der Gebirgsbach Drac über die Ufer tritt, und dass die Pflege dieser Hecken einen effektiven Windschutz ermöglicht. Dennoch finden sich immer weniger Zeugnisse der alten Gebräuche aus Zeiten, in denen Bäume so beschnitten wurden, dass bald nur noch gestutzte Exemplare mit einigen wenigen Zweigen im Wipfelbereich übrig blieben. So beruht das Geheimnis dieser Landschaft auf einer bäuerlichen Kultur, die besonderen Wert auf Wirtschaftlichkeit, Effektivität und auch auf nachbarschaftlichen Rat gelegt hat.

Wenn heutzutage ein Tourist über die Kanälchen und die kleinen Wege in den Schluchten entzückt ist, ein Ökologe über biologische Artenvielfalt sprechen kann, sich ganze Wandergruppen leicht verlaufen können in diesem Labyrinth aus Pfaden, wenn Bergkröten in den Teichen ihren optimalen Lebensraum finden, dann dank dieser besonderen Kultur, die sich seit Generationen erhalten hat.

Doch nichts deutet darauf hin, dass man die Entwicklung dieser Tradition auch in der Zukunft wird bewahren und verfolgen können: Die zunehmende Urbanisierung und die Industrialisierung der Landwirtschaft sowie äußere Einflüsse hinterlassen bereits deutliche Spuren.

Der Vergleich der Bedingungen in Champsaur mit denen im Virgental (in den Hohen Tauern im österreichischen Osttirol) hat gezeigt, welch großen wirtschaftlichen Einfluss solche überlieferten Gebräuche haben können. Ein Landwirt, der sich im Landbau und Tourismus gleichermaßen betätigt, wird sich mehr und mehr seines Erbes bewusst, doch um der Wirtschaftlichkeit willen wagt er die Balance zwischen Tradition und neu Erworbenem. Immer größer muss das Land sein und die landwirtschaftlichen Geräte möglichst moderner als die des Nachbarn. Er darf ja nicht ins »Hintertreffen« geraten – und so geht es weiter.

Ohne das Wissen um diese besondere Landschaft, ohne eine enge Verbindung zum Tourismus, der Bilder wie die eines Pfades durch eine Schlucht zu vermarkten weiß, ohne eine durchdachte Landesplanung wird dieses Musterbeispiel kleinparzellierter Bergkultur entweder durch größere Nutzflächen ersetzt oder mit der Zeit durch Bäume oder einen ganzen Wald überwachsen werden. Mit einem Naturpark kann dies verhindert werden.

Um seine Umwelt wirklich kennenzulernen und zu schützen, bedarf es einer bestimmten Kultur. In dem heutigen Bewohner müsste der Landwirt früherer Zeiten weiterleben, damit er bei seiner heutigen Lebensweise, Bautätigkeit und seinem Umweltmanagement begreift, wie er die Werte seiner Vorfahren erhalten kann. Im modernen Zeitalter der Globalisierung ist es schwierig, Menschen davon zu überzeugen, dass, wer ein Leben in einer solchen Gegend wählt, sich für etwas entscheidet, was gänzlich verschieden ist von dem Leben, das er von den Vororten einer Großstadt oder eines anderen Alpentales kennt.

Terrassen im Haute Romanche-Tal

Für den durchreisenden Touristen, der auf den kurvenreichen und engen Straßen das Tal des Romanche-Flusses in Richtung der Wiesen des Lautaret-Passes hinaufeilt, ist dieses nur eines von vielen Tälern. Aber wenn er vom Gipfel des La Meije auf die kleine Kirche von Le Chazelet hinabblickt, wird er sich mit einem Male Gedanken machen über die Menschen. Die kleinen Dörfer da oben, so reizvoll sie auch erscheinen, wären nichts Besonderes ohne die Terrassen, die sie umgeben.

Aus der Nähe betrachtet erkennen wir, dass sie nicht nur »Les restanques« sind, die für die Provence typischen Schutzdämme aus Stein, die wertvolle Erde für den Anbau festhalten. Da das Gelände dort ein großes Gefälle aufweist, ließ sich eine Mauer aus locker verteilten, unbehauenen Steinen mit der Zugabe von Erde rasch in eine Böschungsmauer verwandeln. So richtig eben sind aber die Böden ober- und unterhalb der Mauer auch nicht. Ein besonderes Kennzeichen der Landschaft ist das Fehlen horizontaler Linien; La Meije mit seiner großartigen Nordwand scheint seiner Umgebung den Stempel der Steilheit geradezu aufgedrückt zu haben.

Menschen siedelten hier in dieser geschützten Talung zwischen Kalksteinfelsen unterhalb der kristallinen Berghänge schon sehr früh und passten sich in den Jahrhunderten mühevoller Landwirtschaft gut dem rauen Klima unter Verwendung resistenter Feldfrüchte wie Roggen und Kartoffeln und durch Kleingärten und Heuwiesen, die die Aufzucht verschiedener Haustiere ermöglichten, an. Weiterentwicklungen in jüngerer Zeit zwischen den Weltkriegen ermöglichten die Zucht von Tieren, für die wenig Personal benötigt wurde. Die von den Vorfahren geerbten Terrassen wurden als Wiesen oder zum Kleeanbau genutzt. So ging das für den früheren, vielseitigen Anbau so typische Mosaik aus grünen, gelben und braunen Flächen verloren und wurde allmählich durch eine Variation in grünen Farbtönen ersetzt, angefangen bei dem zarten Grün frisch gemähter Wiesen bis hin zu den gelbbräunlichen Tönen der Flussufer. Eine Kulturlandschaft, die gerade im Herbst oder in der Abenddämmerung wie geschaffen zu sein scheint für Maler und Fotografen.

Der Besucher wird den Augenblick des Staunens und der Besinnung nicht vergessen, als eine Erinnerung an Gegenwart und Vergangenheit zugleich.

erfolgt wäre: vom Vercors-Plateau oberhalb Grenoble, Freissinieres in Les Écrins, den italienischen Alpen Veglia und Monte Baldo über den Hirschbichl in den Hohen Tauern hin zu den Krn-Almen in den Slowenischen Alpen. Noch interessanter sind die Artefakte, Steinwerkzeuge typisch für die Steinzeit (Meso- und Neolithikum). Von Frankreich bis nach Slowenien sind sie auf dieselbe Art und Weise hergestellt worden, mit derselben Form und demselben Nutzen, als ob sie aus denselben Händen in gemeinsamen Werkstätten gefertigt worden wären. Moderne Ackerbaugeräte sind überall in den Alpen gleich oder ähnlich, aber es ist erstaunlich, dass dies vor 10 000 bis 5000 Jahren ebenso der Fall war. Gab es Kontakte zwischen den Bergbewohnern aus den Ost- und Westalpen, und war der gegenseitige Wissensaustausch genauso üblich wie heute?

Die Kultivierung der Alpen – 5000 Jahre Überlebenskultur

Die späte Steinzeit oder das Neolithikum wird gleichgestellt mit der ersten und bisher einzigen wichtigen Revolution in der Geschichte der Menschheit. Die sogenannte neolithische Revolution bezeichnet den Beginn des Ackerbaus und der Almbewirtschaftung – Landbau in seinem ursprünglichsten Sinn. Die Technologie unseres dritten Jahrtausends hat künstliche und gentechnisch veränderte Nahrung hervorgebracht. Gesundes Essen aber, all das Getreide, das wir kennen, Gemüse und Haustiere, beruhen auf der Umstellung der Ernährungsgewohnheiten vor über 5000 bis 6000 Jahren. Kultivierte Felder und die ersten dauerhaften Siedlungen begannen, die Alpentäler zu prägen, während die ersten Hirten mit ihren Herden auf hochgelegene Almen zogen.

Die Kupfer-, Bronze- und Eisenzeit waren eine logische Fortsetzung der bewundernswerten Kreativität neolithischen Geistes. Außer Hirten kamen auch andere Besucher in die Bergwelt: Mineralerzsuchende, nach ihnen Sammler oder Bergarbeiter. Die Alpen bekamen aufgrund des Salzes, Kupfers, Silbers, sogar Goldes (in den Hohen Tauern), Eisens und anderer Erze eine strategische Bedeutung. Allerdings verursachten erzreiche Regionen zahlreiche militärische Konflikte zwischen den Alpenregionen.

Der ursprüngliche Begriff des Wortes »Kultur« leitet sich aus dem Französischen ab und ist mit dem Boden verbunden: Abholzen, Einebnen der »Wildnis«, um fruchtbaren Boden zu schaffen, Land zu bearbeiten, Felder zu bestellen, Graben, Pflügen, Ernten. Heutzutage verstehen wir unter dem Wort »Kultivierung« die Aufrechterhaltung und Pflege bereits kultivierter Flächen.

Kultur in den Alpen ist gleichbedeutend mit Respekt vor den Gaben der Erde, Respekt vor den Gesetzen der Natur und dem natürlichen Gleichgewicht, ein ständiges Anpassen an natürliche Veränderungen und die Konfrontation mit natürlichen Katastrophen, die das bereits gewonnene, fruchtbare Land zerstören.

Die Kultivierung der Alpen entsprach früher nicht den heutigen Aktivitäten, sondern war eine gnadenlose Herausforderung und ein endloser Kampf ums Überleben unter grausamen Bedingungen, die nicht mit den Bedingungen in den großen Tälern unterhalb der Berge zu vergleichen waren.

Die 5000 Jahre alte Kultur in den Alpen ist eine Überlebenskultur – die Landwirtschaft. Die Betreiber dieser Kultur waren die Hartnäckigsten, die Einfallsreichsten, die Anpassungsfähigsten, die Stärksten. Es war eine Kultur, die kein Erbarmen kannte, keinen Trost, keine Faulheit. Diejenigen, die überlebten, waren die Widerstandsfähigsten, die Erfahrensten und Erprobtesten. Die natürliche

Roland Dellagiacoma

Weinlandschaften auf der Sonnenseite der Alpen

Mit den Alpen assoziieren die meisten Menschen spontan und zu Recht atemberaubende Gebirgsszenarien mit vielfältiger Natur und Kulturlandschaft. Es ist wohl diese Vielfalt der optischen Eindrücke auf engstem Raum, der Blick vom Tal zum Hochgebirge, von der kleinräumig strukturierten, bäuerlich geprägten Landschaft im Wechsel mit weitflächigem Wald und darüber die imposanten Bergsilhouetten, die so viele Touristen begeistert.

Wer über den Brenner oder Reschenpass auf die südliche Flanke des Alpenhauptkamms kommt, erblickt auf der Höhe von Brixen bzw. Schlanders eine reizvolle Rebenlandschaft im Kontrast mit schneebedeckten Gipfeln. Diese begnadete Weinlandschaft vereint sich im Bozner Talkessel und zieht sich auf beiden Talseiten der Etsch über die Hangterrassen des Überetsch und die besten Blauburgunderlagen des Unterlandes hin bis zum südlichsten Ort der Autonomen Provinz Bozen in Südtirol nach Salurn (auch bekannt als Alto-Adige).

In Südtirol wachsen »Alpenweine mit mediterranem Charme« (Südtiroler Weinwerbung) – ein Slogan, der ausnahmsweise zutrifft. Auf den Rebterrassen von Kortsch im Vinschgau ist der Blick frei auf die Gletscher der Ortlergruppe, im Eisacktal und von Bozen aus beeindrucken die faszinierenden Dolomiten mit der Geislergruppe, dem markanten Schlernmassiv (2662 m) und dem in der Abendsonne glühenden Rosengarten (3002 m).

Nun darf ehrlicherweise nicht verschwiegen werden, dass auch außerhalb von Südtirol in anderen Alpenländern guter Wein wächst: von Savoyen mit der roten Sorte Mondeuse, zum Wallis mit seinem fruchtigen Dôle an den Steilhängen der Rhône, dem Ticino mit seinem leicht herben Merlot, den eleganten Blauburgundern in der Bündner Herrschaft, einigen Raritäten im italienischen Aostatal und dem hoch konzentrierten »Sfursat«, der im Valtellina aus den reifsten halb getrockneten Chiavenasca-Trauben (Nebbiolo) gekeltert wird.

Nirgends sonst außer in Südtirol gibt es aber auf so engem Raum eine ähnliche Sortenvielfalt: Auf einer Distanz von etwa 80 km und einer Fläche von etwa 5000 ha gedeihen über 20 Traubensorten zwischen 200 und 1000 m Meereshöhe und vergären zu lokalen Besonderheiten, vom süffigen Vernatsch oder gehaltvollen Lagrein zu den Spitzenweinen von internationalem Niveau für Weinsnobs und Etikettentrinker. Es sind die natürlichen Faktoren, die unterschiedlichen Böden, das Mikroklima, die Topografie im Zusammenspiel mit dem Weinbauer und Kellermeister, die zu einem nicht austauschbaren »Terroire«-Wein führen. Das ist es schlussendlich, was den besonderen Wert eines Weines oder einer Landschaft ausmacht: das Unverwechselbare, Authentische, der Unterschied, der individuelle Charakter, die Sinnlichkeit. Weingenießer müssen fast zwangsläufig auch Landschaftsgenießer sein – denn vieles verbindet den Wein mit seiner Landschaft. Eine Weinverkostung ist wie das Erleben einer Landschaft: Ich nehme die Aromen, das Farbenspiel, die Tiefe, die Weite, das Mikroklima bewusst wahr und bin doch nie imstande, die Komplexität, Mystik und Poesie des Weines oder der Landschaft als Ganzes zu erfassen. Es bleibt Spielraum für anregende Diskussionen über den besten Wein und die ideale Landschaft.

So wie die Landschaft ihre Geschichte hat, hat sie auch der Wein. Älteste Hinweise gehen in Georgien bis 6000 Jahre v. Chr. zurück. Ab 1600 v. Chr. wurde im Mittelmeerraum systematisch die vitis vinifera kultiviert. Seit 2500 Jahren gibt es nachweislich Weinanbau im heutigen Südtirol, und die römischen Kaiser schätzten bereits den rätischen Wein, der hier nicht in Ziegenschläuchen und Tonamphoren gelagert, sondern in – mit Eisenringen beschlagenen – Holzfässern aufbewahrt wurde. Im 8. Jahrhundert waren es dann die Klöster aus Bayern, Schwaben und Österreich, die den »Bozenaere« und »Traminer« ausbauten.

Was macht nun Südtirol, seinen Wein und seine Landschaft so besonders? Es ist dieses Aufeinandertreffen des alpinen mit dem mediterranen Klima, die milden Tage und frischen Nächte mit den großen Temperaturunterschieden zwischen Tag und Nacht, die zur herausragenden Qualität vor allem der weißen Weine führt. Es ist die unterschiedliche Geologie, vom Urgestein im Eisacktal und Vinschgau, den Moränenschuttböden im Überetsch, dem »warmen« Porphyr unter den besten Lagreinlagen in Bozen bis zum verwitterten Kalk- und Dolomitgestein im südlichsten Teil des Südtiroler Weinbaugebietes. Es ist die Mineralhaltigkeit der Böden, die den Weinen ihre Salzigkeit und Saftigkeit im Mund verleiht, der alpine Klimaeinfluss als Garant für die feinen Aromastoffe und ausgewogenen Säurewerte, die hohe Trinkfreude gewährleisten und nicht zu überextrahierten und brandigen Weinen führen.

Neben den mediterranen Weinsorten wie Blauburgunder, Ruländer, Chardonnay, Riesling und Sauvignon Blanc, Merlot und Cabernet Sauvignon wachsen in Südtirols Rebenlandschaft einige Spezialitäten wie Müller-Thurgau, Sylvaner, Veltliner, Kerner, Gold- und Rosenmuskateller.

Das sogenannte »USP« (Unique Selling Proposition), das Alleinstellungsmerkmal in der globalen Weinlandschaft stellen aber die drei autochthonen Rebsorten dar: Der hellrubinrote, fruchtige, milde Vernatsch, der dunkelgranatrote, etwas ruppige, gehaltvolle Lagrein und der strohgelbe, aromatische Gewürztraminer, der aus dem Parade-Weindorf Tramin stammt.

Noch ein letzter Gedanke zur Gemeinsamkeit zwischen authentischer Landschaft und authentischem Wein: Sie stellen die Gegenbewegung zur weltweiten Nivellierung, Beliebigkeit und Uniformität von Orten, Architektur, Lebensstilen und Massengeschmack – auch in puncto Wein dar. Und weniger ist mehr: Qualität gegen Quantität. Sowie sich das Kulturgut Landschaft nicht ohne irreversiblen Schaden übernutzen lässt, sind hoher Ertrag und hohe Qualität im Weinbau nicht möglich. Nur durch konsequente Mengenbegrenzung und naturnahe Behandlung im Weinberg und Keller können Spitzenweine erzeugt werden.

Wein bleibt das Produkt aus dem Zusammenspiel von Natur und Mensch – der Landschaft.

Zum Wohle, salute, viva …

Auslese war gnadenlos. Es war damals so, wie es noch heute bei den Vögeln ist.

Die ersten Siedler begannen wortwörtlich mit nichts. Archäologische Ausgrabungen dokumentieren eine durchgehende und dichte Kolonisierung vor 3000 Jahren während der späten Bronze- und frühen Eisenzeit (Hallstatt), eine Phase erfolgreichen Ackerbaus, in der wahrscheinlich Frieden herrschte und die somit Raum für Kreativität ließ. Fachleute ordnen die ersten geschriebenen Dokumente unserer fernen Vorfahren in die Bronzezeit ein. In Felsen eingeritzte Symbole, sogenannte Felsgravierungen, sind verschlüsselte Nachrichten einer unbekannten Zivilisation, die spirituell, kulturell und materiell sehr hoch entwickelt war. Die meisten von ihnen befinden sich im Tal Val Camonica (über 40 000), auf dem Hochplateau La Vallée des Merveilles (mindestens 30 000 Gravierungen) und unterhalb der Berge Mont Bego in den Seealpen. Zu den bekanntesten gehören auch viele in Valtellina, auf dem Carschena-Plateau im Kanton Graubünden und etwas jüngere im Dachsteingebirge.

Wir können mit Sicherheit sagen, dass diese Felsgravierungen in friedlichen und erfinderischen Jahrhunderten angefertigt wurden, als die Menschen nach Erledigung ihrer täglicher Arbeit noch Zeit, Vergnügen und das Bedürfnis hatten, um Bilder aus ihrem täglichen Leben, stilisierte Figuren von Menschen, Haustieren, Werkzeugen, Waffen sowie Skizzen ihrer Wohnstätten in Felsen einzuritzen. Wir wissen nicht, wer die Meistergraveure dieser künstlerisch weitentwickelten Symbole waren.

Die Kultivierung alpiner Flächen und das Umgestalten des Reliefs war nicht nur das Ergebnis des Ackerbaus und weidenden Viehs. Von der »Metall«-Zeit bis zum Beginn der Neuzeit wurde das Erscheinungsbild der hohen Gebirge vor allem durch den Bergbau verändert. Zuerst war es Salz und dann Kupfer, bis Eisen den ersten Platz eingenommen und bis zum 19. Jahrhundert beibehalten hat. Für lange Zeit war Salz ein strategisch wichtiger Rohstoff, der für die Nahrung und zum Konservieren von landwirtschaftlichen Produkten (Käse, Fleisch) gebraucht wurde. Die Regionen in den Ostalpen mit Salzminen zählten zu den reichsten. Belege dieses Reichtums sind in der Hallstattkultur zu sehen. Aber die Entdeckung des Eisens, sprich die Geburt des Eisenschmiedens oder der schwarzen Magie, die neue Hexerei und die Fähigkeit, Eisen aus scheinbar braunem Stein (dem Eisenerz) und Feuer zu zaubern, beendete die Überlegenheit von Salz und Gold. Beides konnte mit Eisen gekauft werden. Seine strategische Bedeutung hat es 3000 Jahre lang behalten. Aus Eisen, nicht aus Gold wurden Werkzeuge zum Bewirtschaften des Landes hergestellt und Waffen, um die Welt zu erobern und feindliche Kulturen zu zerstören.

Das Sammeln von Eisenerz an der Oberfläche, das Graben danach und der Abbau in unterirdischen Tunneln hoch oben im Gebirge haben Rückstände hinterlassen, die noch heute zu sehen sind: Abraumhalden, runde Löcher an der Oberfläche, ein dichtes Netz von steingepflasterten Lastwegen. Die schlimmsten Folgen der Eisenerzeugung waren die Veränderungen der Vegetation. Um Eisenerz zu schmelzen, wurden enorme Mengen an Holz und Holzkohle benötigt. In den letzten 3000 Jahren wurden die Alpenwälder im Interesse der Holzkohleherstellung und der Holzfällerei wiederholt schonungslos abgeholzt. Die natürliche Erneuerung der Wälder dauerte 100 bis 200 Jahre, bis sie schließlich wieder gefällt wurden. Von unserem heutigen Standpunkt aus gesehen bedeutet eine derartige Ausbeutung keineswegs eine »Kultivierung« der Alpen, sondern ihre raue, unverantwortliche, ja kulturlose Zerstörung. Erst im 14. Jahrhundert wurden die ersten Wald- und Bergbauregeln erlassen, die diese Zerstörungswut eindämmten.

Die Besiedlung der Alpen

Die Besiedlung war die letzte Phase der Kultivierung der Alpen. Es gibt verschiedene Theorien, wie die Siedlerwellen aus allen Richtungen kamen und entlang der Flüsse aufwärtsdrängten, um die höchstgelegenen Täler zu erreichen. Fachleute unterscheiden zwischen den Besonderheiten von germanischen und romanischen Siedlungen, haben aber die slawischen Siedlungen der Ostalpen ebenso wie die Ureinwohner, die ursprünglichen und ältesten Bewohner der Alpen vergessen. Die Namen von Bergen, Flüssen und zahlreichen altertümlichen Relikten in den heutigen Sprachen lassen eine Tradition vermuten, die von Kelten, Venetiern, Rätoromanen und Karniern überliefert wurde. Wir wissen einfach nicht, welche Namen sie für sich selbst verwendet haben. Wissenschaftliche Theorien über unsere prähistorischen Vorfahren in den Alpen widersprechen einander. Oft sind sie ein bloßes unkritisches Wiedergeben von unerwiesenen Behauptungen und ein oberflächliches Kopieren von Theorien.

Die römische Siedlungsart ist an den südlichen und westlichen Seiten der Alpen verbreitet. Sie folgt den Flüssen, die ins Mittelmeer münden, und endet an den Bergrücken, deren Wasser in die Nordsee und das Schwarze Meer fließt. Die Kennzeichen der römischen Besiedlung sind terrassenförmige Kultivierungen, Viehhaltung auf gemeinsamen Bergweiden und die charakteristisch dicht bebauten Talsiedlungen mit einer einzigartigen meisterhaften Steinarchitektur.

Die germanische Siedlungsart findet man verbreitet an der nördlichen, teils auch nordöstlichen Alpenseite. Im Gegensatz zu den kompakten römischen Dörfern auf der Südseite waren die nördlichen Siedlungen durch verstreute Weiler und einsame Bergbauernhöfe charakterisiert, die einen, aus der Ferne betrachtet, an Adlerneste erinnern, die an unglaublich steilen Hängen kleben. Viehhaltung, Wälder, kultivierte Felder in extrem steiler Lage, ökonomische Unabhängigkeit, große Individualität, der Stolz auf ihre Bauernhöfe und die Holzbauweise sind die besonderen Merkmale dieser Siedlungen.

Der slawische Siedlungstyp an der östlichen und südöstlichen Seite der Alpen zeigt gemischte Merkmale der römischen, germanischen und einheimischen Siedlungsart. Die Siedler in den Tälern der Ostalpen sind bekannt für ihre moderneren Ackerbaumethoden. Sie haben die Traditionen des Bergbaus und der Eisenerzeugung aus dem frühen Mittelalter beibehalten. Bauernhöfe und Siedlungen an der Alpennordseite sind ähnlich wie die germanischen, während die Architektur auf der südlichen, mediterranen Seite von den dicht bebauten Taldörfern hin zu den verstreuten Bergbauernhöfen und Schäfersiedlungen durch einen mediterranen Charakter gekennzeichnet ist. In den Karawanken, den Savinja-Alpen und am Pohorje-Massiv ist bis heute ein spezieller Siedlungstyp erhalten: der sogenannte celci-Siedlungstyp mit den größten Selbstversorgungs-Bauernhöfen in den Alpen. Diese Anwesen, die 200 bis 400 ha groß sind und vorwiegend aus Wald und felsigem Gelände oberhalb der Baumgrenze bestehen, stellen wegen ihrer Größe ein besonderes Merkmal in den Alpen dar. Gleichzeitig sind sie die höchstgelegenen Bauernhöfe in den Ostalpen. Der Unterschied zwischen den nördlichen und südlichen Siedlungen der Alpen ist einfach der, dass für die nördliche Seite eine Holzkultur und für die mediterrane Seite eine Steinkultur typisch ist.

Die alpine Kulturlandschaft

Vor kaum mehr als 40 Jahren setzte sich der Begriff Kulturlandschaft durch, wenn es um die Individualität, Identität und gegenseitige Differenzierung einzelner Länder einschließlich der Alpenstaaten ging.

Die alpine »Kulturlandschaft« spiegelt die Vielfalt der menschlichen Arbeit auf dem Land wider, von der Kultivierung über die Besiedlung bis hin zur unterschiedlichen Nutzung des Bodens. Sie ist ein Zeugnis dafür, wie die menschliche Kultur die natürliche Umwelt verändert hat, und ein offenes Buch, das den Tausende Jahre alten Anpassungsprozess an die Gesetze der alpinen Natur zeigt. Der Ausdruck ist modern und zugleich nostalgisch hinsichtlich des klassischen Bildes der Alpenlandschaft, das sich verändert hat und im Laufe der letzten 50 Jahre sogar verschwunden ist.

Die Schönheit der kultivierten Alpenlandschaft sehen nur die Besucher. Diejenigen, die das Land bearbeiten, sehen keine besondere Schönheit an den Früchten ihrer anstrengenden Arbeit, abgesehen von der Zufriedenheit, dass die Arbeit getan ist.

So sind auch die Schönheit und Schaffung der alpinen Kulturlandschaft mit Anstrengung, Schmerz, Erschöpfung und lebensbedrohlicher Gefahr verbunden, und diejenigen, die sie schufen, waren sich dieser nicht wirklich bewusst.

Die Kulturlandschaft entstand nicht durch die Pläne von Landschaftsarchitekten, sondern unwissend, spontan, auf eine zweifellos rationale und rein auf Funktionalität bedachte Weise. Dies ist ein ständiger Prozess, der von zahlreichen Generationen und namenlosen Fachleuten weiter geführt wird. In jüngerer Zeit ist die Kulturlandschaft als ein gemeinsames kulturelles Erbe gewürdigt worden, als etwas Wertvolles für das allgemeine Wohl, dessen Erhaltung im öffentlichen Interesse ist.

Das Land in Terrassen umzuwandeln gilt als älteste Ackerbaukultur. In alpinen Tälern können Terrassen mit Wiesen und kultivierten Feldern als entfernte Nachbildung der unglaublich komplizierten Reisterrassen im Himalaya gesehen werden. Heutzutage sind die auf den Überbleibseln der ältesten Siedlungen mit ihrem uralten Ackerbau angelegten kultivierten Felder mehr und mehr durch Monokulturwiesen ersetzt worden – aufgrund von Änderungen bei den landwirtschaftlichen Methoden –, und noch mehr Terrassenfelder wurden sogar aufgelassen und sind inzwischen überwuchert.

Die schönsten Denkmäler der Kultivierung der Alpen und der Kulturlandschaft sind die steinigen Terrassen auf den steilen Moränen in den Tälern des Wallis, des Aosta- und Valtelinatals, in Ligurien und Piemont und in Südtirol zwischen Brixen/Bressanone und Bozen/Bolzano. Diese Terrassen sind ein Musterexemplar für Weinbau mit Einfallsreichtum. Sie zeigen, wie kahlen und steilen steinigen Hängen flache Stellen für den Weinanbau abgerungen wurden. Zwei Perlen und einzigartige Symphonien der Kulturlandschaft sind das Wallis, eine wahre Oase zwischen alpinen Gletschern, und die Terrassen in Ligurien, die auf einer Höhe von 1300 Metern mit Weinbergen und Olivenbaumplantagen bedeckt sind. Die Terrassenkultur auf der Südseite der Alpen ist ein Lobgesang auf diese Kunst in Stein. Eine besondere Schönheit geht von ihr aus, und sie versprüht den Geist einer ursprünglichen Kultur.

Ein besonderes Merkmal der Alpenbewirtschaftung sind die Bergbauernhöfe, die sich hoch über den Tälern von Kärnten, der Salzburger Region, Tirols und den Dolomiten bis hin zu den französischen Alpen finden. Die Bauernhöfe mit ihren kargen Feldern und Wiesen, an abschüssigen Hängen gebaut, liefern den Beweis für den unbezwingbaren Willen, auch auf unmöglichem Gelände zu überleben.

Aufgrund von Veränderungen in der Landwirtschaft, der Aufgabe einiger Ackerbauformen in den 1960er- und 1970er-Jahren und dem gleichzeitigen Aufkommen eines wenig umweltfreundlichen Massentourismus begann sich die Kulturlandschaft zu verändern und verlor das Adjektiv »kulturell«. Die Einführung von Viehweiden-Monokulturen zur intensiven Tierhaltung in flachen Talregionen, die Ignoranz und Geringschätzung des natürlichen Gleichgewichts, Wanderungsbewegungen und das Verlassen von Hochlandsiedlungen, die Ausweitung des Verkehrs und Freizeitaktivitäten ebenso wie zügellose Bauprojekte haben die alpine Landschaft verarmt und seiner kulturellen Identität beraubt. Diese veränderte Kulturlandschaft besitzt nicht mehr die ökologische Funktion, die biologische Vielfalt zu bewahren. Mit der Vernachlässigung des Hochwasserschutzes und der Sorglosigkeit gegenüber anderen Naturkatastrophen ist nun auch in den Wohngebieten das Gleichgewicht der Natur verloren gegangen.

Das Leben in den Alpen – Ackerbau im Gebirge, Überlebenskultur

Gemäß der Definition eines besonderen Erlasses der Tiroler Landesregierung haben diejenigen den Status eines Bergbauern, die in über 1200 m Höhe wirtschaften und deren Bauernhof auf einer Höhe von mindestens 500 m liegt. Typische Merkmale einer Bergbewirtschaftung sind wenig Zugangsstraßen und das große Gefälle der bewirtschafteten Flächen.

Der Ackerbau in den Alpen kann nicht mit dem im europäischen Flachland verglichen werden, da die Arbeitsbedingungen in und am Fuße der Berge bei Weitem härter sind als in der Ebene.

Das Leben in den Alpen hat genau wie das im Mittelmeerraum zwei verschiedene Gesichter. Das eine wird von zufriedenen Urlaubern gesehen, die auf den Terrassen der Alpenhotels liegen und in der Sonne baden, von fröhlichen Wanderern und Radlern und von gelangweilten Touristen, denen es an Ideen mangelt, wie sie ihre freie Zeit verbringen. Das andere Gesicht ist den Besuchern unbekannt, es interessiert sie auch nicht.

Wir dürfen das Leben in den Alpen nicht nostalgisch bewerten und interpretieren. Die sogenannte Alpenidylle existiert nicht und hat nie existiert. Es ist ein Fantasieprodukt Außenstehender. Dieses irreführende Bild wurde von denjenigen geschaffen, die nicht in den Alpen lebten und deshalb auch nicht den grauen Alltag im Gebirge kannten. Sie bastelten sich ihr eigenes Mosaikbild aus den Elementen, die schön und angenehm sind, gesehen mit den Augen von Stadtmenschen und Besuchern. Die Realität ist auf alten Fotografien zu sehen: Männer und ihre Frauen, gekrümmt und halb begraben unter riesigen Bergen von Heu auf ihren Köpfen; Frauen vor einen Pflug gespannt, den sie steile Hänge hinaufziehen; Männer in extrem gefährlichen Bergwänden, über die sie hölzerne Rinnen für die tägliche Wasserversorgung bauten; alte, junge und Kindergesichter beiderlei Geschlechts, die aus Lawinen gegraben wurden; Trauernde auf engen Pfaden, die in Richtung eines Stunden entfernten Friedhofs liefen; das Suchen und Sammeln von fruchtbarer Erde am Fuße von steilen Feldern und das Zurücktragen in großen Körben; eine mehrere Generationen umfassende Familie, um ihren großen Tisch versammelt, um ein dürftiges Mahl einzunehmen. In diesem harten Alltag gab es keine Möglichkeit, Krankheiten auszukurieren. Doch trotz dieser unwirtlichen Lebensumstände lachen die Menschen auf den Fotografien und strahlen einen unglaublichen Lebenswillen aus. Stolze Menschen, die nicht wissen, wie man bittet, und auch niemanden bitten möchten, obwohl alle einer Hilfe bedürfen.

Wegen des kalten Klimas konnten nur die widerstandsfähigsten Feldfrüchte auf den alpinen Feldern wachsen: Bohnen, Kohl, Kartoffeln und Buchweizen, von Getreide nur Roggen und Gerste. Die früher übliche Vielfalt an Kartoffeln, die an die Lebensumstände in den Bergen angepasst war, ist praktisch ausgestorben, ähnlich die Pferdebohnen, die älteste Art von fetten Bohnen. Die Ernährung war ziemlich anspruchslos, aber aus diesem Grund auch sehr gesund. Esskastanien waren eine wichtige Nahrungsquelle in Hungerzeiten.

Das Einbringen von Holz war mit zahlreichen Unfällen verbunden. Nicht nur in den steilen Wäldern mit schwierigem Zugang, sondern auch in reißenden Flüssen, auf denen sie die Baumstämme mit Geschick und Mut zu den nächsten Wegen treiben ließen, gab es viele unglückliche Opfer. Die Waldbesitzer sahen ein, dass der Wald niemals verkauft werden darf – er galt als letzte Rücklage für schwierige Zeiten.

Im Vergleich zur Armut in den Gebirgsregionen sind die sonnigen Terrassen auf der Südseite der Alpen mit ihren Weingärten, Olivenhainen und fruchtbaren Feldern wie ein Traum aus einer anderen Welt.

Vor ungefähr 150 Jahren waren die Alpen ein Symbol bitterer Armut, besonders Dörfer im westlichen Piemont, in Tirol, Trentino, Karnien, Friaul und dem Soča-Flussbecken. Schlechte Ernten, Überbevölkerung und Nahrungsknappheit führten zu Hungersnot und Abwanderung. Der Exodus aus den Alpen erfolgte in mehreren Wellen. Die erste in der zweiten Hälfte des 19. Jahrhunderts trieb die Hungrigen und Verzweifelten in die USA. Es waren die Jungen, Starken und Fähigsten, die fortgingen und die alten und arbeitsunfähigen Menschen zurückließen, die ihre Bauernhöfe nicht mehr selbst bewirtschaften konnten. Weniger Nahrung, weniger Heu und weniger Tiere verstärkten den Hunger nur. Unbewirtschaftete Felder und aufgegebene Weiden waren die erste Folge des Wegzugs. Ein bewegendes Kapitel in der Geschichte der Armut waren die Kinder, die aus Tirol weggeschickt wurden, um die lange Reise zu Fuß über die eingeschneiten Pässe anzutreten, auf der Suche nach Arbeit an wohlhabenderen Orten. Schwabenkinder, wie die bemitleidenswerten Kinder genannt wurden, sind ein trauriges Kapitel im Kampf ums Überleben. Tatsächlich starben viele von ihnen auf dem Weg an den Strapazen der Reise wegen Kälte und Mangelernährung.

Die Bevölkerungszahl in den Ostalpen wurde während des Ersten Weltkriegs erheblich dezimiert, da zwei Millionen Männer und Jungen an der Frontlinie zwischen Trient, den Julischen und Karnischen Alpen, den Dolomiten bis hin zum Ortler fielen. Eine fatale Grippeepidemie nach diesem Krieg und die begleitende Hungersnot verursachten einen neuen Wegzug aus den Alpen. Die letzte Welle von Emigranten leerte die Alpendörfer nach dem Zweiten Weltkrieg, als die großen Städte unbegrenzt Arbeitskraft für die wiederauflebende und neue Entwicklung brauchten.

Die Wanderungsbewegung geht heute in die entgegengesetzte Richtung. Da der Sommer- und Wintertourismus zunimmt, steigt die Zahl derer, die von überallher in die Alpensiedlungen ziehen. Die soziale Struktur hat sich verändert. Neben modernem Tourismus halten Banken, Agenturen und reiche Spekulanten Einzug. Die Bergbauernhöfe haben sich ebenfalls verändert. Es gibt keinen selbstversorgenden Ackerbau mehr. Die Existenz wird durch touristischen Nebenerwerb gesichert, indem alte Gebäude für Touristenzimmer und Ferienwohnungen renoviert werden. Bauern und ihre Familienmitglieder werden Manager von Restaurants und Hotels, Skilehrer und Seilbahnarbeiter, Touristen- und Bergführer, Verkäufer und Angestellte, die täglich zur Arbeit reisen. Einfallsreiche und erfolgreiche lokale Initiativen haben eine Nische gefunden, um die Wellness-Wirkung der Alpen zu vermarkten und bieten denjenigen Beschäftigung, die in der Nähe wohnen.

Trotz des relativ hohen Standards, der modernsten Technisierung der Bauernhöfe, der guten Straßenverbindungen zu den entlegensten Bauernhöfen und der Informations- und Kommunikationsnetzwerke gibt es noch immer Regionen in den Alpen, in denen man junge Leute treffen kann, sowohl Männer als auch Frauen, die im Sommer an verdutzten Touristen vorbeiziehen, weil sie schwere Körbe voll mit Feuerholz, das sie im Wald gesammelt haben, auf ihrem Rücken tragen.

Sommer- und Winterweiden – das Viehweidejahr

Im vergangenen Jahrtausend hat sich in den Alpen eine besondere Art von Weidekultur entwickelt: der Wechsel zwischen Sommer- und Winterweiden. Hiermit wird der Viehtrieb zu bestimmten Jahreszeiten auf verschiedene Weiden bezeichnet, wobei die Nutzung der Weiden nach ganz festgelegten Zeiten erfolgt.

Das Viehweidejahr beginnt jeweils im Frühling, wenn die weidenden Tiere von den Dörfern im Tal zu den niederen Heuwiesenalmen getrieben werden. Wenn sie das erste Gras abgeweidet haben, werden sie Ende Juni von dort zu den höheren Almen getrieben. Bis zum Herbst versorgen die Hirten die Tiere dort und produzieren Käse. Der Frost und erste Schnee des Septembers treiben sowohl Tiere und Hirten zurück zu den niederen Weideflächen. Hier muss der Hirte bis November ausharren, wenn der Schneefall sie zur Rückkehr ins Tal zwingt. Dort überwintert er, um im Frühling den Zyklus aufs Neue zu beginnen.

Als es im Gebirge nicht mehr genug Weideflächen für alle gab, entstand aufgrund von Erfahrungswerten eine ungeschriebene »Weideverordnung«. Weiderechte wurden genau zugewiesen: für einzelne Dörfer und Bauernhöfe, speziell für jede Tierart und zu festgelegten Zeiten. Die grundlegende Regel war, dass einzelne Bauern die gemeinsamen Almen nur für so viele Tiere zum Grasen nutzen durften, wie sie daheim während des Winters füttern konnten. Dieses Futter wurde im Sommer eingebracht, wenn sie auf den Talwiesen und den niederen Almen Heu machten. Die einfache Regel bedeutete, dass alle Weideflächen vorsichtig gemäht, ausgeholzt und ständig gepflegt wurden. Die »Weideverordnung«, Grundlage für das Leben im Sommer und die Bewirtschaftung der Almen, war ein einzigartiges Gesetz für Arbeitsdisziplin, Arbeitsmoral, gemeinsame Verpflichtung, die strikte Aufteilung von Arbeit und von dem, was einem zustand, und außerdem sozial gerecht. Diese Weidekultur entwickelte sich Schritt für Schritt. Sie ist das Letzte, was von der mittelalterlichen Nomadenwanderung von Herden und Hirten übrig blieb, die einige Tage oder Wochen dauerte, um von trockenen Gebieten am Mittelmeer zu Weideflächen am Fuße des Gebirges zu gelangen. Heute ist es ein anerkanntes Verfahren für den im großen Stil durchgeführten Auftrieb von Schafen aus dem südlichen Teil der Alpen zu den hohen Pässen und Gletschern, um sie zu den reichen Almen auf der Alpennordseite zu bringen.

Das bekannteste Beispiel einer solchen Migration gibt es in Tirol, wo jedes Jahr Bauern aus dem Südtiroler Schnalstal (Italien) ihre Schafe über einen hohen Sattel und den Jochferner Gletscher und dann hinunter nach Nordtirol (Österreich) zu den Weideflächen des Ötztals treiben. Neben dieser alten Route wurde 1991 auf einer Höhe von 3210 m in der Nähe des Tisenjochs der bisher älteste Mann in den Alpen gefunden. Er war im Gletscher 5300 Jahre lang konserviert. Es war »Ötzi« oder der Eismann, wie er später genannt wurde. Dieser archäologische Fund kurbelte systematische Untersuchungen über die prähistorische Beweidung im hohen Gebirge an. Vor 1991 war jeder davon überzeugt, dass alpine Regionen zwischen 1600 und 3200 Metern keine bedeutenden historischen Relikte aufweisen. Ötzi löste eine neue Forschungswelle quer durch die gesamte Alpenkette aus. Überraschende Funde hatten bewiesen, dass die Weidekultur in den Alpen mindestens 5000 Jahre alt ist. War Ötzi ein Hirte, Pilger, Flüchtling oder ein Schamane, der am Fuße des den Tirolern heiligen Berges von Similaun, welcher sich direkt oberhalb des Tisenjochs erhebt, wirkte?

Das Ergebnis dieser 5000 Jahre alten Weidekultur ist Käse. Viele nennen ihn respektvoll das weiße Gold der Alpen: Käse aus der Milch von Kühen, Schafen und Ziegen; gewöhnlicher, besonderer und einzigartiger Käse. Niemand weiß, wie viele verschiedene Sorten es in den Alpen gibt. Nicht nur jede Alpenregion, sondern jedes Dorf, jeder Bauernhof, jede Alm hat ihren speziellen Käse. Selbst zwei Molkereien auf derselben Alm produzieren keinen identischen Käse. Die Herstellung des besten, gefragtesten und teuersten Käses ist ein Wissen, das sorgfältig gehütet wird. Es ist nur den erfahrensten, fähigsten und ausgewählten Käseherstellern zugänglich. Jeder Käse trägt Erfahrung, traditionelles Wissen, neue Technologien und alte Kulturen in sich.

In vielen alten Märchen ist von Käse die Rede. Es sind Geschichten über das Staunen unserer Vorfahren, wann immer sie hoch oben in den Bergen auf Riesen aus anderen Zeiten trafen. Diese Riesen sollen die Menschen gelehrt haben, wie man Milch aufbewahrt, sodass sie nicht schlecht wird, und wie Käse hergestellt wird.

Modernere Käseherstellung ist aus der zweiten Hälfte des 19. Jahrhunderts dokumentiert, als die ersten Molkereien und Käseproduktions-Lehrgänge in den Alpen eingeführt wurden. In diesem Zeitabschnitt lud die österreichisch-ungarische Obrigkeit Experten der Käseherstellung aus der Schweiz ein, um ihre neue Technologie auf den Weideflächen der Karnischen und Julischen Alpen zu lehren. Zugleich durften Einzelne aus den Julischen Alpen in die

Schweiz gehen, um Wissen über die Käseherstellung zu erlangen. Wie Käse im Altertum und noch früher hergestellt wurde, wissen wir (bis jetzt) nicht. Zweifellos wurde er zubereitet, obwohl große Kupfergefäße, die über einer offenen Feuerstelle erhitzt wurden – das Markenzeichen alter Molkereien auf Almen – noch unbekannt waren. In den Julischen Alpen kennt man eine mündliche Überlieferung über die alte Art und Weise der Käseherstellung, als es noch keine metallenen Gefäße gab, in denen Milch über Feuer erhitzt werden konnte. Nach dieser Überlieferung wurde Milch erhitzt, konserviert und dann Schritt für Schritt in Käse umgewandelt, indem heiße Steine in hölzerne Bottiche gelegt wurden und dann die Milch über sie gegossen wurde.

Die Vielfalt an Alpenkäse auf dem Markt ist inzwischen unüberschaubar geworden. Private Käsehersteller treten mit Markenzeichen und kontrollierter Herkunft erfolgreich in Konkurrenz mit großen Herstellern und weltberühmten Käsesorten. Die biologische Vielfalt auf Bergweiden hat einen bedeutenden Einfluss auf die Qualität des Käses. Eine kleine Hauserzeugung ist nicht das Gleiche wie die Herstellung in großen Fabriken mit modernsten Technologien. Leider tauchen hoch geschätzte Käsesorten bekannter Alpenmarken in Einkaufszentren auf, die aber in Ländern weit entfernt von den Alpen erzeugt wurden. Was ist nur aus Anstand und Glaubwürdigkeit geworden?

Die Alpennationen und ihre kulturelle Identität

Kulturelles Erbe und kulturelle Tradition

Wie viele Alpennationen und ethnische Gruppen gibt es? Die Antwort ist nicht leicht und hängt davon ab, wer gefragt wird und wie es um die Toleranz gegenüber der nationalen und sprachlichen Vielfalt in den Alpen steht. Das Zählen der Nationen und ethnischen Gruppen ist eine heikle Angelegenheit und könnte den Betroffenen gegenüber ungerecht sein. So wird dieses Thema bewusst weggelassen, da es wenig Sinn ergibt, ein Buch damit zu füllen, das aus der Sicht freier Vögel auf die Alpenwelt blickt.

Das Zählen der Alpensprachen ist ebenfalls eine undankbare Aufgabe, besonders für die Unwissenden aus Sicht der Wissenden. Jede Muttersprache ist von elementarem menschlichem Wert, ein göttliches Geschenk und ein Wunder der Schöpfung hinsichtlich Ausdruck, Kommunikation und Gefühlsäußerung. Warum die Sprachen anderer verleugnen und schlechtmachen? Wenn verschiedene Sprachen nicht notwendig wären, würden sie nicht existieren.

Es gibt mindestens zehn alpine Sprachen. Beginnen wir mit den einfachen Fällen: Französisch, Deutsch, Italienisch, Slowenisch und auch Rätoromanisch in der Schweiz haben den Status nationaler Sprachen. In Italien sind zudem das Ladinische und Friaulische anerkannt, während die okzitanische und provenzalische Sprache in den Westalpen kaum anerkannt sind. Schließlich gibt es noch die nicht anerkannte walliserische Sprache in der Schweiz. Aber es existieren noch weitere stolze ethnische Gruppen, von den Seealpen über Ligurien und Savoyen bis hin zu Karnien. Welche Sprache haben sie geerbt? Ihre eigene oder einen Dialekt von angrenzenden Sprachgruppen? Unbeachtete sprachliche Überreste der Ureinwohner sind in Orts- und Gebirgsnamen erhalten. Einige Namen von Flüssen und Bergen haben innerhalb des Alpenbogens in unterschiedlichen Sprachen die gleiche Bedeutung: Isar, Isère, Isel, Islitz, Isarco, Enns, Adige, Nadiža, Bela, Belca, Belica, Plagne, Planja, Planina, Planica, Plán, Karwendel, Kras, Karavanke, Carnia, Carnila, Carinthia, Sele, Sella, Söl, Pic, Pez, Persch, Peč, Špik.

Kulturelles Erbe

Die Fachleute unterscheiden zwischen dem materiellen und dem geistigen Erbe. Das Letztere wird auch als kulturelle Tradition bezeichnet. Das kulturelle Erbe besteht aus den materiellen, greifbaren und sichtbaren Überresten unserer Vorfahren. Alles, was die Arbeit menschlicher Hände ist, und alles, was eine einzelne Region von einer anderen abgrenzt, alles Unterschiedliche, Vielfältige, Spezielle und Einzigartige.

Das architektonische Erbe ist das auffälligste Element in jeder Landschaft. Jeder Ort hat seine speziellen Charakteristika, die auf den ersten Blick erkennbar sind. Das Alpengebiet ist ein sehr komplexes Mosaik der vielfältigsten Bauwerke. Von den beiden Grundmaterialien Holz und Stein bis hin zur originellen Kombination von beidem, von leicht geneigten bis hin zu steilen Dächern, von hölzernen Dachschindeln oder Steinplatten bis hin zu Ziegeln oder Stroh. Die Steinkultur ist sinnvoll und einfallsreich; Steinarchitektur ist wunderbar in die Umwelt integriert. Die Holzkultur ermöglicht meisterhafte Bauwerke und schmückende Eigenheiten; hölzerne Architektur bietet Wärme sowie Sicherheit im Falle von Erdbeben.

Das kulturelle Erbe der Alpen ist ein paneuropäisches Schaufenster, das die Kreativität anonymer Meister zeigt. Architektur ohne Architekten. Welch Einfallsreichtum und großartige Anpassungsfähigkeit die Erbauer der kleinen Haufendörfer auf den Bergspitzen der Seealpen, Liguriens oder über dem Aosta-Tal doch besaßen. Niemand weiß, wer sie erbaut hat. Wir wissen nur, dass sie ohne Stadtpläne und ohne Bauzeichnung für jedes einzelne Haus errichtet wurden. Wir wissen auch nicht, wer die Künstler waren, die mit den Bergdörfern des westlichen Piemont, im Sturatal, im Tessin und den entfernten Tälern der Lombardei ein wahres Gedicht aus Stein schufen, oder wer die Meisterwerke aus Holz im Wallis und in den Ostalpen bearbeitete. Wer entwarf die Stadtplanung von Soglio und wer konstruierte die gewaltigen aus Stein gebauten und bemalten Häuser in den Dörfern des Engadins? Wir kennen nicht die Meistererbauer der Hirtensiedlungen in den Ostalpen, die heutzutage zu kulturellen Baudenkmälern erklärt werden. Die Erbauer des typischen Bovec-Trenta-Hauses sind nirgendwo verzeichnet – es wurde zu einem klassischen Beispiel für ein Gebäude, das hinsichtlich der Energieverwertung außerordentlich ökonomisch ist.

Vor Jahren hat Luigi Demateis die architektonischen Besonderheiten der Alpen systematisch gesammelt. Er schrieb und veröffentlichte 40 Bücher über die typische Architektur von Bauernhäusern in einzelnen alpinen Regionen. Sein Lebenswerk stellt in Fotografien und Zeichnungen eine einzigartige Dokumentation der Vielfalt der Bauweisen dar. Demateis begann frühzeitig, ein schwindendes Erbe in Fotografien einzufangen und zu erhalten. Viele Häuser aus seinem Werk existieren nicht mehr. Aufgrund der starken Verstädterung der alten Siedlungen und der ungezügelten modernen Bauwut verlieren die Alpen ihr kulturelles Gesicht. Neue Wohnblöcke und große Bürogebäude sind überall in Europa gleich, sie haben kein persönliches Gesicht, sie haben keine Seele. Werden sie wenigstens 50 Jahre überstehen?

Die kulturelle Tradition bzw. das geistige Erbe hat eine spirituelle Dimension: was wir fühlen und hören können und was uns in Erinnerung bleibt. Ein Gebäude des kulturellen Erbes kann privates Eigentum sein, aber das geistige Erbe ist universal und gehört allen. Kein Volkslied ist das Eigentum des Sängers und keine Sage das Eigentum des Erzählers. Das geistige Erbe ist eine Überlieferung des Schönen, des Prachtvollen, des Authentischen: verschiedene Sprachen und Dialekte, Bräuche, Lieder, Musik und Tanz, Mythen, Legenden und Märchen, altes und bewährtes Wissen und Verhaltensweisen, historische Erinnerung. Dieser nicht greifbare Reichtum kann nicht verkauft oder gestohlen werden, aber er kann kopiert, wieder erlebt, dargestellt, beschrieben, aufgezeichnet, aber auch verschmäht und vergessen werden.

Genau wie die alpine Kulturlandschaft verändert sich auch die kulturelle Tradition entlang der gesamten Alpenkette und verliert ihren authentischen und altertümlichen Charakter. Alte Bräuche verlieren sich in Folklore-Karikaturen und kitschigen Touristenveranstaltungen, angepasst an den schlechten Geschmack und die Unwissenheit der Zuschauer.

Die gemeinsame kulturelle Identität der Alpen

All der Reichtum an Vielfalt, der in den vorangegangenen Kapiteln beschrieben wurde, von den Siedlungseigenschaften und der Kulturlandschaft zur Weidekultur und dem kulturellen Erbe, hat im Grunde gemeinsame Wurzeln, eine gemeinsame Identität. Das Lied, das von einem Frauenchor aus einem Dorf in Ligurien oder Okzitanien gefühlvoll wiedergegeben wird, ähnelt in seiner Melodie einem Lied, das Frauen in einigen Hochlandlagen in den Slowenischen Alpen oder in den Hohen Tauern singen. Obwohl Sprache und Inhalt unterschiedlich sind, wissen wir vom Charakter der Melodie, dass das Lied irgendwo in den Alpen zu Hause ist. So ist es auch mit der Volksmusik und mit Tänzen, mit Kostümen und der Trachtenkultur. Ein Widerhall der Landschaft findet sich in den Melodien: In den Tälern zwischen den Bergen klingt in ihnen die Schlagfertigkeit, die sich vom idyllischen Klang in den sanften Landschaften unterscheidet, wo die hohen Alpen in die flachen Ebenen großer Flüsse übergehen.

Auf alten Fotografien des Alltags eines Bauern ähneln sich die Gesichter und Kleider der Menschen, ungeachtet dessen, ob das Motiv aus dem westlichen oder östlichen Teil der Alpenkette stammt.

Mythen und Alpenlegenden, Bräuche, Loblieder zum Erntedankfest, Feiertage und die jährliche Wiederholung von alten Zeremonien und Feiern unterscheiden sich inhaltlich nicht in den verschiedenen Alpenländern. Unterschiede gibt es nur in den verschiedenen Sprachen, mit denen die Tradition der gemeinsamen Vorfahren weitergegeben wird.

Eine ähnliche Nahrungskultur – ähnlich in Herstellung und Produkten, in Zubereitung, Aufbewahrung und Konservierung von Brot, Käse, Fleisch und Früchten – ist ebenfalls eine gemeinsame Eigenschaft.

Die Unterschiede sind verteilt, aber die Gleichwertigkeit dieser Unterschiede macht eine gemeinsame Kultur aus.

Die tausendjährigen Erfahrungen des täglichen Überlebenskampfes, gesunder Stolz und das Fehlen von Vertrauen in alles, was von außen kommt, eine tiefe emotionale Bindung zur Erde, zu ihrer Heimat und Ortsgemeinschaft, patriotisches Bewusstsein, eine bewundernswerte Pflege der Muttersprache, das Pilgern zu heiligen Bergen, das Respektieren der Traditionen ihrer Vorfahren und eine Sensibilität gegenüber ihrer persönlichen Identität sind gemeinsame Merkmale der Alpennationen. Ist es nicht seltsam, dass noch keiner jemals an die Vereinigten Staaten der Alpen gedacht hat?

Heilige Berge, Mythen und Legenden

Die Alpenwelt war stets in das Obere, Hochheilige und Unantastbare und in das Untere, Irdische und Säkulare eingeteilt. Unten wurden Zivilisationen geboren, die eine eigene ökonomische und Wohnkultur entwickelt haben. Die hohen Berge waren dagegen eine Welt der Dämonen, Drachen, Schätze und Paradiesgärten, Fabeln und Legenden, verzauberten Schlangen, weißen und strahlenden Feen, Kristallpalästen, großen versunkenen Städten, die unter Gletschern verschwunden waren. Ein Ort mit einem unvorstellbaren Sprung in eine andere Zeit- und Raumdimension, ein Treffpunkt zwischen Realem und Unbegreiflichem, eine unwirtliche, gefährliche und doch geheiligte Welt. Auch eine unantastbare Welt, in die ein menschliches Wesen nicht einzutreten wusste und dem auch gar nicht gestattet war, einzutreten. In unserem Unterbewusstsein blieb dieser Bereich ein Mysterium und eine heilige Stätte.

Alter Tradition zufolge ist ein heiliger Berg ein symbolischer Ort, an dem Himmel und Erde zusammentreffen, eine heilige Stätte und das Zentrum der Erde, ein Ort für Wallfahrten, Gebete und spirituelle Erfahrungen. Jahrtausende lang hat der Mensch seinen geistigen Horizont, seine Sehnsüchte, Träume und Wünsche in symbolisch geheiligten Bergen verankert. Die hohen Berge haben ihn immer davor gewarnt, dass weit über ihnen und tief in ihnen, hoch über den erhabensten Gipfeln und im Tiefsten ihrer Abgründe, immer und überall, ein großes Mysterium war, die Grenze des Erlaubten, unserer Fähigkeiten und der letzten Erkenntnis.

Heilige Berge gibt es in allen Gebirgen der Erde, und jede Nation, die am Fuße eines Gebirges lebt, hat ihre eigenen. Aber die Alpen besitzen am meisten davon. Die Alpen mit ihren Gebirgsketten und Hochplateaus formen zusammen ein symbolisches Heiligtum mit einem dichten Netz an prähistorischen Kultstätten und heiligen Orten in großen Höhen. In den letzten beiden Jahrhunderten haben die Alpennationen begonnen, ihre höchsten Gipfel heilige Berge zu nennen, um ihre eigene Identität zu stärken: Mont Blanc, Monte Viso, Similaun, Bernina, Ortler, Großglockner, Triglav. Jeder von ihnen ist von seinen eigenen Mythen und Legenden umgeben. Aber der Ausdruck »heilige Berge« meint in seiner eigentlichen Bedeutung nur diejenigen, wo Überreste von alten Opferstätten gefunden wurden, eine Art offener Schrein unter freiem Himmel: z. B. Rochemelon (3538 m), die höchste Kultstätte in Europa – dieser beliebte heilige Berg zwischen Frankreich und Italien zieht jedes Jahr noch immer zahlreiche Pilger aus beiden Ländern an. Ein weiteres Beispiel ist der Schlern (2563 m), der heilige Berg Südtirols.

Ein besonderes Merkmal der sanft hügeligen Landschaft zwischen dem Mittelmeer und den Alpen, vom Piemont nach Slowenien, sind die, aus der Entfernung gesehen, markanten kleinen Berge mit ihren Wallfahrtskirchen, gelegen an Kultstätten aus vorchristlicher Zeit. Der Großteil befindet sich in den Ostalpen: Südtirol, Osttirol und Nordtirol, Friaul, Kärnten, Steiermark und ganz Slowenien. In Slowenien werden einige von ihnen im wörtlichen Sinne »Sveta gora« (heiliger Berg) genannt.

Heilige Berge sind in den Alpen Heiligtümer und Kulturrelikte, wo die vorchristliche geistige Tradition mit christlichem Inhalt weiterentwickelt wurde: Mont Thabor, Col d'Iseran und Notre Dame des Voirons in Savoyen, Sant' Anna die Vinadio (2010 m) und San Magno in Piemont, Tartscher Büchel am Kreuzungspunkt rätoromanischer, römischer und germanischen Kultur, in Südtirol St. Verena auf dem Ritten und St. Hippolyte auf dem Glaiten, San Romedio im Trentino, Weißenstein in Tirol, Monte Santo die Lussari am Scheideweg der slowenischen, friaulischen und deutschen Kultur, Magdalensberg und Dobratsch (im Mittelalter Heilige Steine genannt) in Kärnten, die drei Sveta goras in Slowenien, Mariazell in der Steiermark, Sonntagberg in Niederösterreich. Die hier aufgezählten sind nur die bekanntesten.

Wir dürfen annehmen, dass die geistige Welt der prähistorischen Bevölkerung der Alpen sehr eng mit den geheimnisvollen heiligen Bergen verbunden war. Heutige Wallfahrten und Massenexkursionen zu Wallfahrtskirchen im Gebirge spiegeln eine Tradition wider, die einige Jahrtausende zurückreicht. Eine sehr langlebige, sehr innige und unmittelbare Tradition. Die beliebten Jahresprozessionen von Pilgern von einem Tal über Berge und Pässe in ein anderes Tal (z. B. in Piemont, der Salzburger Region und in Kärnten) beweisen die ungewöhnliche Hartnäckigkeit dieser spirituellen Bedeutung der Berge.

Die Anbetung und Verehrung von Steinen, besonders riesiger, einzeln stehender Steine, die Anbetung von Wasser und heiligen Quellen, die Anbetung von Bäumen, sogenannte Orte der Kraft und Energie, Kultsteine aus vorchristlicher Zeit unter Altären von christlichen Kirchen, nicht entzifferbare Botschaften in der Kunst, eingraviert in Granitwände im Val Camonica oder im Tal unterhalb des Mont Bego (was Gottes Berg bedeutet), Menhire und Kreise riesiger Steinblöcke und geweihte Grenzsteine auf Pässen und Satteln sind Überreste der megalithischen Kultur, die ständig Spuren in den Alpen hinterlassen hat. Vermutlich werden wir nie die wahre Funktion des vermuteten Sonnentempels oben am Kleinen St.-Bernhard-Pass (2188 m) erfahren, von wo sich ein herrlicher Blick auf den höchsten heiligen Berg der Alpen, den Mont Blanc, vom Zentrum eines Steinkreises aus eröffnet. Wir können auch nicht mehr als spekulieren, wenn es um den Sinn des megalithischen Komplexes Kaser oberhalb des Dorfes Vent im Ötztal geht.

Mythen und Legenden über Gott und Helden aus den hohen Bergen, über die Erschaffung der Erde, über Kristallpaläste unter Gletschern, über die Zerstörung der Erde und die Hoffnung, dass sich eine neue Welt aus der jetzigen erhebt, sind die würdige Botschaft einer heute vielfach verschmähten Heiligkeit und Unantastbarkeit der Alpen, aber auch eine Warnung und eine Erinnerung.

Legenden und Märchen in allen Sprachen der Alpen ähneln sich inhaltlich. Sie teilen uns auf beunruhigende Art mit, wie unverantwortliches menschliches Eingreifen in das empfindliche Ökosystem das Gleichgewicht der Natur zerstören kann. Solch symbolischer Inhalt findet sich im Märchen Zlatorog über eine weiße Gämse mit goldenen Hörnern, die einen Goldschatz im unzugänglichen Gebirge oberhalb himmlisch schöner Gärten bewacht. Das Märchen wurde in den Julischen Alpen geschrieben, aber Varianten davon sind auch in den Zentralalpen bekannt. Der Hintergrund dieser Geschichte ist die Unantastbarkeit des Schönsten und Wertvollsten in der alpinen Natur. Menschliche Gier nach Reichtum, nach dem Verletzen des Unantastbaren, dem Verbotenen, den natürlichen Gesetzen führt zur Zerstörung der Berge und stürzt den Menschen in den Abgrund. Aber die Natur erholt sich und stellt ihre Ordnung wieder her, nur ohne den Menschen. Ein sehr modernes Märchen, das nachdenklich stimmt.

Verkehr

Wer Straßen sät, erntet Verkehr. Dieser Gedanke, der aus den Reihen der Verfasser des Protokolls für Verkehr der Alpenkonvention stammt, beschreibt die heutige Verkehrsplanung in den Alpen recht gut. Überall wurden alte Straßen verbreitert und neue gebaut mit der Begründung, dass die bestehende Situation auf diese Art und Weise verbessert und die Straßenverkehrssicherheit gesteigert wird. Aber keine verbreiterte und keine neue Straße haben die Verkehrsbedingungen und die Sicherheit der Straßen verbessert. Stattdessen haben, wie in einem Teufelskreis, überlasteter Verkehr, Geschwindigkeit und Gefahrensituationen zugenommen.

Die großen Transitstraßen über und durch die Alpen, die Pässe und Tunnel können kaum der Verkehrsüberlastung zwischen Europa und dem Mittelmeer, zwischen dem östlichen und westlichen Teil der Alpen Herr werden. Jeder möchte die Alpen so bald wie möglich, so schnell wie möglich und auf der kürzest möglichen Strecke überqueren. So werden die Alpen gepflastert und in ein Betonmonster verwandelt, das immer weniger effektiv die Verkehrsströme bewältigt und Verkehrsstaus, in denen Fahrzeuge stundenlang im Schneckentempo fahren, verursacht.

Kann das Gefüge der Alpennatur zusammenbrechen? Oder wird es als Selbstverteidigung alle Arten von Lawinen auslösen, Felsstürze und zerstörerische Hochwasser verursachen und Straßen unpassierbar machen und zerstören? Aufgeklärte Individualisten, Initiativen lokaler Bürger und Umweltschutzorganisationen appellieren an die Menschen, aufzuwachen und Maßnahmen zu ergreifen. Appelle, den starken Transitverkehr über die Alpen auf die Schiene umzuleiten und die Alpentäler für die Autos der Individualtouristen zu sperren, erreichen nicht die Politiker, die die Entscheidungen treffen. Realistische Lösungen verschwinden mit der banalen Begründung, dass die Eisenbahn zu veraltet und abgenutzt ist, um den starken Transitverkehr zu übernehmen. Das ist wahr. Die Modernisierung des alpinen Schienennetzwerkes hängt von einem großen Investitionskreis ab, der die Zustimmung aller europäischen Nationen benötigt, und nicht nur von Alpennationen, die direkt betroffen sind. Es gibt unterschiedliche Interessen. Entscheidungen werden von großen Lobbys beeinflusst, die weit von den Alpen entfernt sind und kein Interesse an den Umweltproblemen der Alpenregion zeigen. Ist die übermächtige Straßentransport-Lobby im Hintergrund? Was ist aus der Entscheidungsfreudigkeit und dem Weitblick jener geworden, die vor 100 und 150 Jahren begannen, die ersten Autobahnen und Tunnel durch die Alpen zu bauen? Und das zu einer Zeit, als man sich das heutige Problem der überlasteten Straßen noch nicht einmal im Traum vorstellen konnte.

Alpenpässe, alte Handelswege und ihre historische Bedeutung

Die ersten transeuropäischen Routen für Händler, Lastenträger, Pilger und Armeen führten über die Alpenpässe und Sättel. Nur auf den ersten Blick sind die Alpen eine unpassierbare Barriere zwischen dem Mittelmeer und dem nördlichen Europa. In Wirklichkeit bieten sogar die abgeschlossensten Alpentäler einen Weg irgendwo hoch oben, der zur anderen Seite führt. Täler in den Quellregionen von Flüssen der Alpensüdseite haben Verbindungen zu entsprechenden Regionen der Flüsse, die zur Nord- oder Ostseite der Alpen hinfließen. So erscheinen die Alpen, wenn man sie aus großer Höhe betrachtet, wie ein riesiges, aber logisch angeordnetes Blutkreislaufsystem, in dem sich zwei hydrologische Systeme im Kammbereich der Berge treffen. Quer zur Wasserscheide zwischen der Nordsee (Rhein), dem Schwarzen Meer (Donau, Inn, Drau, Mur, Enns und Sava) und dem Mittelmeer (Rhône, mit ihren Nebenflüssen aus den Französischen Alpen: Roya, Po, Adige, Piave, Taglamento und Soča) liegen die bekanntesten Alpenpässe. Heute winden sich die Straßen hinauf zu den Sätteln und Übergängen entlang von Resten Jahrtausende alter Hirtenpfade und späteren, schmalen Lastenträgerrouten.

Die Wege der Kommunikation über die Alpen hinweg sind älter, als wir uns vorstellen. Spuren und Überbleibsel von Lastenträgerrouten aus klassischen und prähistorischen Zeiten und der Nachweis alter Verbindungen über die Alpen sind in der Nähe aller wichtigen Übergänge gefunden worden. Wir können nur vermuten, wann die Menschen begannen, nach Wegen aus dem einen Teil zu einem anderen Teil der Alpen zu suchen. Die ersten Siedler, die den Alpenflüssen aufwärts zu den meist versteckten Tälern folgten, zwang der Wille zum Überleben, die unbekannten Welten jenseits des Bergrückens zu erforschen. Zuerst Jäger, danach Hirten mit ihren Herden, dann nach mineralischen Erzen Suchende und Bergleute. Die hohen Pässe wurden von Händlern, Trägern, Lastentransporteuren, Schmugglern und Kriegsdeserteuren, Pilgern und verarmten Bauern benutzt, auf der Suche nach Überlebensmöglichkeiten an fremden Orten.

Die drei bekanntesten Handelswaren jener Zeiten waren namensgebend für die ersten Handelsrouten über die Alpen: Bernstein, Salz und Eisen. Bernstein, das Gold der Ostsee, sowohl Schmuck als auch wunderbarer Heilstein wurde über die Bernsteinroute zwischen Adria- und Ostseehäfen transportiert. Salz aus Alpenminen wurde gegen Wein, Öl und Gewürze aus dem Mittelmeerraum getauscht. Zu den bekanntesten Salzrouten, auch Salzstraßen genannt, zählen die von Ventimiglia im Golf von Genua an alpinen Bergketten vorbei zum Genfer See sowie die Verbindungsstraße durch die Ostalpen von Venedig nach Hallstatt oder Salzburg. Die Eisenrouten, bekannt aus der Antike als Handelswege für Eisenprodukte (auch Halbfertigwaren), wurden bis in heutige Zeiten benutzt, als die ersten Eisenbahnen gebaut wurden.

Der Wechsel von einer sprachlichen, kulturellen und sozialen Umgebung in eine andere erweiterte den Wissenshorizont, brachte neue Erfahrungen, den Austausch in kunsthandwerklichen Fähigkeiten, gegenseitige Kooperation und das Vermischen von Kulturen. Die Kontakte bislang abgeschlossener Alpentäler mit der Außenwelt bestärkten auch trügerische Träume von einer besseren und schöneren Welt irgendwo auf der anderen Seite.

Heutzutage bewundern wir den Mut und den Einfallsreichtum derjenigen, die gefährliche Pfade über steile Felsen und wilde, kaum passierbare Schluchten zu Lastentransportrouten und später zu gepflasterten Wegen erweiterten. Kleine Kapellen zu ihrem Gedenken, Kruzifixe und geweihte Wegschreine, auf die man häufig entlang alter Pfade stößt, erinnern an schreckliche Ereignisse, bei denen Arbeiter einen tragischen Tod fanden.

Die Täler und Dörfer unterhalb von Bergpässen wurden als wirtschaftlich entwickelt betrachtet, da die dort lebenden Menschen dank der Transporte über eine ständige Einnahmequelle verfügten. Verschiedene Handwerker, die sich um die Pferde und Fuhrwerke kümmerten, siedelten sich entlang der Straßen an, Reisende kauften Nahrung für sich und Futter für ihre Lasttiere. An Pässen fanden sich auch Dorfgaststätten mit Nachtquartieren für Menschen und

Pferde, während es oben am Pass Schutzunterkünfte und kleine Sanitätshäuser mit Heilkundigen und Erster Hilfe gab.

Die heutigen Straßen für den Autoverkehr über die Alpenpässe stellen ein einzigartiges technisches Erbe dar und wurden Teil der alpinen Identität. Die bekanntesten und ältesten Straßenpässe sind: Lauterat und Mongèneve, Mont Cenis, Tende, der Große und Kleine St. Bernhard, Maloja und Julier, Simplon und Bernina, Splügen und St. Gotthard, Stilfser Joch und Fuorn, Silvretta, Arlberg, Brenner, malerische Pässe in den Dolomiten, Hochtor, Vršič, Sölk, Ljubelj. Einige von ihnen mit unglaublich kurvigen Serpentinen sind ein wahres Gedicht der technischen Kreativität, respektvoll in die Berglandschaft eingepasst und zugleich ein Symbol für den unüberwindlichen Willen, sie zu überqueren, die andere Seite zu sehen und neue Welten kennenzulernen.

Wie viel würden die Felsen hoch oben erzählen – wenn sie es nur könnten! Vor der Einführung des Autos, als sich die Menschen zu Fuß oder mit Lasttieren abmühen mussten, waren die Pässe Plätze menschlicher Dramen und Tragödien. Niemand weiß, wie viele unglückliche Menschen im tiefen Schnee an Hunger, Erschöpfung und Kälte starben, wie viele durch Lawinen und Blizzards, wie viele durch Gewitter, Blitzschlag, Nebel und weil sie vom Weg abgekommen waren. Viele erschöpfte Lastenträger und Pilger erreichten nicht die Ruhe und warme Sicherheit von Herbergen und Schutzhütten, die ihr Leben gerettet hätten. In solchen Zeiten vermisste niemand außer den Angehörigen den armen Kerl, der es nicht über den Gipfel schaffte. Der höchste Punkt eines Passes war ein Ort, an dem man sich für eine erfolgreiche Reise bedankte, und ein Ort, an dem man Opfer brachte. Die Armen legten zum Dank nur einen Stein. Auf diese Weise entstanden die steinigen Grenzmäler auf den hochgelegenen Übergängen.

Heute haben sich einige Pässe unmerklich in Wintersportgebiete verwandelt. Im Sommer sind es Geisterstädte, verlassene Hotels und Apartmentblocks, die wie Getreidespeicher weder Seele noch Identität besitzen.

Tourismus – der Geist aus der Flasche, Fluch oder Segen?

Die Alpen, wie die Vögel sie heute sehen, sind nicht mehr die Alpen wie vor 150 Jahren, als ein neuer Wirtschaftszweig entstand: der Tourismus. Jahrhunderte lang waren Hunger, Armut und Abwanderung das Synonym für das Leben in den Alpen. Der Tourismus brachte Fortschritt und eine neue Mentalität, neue Hoffnung und Erwartungen, neue Herausforderungen, neue Entwicklungsmöglichkeiten, neue Wissensgebiete und Kontakte mit der Außenwelt. Er ermöglichte eine ständige Beschäftigung zu Hause und eine solide Einkommensquelle. Er verbesserte Schritt für Schritt die Lebensbedingungen und die Lebensqualität der Alpenbevölkerung.

Andererseits hat der Tourismus in den letzten 50 Jahren das Erscheinungsbild und die Identität der alpinen Kulturlandschaft komplett verändert. Massentourismus mit Sommer- und Wintersport hat zu einem Bergrelief geführt, das planiert wurde für Skihänge, Parkplätze und Zugangsstraßen, plus der explosionsartigen Vermehrung neuer Hotels und Apartmentkomplexe. Aus der Luft sieht es aus wie das unbeherrschbare, unheimliche Plasma in Horrorfilmen, das alte Stadtzentren, die typische Architektur und charakteristische Erscheinung der Täler verschlingt. Die relativen Vorteile und Besonderheiten kleiner Touristenzentren werden vernachlässigt: nämlich etwas zu haben, was andere nicht haben. Neue Hotelbauten in den Alpen unterscheiden sich nicht mehr von Hotels am Meer. Von wenigen Ausnahmen abgesehen wird uns eine seelenlose Einheitskost im Supermarktstil angeboten.

Die Alpen sind einfach für den Alpentourismus nicht mehr notwendig. Touristenunternehmer zwängen ihre Gäste in Wellness-Zentren und Wasserparks, während Thermalheilbäder zum neuen Touristenschlager werden. Anstatt wohltuenden Verweilens am Ufer eines Alpenflusses oder -sees oder unterhalb eines Wasserfalls, mit schöner Aussicht, in der Sonne und an der frischen Luft, und anstatt langer Spaziergänge durch Wälder werden immer mehr Touristen dazu gedrängt, einen fragwürdigen Urlaub unter klimatisierten Glaskuppeln über vollen Swimmingpools mit stickiger Luft und dem typischen Chlorgeruch zu verbringen. In dichtem Menschengewühl sollen Erholungssuchende diversen Animateuren und medizinischen Scharlatanen folgen und unter ihrer Fuchtel wie folgsame Schafe Übungen machen, seltsame Bewegungen vollführen und auf Anweisung meditieren.

Die Anfänge und Entwicklung des Tourismus

Der Tourismus begann in den Alpen am Ende des 18. Jahrhunderts und während des 19. Jahrhunderts. Zunächst bestand er aus Unterstützung, Service und Versorgung der Forscher (insbesondere Botaniker) und den ersten Bergsteigern, die die Alpengipfel bestiegen. Diejenigen, welche die Alpen in ihrer Freizeit besuchten, benötigten Führer und Begleitpersonen. Bergführer wurde zu einem neuen Beruf, der erste Beruf im Tourismus, während erfinderische Gaststätteninhaber die ersten Hoteliers wurden.

Die Gründung von Bergsteigervereinen und Touristenclubs in allen Alpenländern, die ersten Eisenbahnen für Touristen in vergessene Täler, Zahnradbahnen und Seilbahnen, die ins Zentrum der hohen Berge fahren, Familienhotels und die ersten Thermalheilbäder kennzeichnen den Alpentourismus am Ende des 19. Jahrhunderts und in den Jahren vor dem Ersten Weltkrieg. Eine steigende Anzahl von Menschen mit genügend Zeit und Geld für Urlaub und Erholung kam in die Alpen.

In den letzten Jahrzehnten des 20. Jahrhunderts war der Tourismus nicht mehr nur das Privileg der Reichen, sondern das tägliche Bedürfnis von hundert Millionen Besuchern. Unglücklicherweise verliert der Massentourismus heutzutage durch den sozialen und materiellen Fortschritt den exklusiven Charakter der Pionierzeiten.

Die natürliche Schönheit der Alpennatur, die die ersten Touristen begeisterte, wird immer mehr für Eigeninteressen außerhalb der Alpen kommerzialisiert. Wird dieses Gebirge, dank Landspekulanten, zu einer virtuellen Bühnenlandschaft wie es die künstlichen Skihänge und Berge sind, die in Dubai unter Glas gehalten werden?

Nach 40 Jahren ständiger Entwicklung erfuhr der Wintertourismus eine panische Ernüchterung wegen des Klimawandels. Winter mit immer weniger Schnee werden immer häufiger, aber es gibt anscheinend immer noch kein Ende der verschwenderischen schlechten Gewohnheiten. Wer zahlt für den Strom der Schneekanonen, für die nächtliche Beleuchtung der Skihänge, für das Wasser, aus dem künstlicher Schnee gemacht wird? Wer bezahlt die Rechnung, wenn spät am Abend einige Skisnobs helle Skipisten in übertriebener Weise hinunterwirbeln? Ist das eine tolle Touristenattraktion oder einfach nur Missbrauch? Und Ignoranz gegenüber der Tatsache, dass Natur und Menschen in der Nacht Dunkelheit, Frieden und Ruhe brauchen.

Für die Verantwortlichen des Wintertourismus kommt eine Zeit, die Neuerungen und Einfallsreichtum verlangt. Die Alpen werden immer ein beliebtes Ziel sein. Mit Schnee oder ohne.

Bewertung der Alpen, Schutz und Erhalt – eine Zukunftsvision

Die Alpen gibt es nur einmal! Ein sensibles Ökosystem, von dem unser Leben abhängt. Wasser, Luft, die Erde und ihre Früchte, Wälder und endlose Möglichkeiten der geistigen Bereicherung und körperlichen Entspannung. Es gibt ein lateinisches Sprichwort: variatio delectat – Wandel ist eine Freude. Die biotische, landschaftliche, kulturelle und sprachliche Vielfalt bilden den unermesslichen Reichtum der Alpen. Manchmal hat man den Eindruck, als ob bestimmte Menschen geradezu besessen davon sind, diese Vielfalt zu bewahren.

Wir gehen mit den Alpen um wie mit unserem eigenen Magen. Wir verdrücken alle möglichen Dinge, obwohl wir wissen, dass es nicht in Ordnung ist, dass es schädlich für unsere Gesundheit ist, dass es zu viel ist. Jahrzehntelang nimmt er unsere gesundheitsschädliche Gier geduldig hin, bis er zu rebellieren beginnt. Wenn wir nicht auf seine Reaktionen achten, kann er sich irgendwann nicht mehr regenerieren. Ist es mit den Alpen nicht genauso? Die jährlich zunehmenden Überschwemmungen, Zerstörungen durch tobende Sturzbäche, Erdrutsche und Felsstürze, die immer weiter abnehmende Menge an Schnee, worunter der Wintertourismus leidet, und die globale Erwärmung können als warnendes Feedback gesehen werden, das uns vor Augen führt, dass an unserer Einstellung zu den Alpen etwas falsch ist.

Es gibt Beweise dafür, dass Menschen bereits seit mindestens 5500 Jahren, und mit Unterbrechungen seit 10 000 Jahren in den Alpen leben. Die Menschen haben all die harten Prüfungen der Naturkatastrophen und Klimaänderungen, der Hungersnöte, Armut und Fluchtbewegungen aus den Bergen überlebt. Vielleicht gerade deshalb, weil sie wissen, wie man ein anderes Leben führen kann, wie man an etwas glaubt und auf etwas vertraut, das wir nicht mehr kennen und was auf symbolischer Ebene, in der kulturellen Tradition, in Mythen und Legenden bewahrt wurde. Die 3000 Jahre alten Botschaften, die in Felsen graviert sind, können wir bis heute nicht entschlüsseln. Und niemand weiß, was die codierte Inschrift auf »Ötzis« mumifizierter Haut bedeutet.

Die Alpen, wie sie die Vögel sehen, wird zunehmend eine Welt der Erinnerungen. Sie ändern ihr Erscheinungsbild durch Störfaktoren, die wir nicht sehen und akzeptieren wollen. Die Vögel können die Unterschiede zwischen dem derzeitigen Stand der Dinge und dem vor 50 Jahren nicht sehen. Zeitlos und doch stets jedes Jahr fliegen sie aufs Neue über die Alpen, sie beruhigen uns mit ihrem Gesang, bauen Nester, sind hier zu Hause, sie verlassen uns und kehren wieder zurück. Wir wissen nicht, ob sie vielleicht instinktiv die bevorstehenden Veränderungen bereits spüren.

Der Blick aus der Luft ist ein Blick aus einer Distanz heraus. Nicht jeder hat das Glück, wie Vögel über Berge fliegen zu können. Aber wir haben die Möglichkeit, in den Alpen leben zu können, aber auch die Verantwortung, dafür zu sorgen, dass alle anderen Lebensgemeinschaften ebenfalls bestehen können.

Ich glaube nicht an die pessimistischen Vorhersagen, dass die Menschen die letzten Wesen auf der Erde sein werden, die überleben, die als Bestrafung für ihre Misshandlung der Natur das apokalyptische Ende der Welt miterleben müssen. Ich bin davon überzeugt, dass wir jetzt zu Beginn des dritten Jahrtausends jede Möglichkeit haben, eine Zeit mit neuen Herausforderungen zu erleben, die zwar jede Menge Kreativität erfordert, die es jedoch den Alpen erlauben wird, sich ähnlich wie in der Jungsteinzeit wieder zu erholen. Es kann natürlich auch sein, dass wir es nicht erleben, wenn wir nicht das tun, was wir tun sollten und was wir tun können. Die Hinweise sind einfach und für jeden deutlich sichtbar: das Austrocknen von Quellen, die Verschmutzung von Trinkwasser mit unseren Abwässern, das Sterben der Wälder und der Bienen, der Verkauf der Schönheit der Alpentäler, die keinen Preis, sondern einen unendlichen Wert hat, die verantwortungslose Bebauung von Land, das nicht für eine Bebauung vorgesehen ist, und der verrückte Handel mit dem Alpenland, das Erbe unserer Vorfahren, das nicht nur ein Haufen wertloser Erde ist, sondern der Fortbestand geistiger Tradition der Anpassung, des Glaubens, von Gefühlen und Überlebensstrategien, die seit Jahrtausenden währen.

Bahnbrechendes muss nun in unseren Köpfen und mit unserer Denkweise geschehen. Wenn nicht, werden wir wohl noch größere Veränderungen tektonischer wie klimatischer Art in unserer natürlichen Umgebung erleben.

Diese wunderbare Welt, genannt die Alpen, wurde weder als Testgebiet für Freizeitverrücktheiten und Wettbewerbe geschaffen noch als Forschungsstätte für regionale Veränderungen unter Missachtung des empfindlichen natürlichen Gleichgewichts.

Es gibt niemanden, der es wagen würde, in der Öffentlichkeit zu sagen, dass er gegen den Schutz und Erhalt der Alpen ist. Alle sind dafür. Aber nur bis zu den Grenzen ihres eigenen egoistischen Interesses. Jenseits dieser unsichtbaren Grenze beginnen Lügen, Erpressung und arrogantes Selbstinteresse. Die größten Ausbeuter und Zerstörer der Alpennatur präsentieren sich zynischerweise als die größten Beschützer dieser Natur, und Bedenken gegen ihre Rücksichtslosigkeit verhöhnen sie sofort, indem sie den Fortschritt behindern. Eine solche Umkehrung der Werte geschieht nicht zum ersten Mal in der menschlichen Geschichte. Legenden und Volksmärchen aus der Frühgeschichte der Alpen enthalten ungeschriebene Informationen. Ihr Inhalt ist in allen Alpensprachen ähnlich und stellt die gemeinsame Erinnerung an die ersten Bewohner der Alpen dar. Sie beinhalten eine einfache Botschaft über die gegenseitige Bedingtheit aller Lebewesen, über die Naturgesetze und die Grenzen des Erlaubten. Es war immer falsch, wenn menschliche Wesen in ihrem Übermut diese Grenzen übertraten. Tatsächlich beginnt und endet die Erhaltung der Alpen mit der Anerkennung und dem Respekt, den wir ihnen entgegenbringen.

Der Blick aus der Luft vermag uns möglicherweise jenes Vertrauen in die altbewährten Muster einer 5000 Jahre alten Lebensweise zurückzugeben.

Drac-Tal [Frankreich] **N** 44° 39' 12" **E** 06° 15' 31" 3957 m

Die südlichen Alpen

Cottische Alpen [Italien]

N 44° 24' 31" E 07° 12' 47" 3293 m

Valensole-Plateau [Frankreich]

N 43° 51' 19" E 06° 08' 28" 1107 m

Pic de Bure, 2709 m [Frankreich]

N 44° 36' 13" E 05° 54' 23" 2714 m

Les Penitentes des Mees [Frankreich]

N 44° 02' 11" E 05° 59' 27" 719 m

Écrins-Massiv [Frankreich]

N 44° 35' 21" E 06° 07' 33" 3469 m

Sisteron, 485 m [Frankreich]

N 44° 11' 36" E 05° 56' 39" 949 m

Toraggio-Gruppe [Frankreich/Italien]

N 44° 00' 37" E 07° 34' 28" 2403 m

La Meije, 3982 m [Frankreich]

N 45° 02’ 26” **E** 06° 10’ 13” 3338 m

Borgata Caricatori, Comune di Macra [Italien]

N 44° 29' 32" E 07° 16' 52" 1272 m

Vercors-Gebirge [Frankreich]

N 44° 56' 27" E 05° 34' 59" 2078 m

Weinberge im Piemont [Italien]

N 44° 37' 07" E 07° 59' 29" 741 m

Saint-Genis-Gebirge [Frankreich]

N 44° 22' 59" E 05° 52' 40" 1765 m

Saint-Auban-d'Oze, 943 m [Frankreich]

N 44° 28' 43" E 05° 49' 30" 1497 m

Mont Aiguille, 2086 m [Frankreich]

N 44° 52' 13" E 05° 36' 49" 1985 m

L'Authion, 2010 m [Frankreich]

N 43° 58' 50" E 07° 25' 55" 2589 m

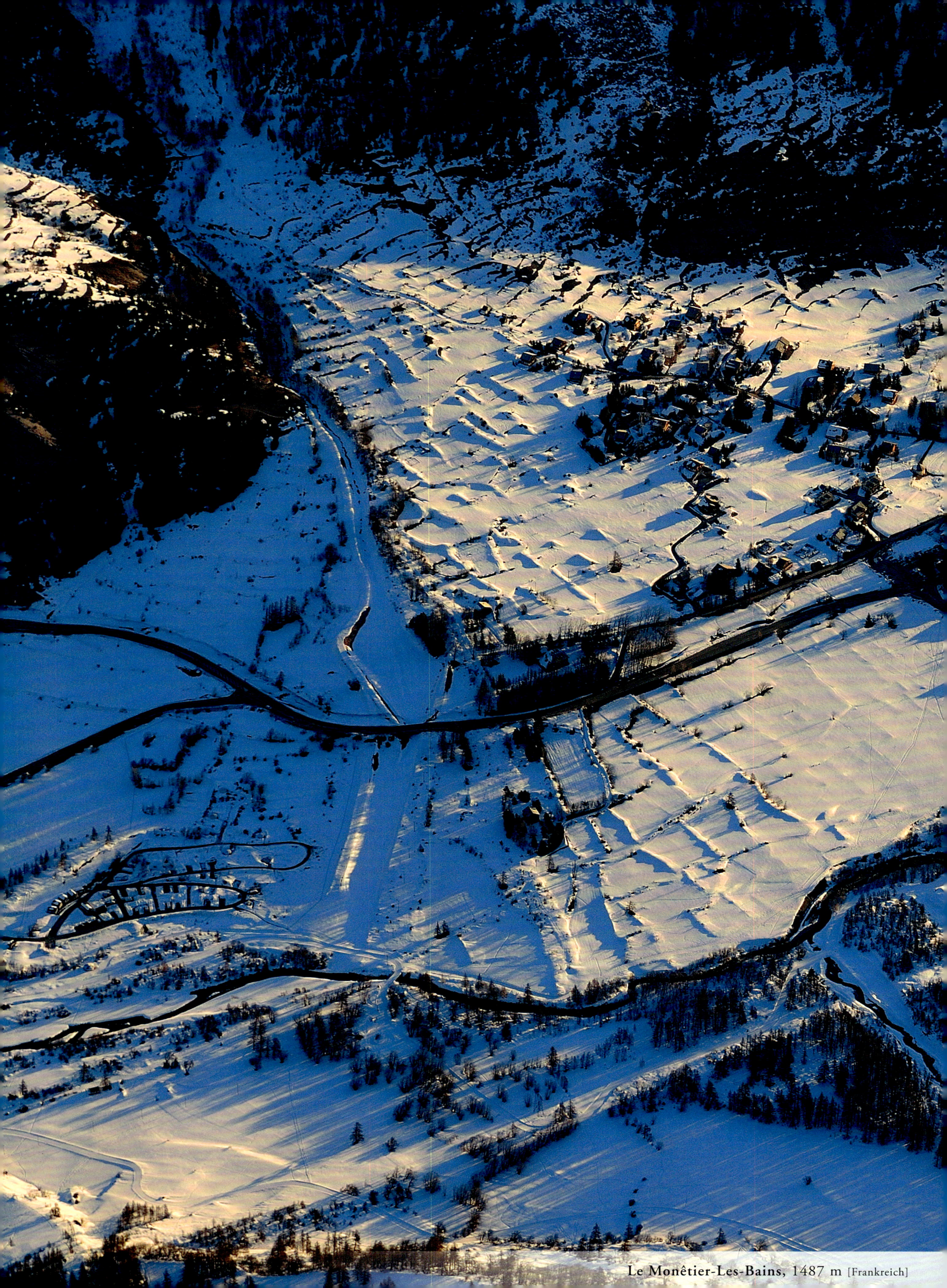

Le Monêtier-Les-Bains, 1487 m [Frankreich]

N 44° 57’ 45” E 06° 27’ 49” 4078 m

Regionaler Naturpark Queyras [Frankreich]

N 44° 45’ 13” E 06° 51’ 30” 3949 m

Apricale, 250 m [Italien]

N 43° 52' 09" E 07° 38' 48" 1103 m

Faraut-Gebirge, 2493 m [Frankreich]

N 44° 38' 14" E 06° 15' 59" 4010 m

Monaco [Monaco]

N 43° 44' 17" E 07° 24' 21" 853 m

N 44° 59' 13" E 06° 24' 44" 3124 m

Col de Tende [Frankreich/Italien]

N 44° 08' 03" E 07° 34' 43" 2502 m

Agneaux-Gebirge [Frankreich]

N 44° 57' 10" E 06° 27' 02" 4329 m

Les Hyères, 1786 m [Frankreich]

N 45° 02' 13" E 06° 19' 03" 3092 m

Le Sirac, 3440 m [Frankreich]

N 44° 45' 47" E 06° 25' 07" 4023 m

Faye – Ventavon [Frankreich]

N 44° 10' 14" E 05° 59' 53" 1325 m

Monte Viso, 3841 m [Italien]

N 44° 38' 31" E 07° 03' 39" 4038 m

Moustiers Sainte-Marie, 630 m [Frankreich]

N 43° 50′ 28″ E 06° 12′ 25″ 1249 m

Les Aiguilles d'Arves, 3514 m [Frankreich]

N 44° 59' 34" E 06° 22' 16" 4211 m

Col de Tende, 1870 m [Italien/Frankreich]

N 44° 09’ 14” E 07° 33’ 24” 2472 m

Nationalpark Les Écrins [Frankreich]

N 44° 34' 57" E 05° 55' 59" 2347 m

Mont d'Aujour, 1834 m [Frankreich]

N 44° 23' 48" E 05° 48' 29" 1599 m

Alpi Marittime [Italien]

N 44° 12' 28" E 07° 19' 58" 3715 m

Dronero, 584 m [Italien]

N 44° 28' 10" E 07° 21' 37" 834 m

Monte Viso, 3841 m [Italien]

N 44° 36' 06" E 07° 15' 29" 2790 m

Rougon am Verdon, 960 m [Frankreich]

N 43° 48' 06" E 06° 23' 38" 1315 m

Veynes [Frankreich]

N 44° 31' 47" E 05° 50' 07" 1288 m

Col de Longet, 2701 m [Frankreich/Italien]

N 44° 39' 38" E 07° 00' 34" 4128 m

Roche de la Muzelle, 3465 m [Frankreich]

N 44° 58' 35" E 06° 06' 01" 3562 m

Vallée de la Durance [Frankreich]

N 44° 20' 36" E 05° 53' 52" 1230 m

Punta dell'Argentera, 3297 m [Italien]

N 44° 12' 34" E 07° 17' 15" 3544 m

Diano d'Alba [Italien]

N 44° 38' 25" E 08° 02' 40" 754 m

Barre des Écrins, 4102 m [Frankreich]

N 44° 59' 11" E 06° 24' 42" 4105 m

Chamechaude, 2082 m [Frankreich]

N 45° 14' 05" E 05° 44' 09" 1275 m

La Grande Ruine [Frankreich]

N 44° 57' 05" E 06° 23' 22" 4342 m

Briançon-Gebirge [Frankreich]

N 45° 04' 22" E 06° 23' 27" 4051 m

Die südlichen Alpen

Drac-Tal

Nach Südwesten hin fällt das Champsaur-Massiv hinab zum Drac, der ein Tal geschaffen hat, das es vom Dévoluy-Massiv trennt. Am westlichen Rand liegt die größere Stadt Gap, wo sich auch die Verwaltung des Nationalparks Les Écrins befindet. Der Drac ist aufgestaut, um einige künstliche Seen zu schaffen; 130 km weiter unterhalb fließt er in der Nähe von Grenoble in die Isère.

Valensole-Plateau

In der südwestlichen Hochalpenkette liegen die Provenzalischen Alpen (Alpes des Haute Provence), die sich von 3000 m Höhe herab zum Durance-Tal hin erstrecken. Die niedrigsten Hügel in der Nähe von Puimoisson, wo sich das Valensole-Plateau befindet, werden intensiv bewirtschaftet. Breite Lavendelfelder erstrecken sich auf beiden Seiten des kleinen Flusses Colostre.

Cottische Alpen

Im sanften Licht der Abenddämmerung unterscheiden sich diese Alpen stark von ihrem harten, kargen, braunen Erscheinungsbild tagsüber. Dieses Massiv an der französisch-italienischen Grenze wird durch den Maddalena-Pass von den Seealpen, durch den Mont-Cenis-Pass von den Grajischen Alpen und durch den Galibier-Sattel von der Dauphiné getrennt. Es ist das Quellgebiet der großen Flüsse Durance und Po.

Pic de Bure, 2709 m

Dieser Gipfel repräsentiert den südlichen Teil des Dévoluy-Massivs. Ein astronomisches Observatorium befindet sich hier. Während die kahle Südwestflanke steil in das Buëch-Tal abfällt, bieten die nördlichen Hänge oberhalb der Touristenstadt Agnières über dem Festre-Pass reichlich Möglichkeiten zum Skifahren.

Les Penitentes des Mees

Am nördlichen Ende des Valensole-Plateaus findet man oberhalb des alten Dorfs Les Mees (bekannt für sein Olivenöl), wo die Flüsse Bléone und Durance zusammenfließen, eine Kette 100 m hoher Türme. Eine alte Legende erzählt, dass die Türme in Wirklichkeit Mönche vom Berg Lure sind, die der Einsiedler St. Donatus zu Stein verwandelte, weil sie mit hübschen maurischen Frauen geflirtet hatten.

Écrins-Massiv

Das mächtigste Massiv in den südlichen Alpen umfasst Pelvoux und Champsaur. Fast die gesamte Region wird seit 1973 als Nationalpark geschützt – Parque National des Écrins. Die südliche Silhouette bilden die fast 4000 m hohen Gipfel des L'Ailefroide (3927 m), des Pic Sans Nom (3913 m) und des Mont Pelvoux (3932 m).

Sisteron

Sisteron, das Juwel der Provence, liegt dort, wo sich die Durance durch die zusammengepressten Schichten der Baume- und Moulard-Gebirgskämme kämpft. Oberhalb des alten Stadtkerns steht eine über 800 Jahre alte Festungsanlage. Sisteron wurde vor 4000 Jahren besiedelt. Die Römer, Napoleon und der Zweite Weltkrieg haben durch Zerstörung der Brücke und des Stadtkerns hier ihre Spuren hinterlassen.

Toraggio-Gruppe – Ligurische Alpen

Die rund 2000 m hohen Gipfel der Toraggio-Gruppe an der Grenze zwischen Frankreich und Italien sind nur noch gute 20 km Luftlinie vom Golf von Genua entfernt. Trotz ihrer Höhe macht sich der mediterrane Einfluss bemerkbar, denn die südlichen Hänge sind bis zu ihrem Gipfel mit Vegetation bedeckt.

La Meije, 3982 m

Im Écrins-Massiv ist der La Meije die dominante Erhebung über dem Romache-Tal, in das sich viele Gletscher von den Nordwänden hinabschieben. Von dem Skiort La Grave (1417 m) aus werden Besucher mit Gondeln zum Girose-Gletscher bis in eine Höhe von 3512 m transportiert. Skisport ist hier sogar in der wärmsten Jahreszeit möglich.

Borgata Caricatori, Comune di Macra

Früher führten alte Verkehrswege durch das Maira-Tal, wo es heute noch mittelalterliche Dörfer mit Steinhäusern gibt. Etrusker, Okzitanier und Römer haben hier ihre Spuren hinterlassen. Okzitanisch (langue d'oc) ist die älteste romanische Sprache, die auch heute noch in diesem Tal gesprochen wird. Viele okzitanische Wege wurden entlang der Talebene und den Flussufern angelegt, um die alte Tradition wieder aufleben zu lassen.

Vercors

Die Vercors-Gebirgskette präsentiert sich mit kahlen, 300 m hohen Ostwänden, während nach Westen bewaldete Hügel sanft zu einem Plateau abfallen. In der Zeit des Zweiten Weltkrieges hat sich hier eine französische ländliche Widerstandsbewegung formiert, die in der Gründung der Republik Vercors gipfelte – dem ersten Territorium in Frankreich, das nach der deutschen Besetzung befreit wurde.

Weinberge im Piemont

Die hügelige Langhe-Region liegt am Fuße der Ligurischen Alpen und ist lediglich ein paar Dutzend Kilometer von der Mittelmeerküste entfernt. Die Kelten, die vor 3500 Jahren hier siedelten, haben damals schon Wein angebaut. Heute ist diese Region für seine Weinberge, Obstgärten und Trüffel berühmt.

Saint-Genis-Gebirge

Dieses Gebirge, das auf dem Satellitenbild wie ein großer Krater aussieht, wurde nach der Siedlung an seinem westlichen Fuß benannt. Saint Genis liegt in einem Dreieck vor dem Zusammenfluss von Buëch und Durance in den Provenzalischen Alpen. Die Höhe seines Kalksteinrandes variiert zwischen 700 und 1432 m.

Saint-Auban-d'Oze

Nur ein paar Kilometer westlich vom halbkreisförmigen Gipfel des Ceuse mit seiner Kette aus Kalksteinwänden, die ein Mekka für Klettersportler darstellen, liegt ein geomorphologisch abwechslungsreiches, landwirtschaftlich genutztes fruchtbares Tal, in dem sich das kleine Dorf Saint-Auban-d'Oze befindet. Den felsigen Gipfel Pic de Bure im Dévoluy-Massiv sieht man im Hintergrund.

Mont Aiguille, 2086 m

Der Mont Aiguille erhebt sich im südöstlichen Teil des Massivs und gehört zu dem regionalen Naturpark Vercors. Seine isolierte Position und seine allseitig senkrechten Wände machen ihn zu einem der sieben Wunder der Dauphiné. Obwohl er eine echte Herausforderung darstellt, wurde der Gipfel bereits im Jahre 1492 bestiegen.

L'Authion

Die Gebirgskette L'Authion liegt im Nationalpark Mercantour und ist ein Teil der Seealpen und der Provenzalischen Alpen. Viele militärische Einsätze haben hier in der Vergangenheit stattgefunden, davon zeugen heute Festungsanlagen und Bunker.

Le Monêtier-Les-Bains

Diese Siedlung liegt im Guisane-Tal zwischen dem Lautaret-Pass und Briançon, der höchsten Stadt in den Alpen. Die westlichen Hänge steigen zu den Dreitausendern Pic de Clouzis, Pointe des Arcas und Pic de Dormillouse auf, während die östlichen Hänge zu dem Noire-Bergrücken ansteigen.

Regionaler Naturpark Queyras

Der Regionalpark wurde 1977 im südwestlichen französischen Teil der Cottischen Alpen gegründet. Er umfasst zwischen Briançon und der italienischen Grenze eine Fläche von 66 000 ha. Der höchste Gipfel im Park ist der Font Sancte (3385 m). Aufgrund des mediterranen Einflusses weisen die Berge eine vielfältige Flora auf, die bis in große Höhen reicht.

Apricale

Apricale, eines der schönsten Dörfer Italiens, befindet sich auf den südlichen Hängen der Ligurischen Alpen, nur 13 km vom Meer entfernt. Seine Häuser erstrecken sich in Form einer kompakten Weintraube entlang eines Bergrückens, zwischen steilen Schluchten nördlich der Côte d'Azur nahe San Remo. Diese Region wurde in prähistorischen Zeiten besiedelt, während das Dorf später im 10. Jahrhundert gegründet wurde.

Faraut-Gebirge, 2493 m

An der südwestlichen Grenze des Écrins-Massivs befindet sich die Dévoluy-Gebirgskette, welche in Nord-Süd-Richtung durch das Tal vom Festre-Sattel getrennt wird. An den nördlichen Hängen des Pic de Bure befinden sich ein paar bekannte Skigebiete.

Monaco

Das Fürstentum Monaco ist der zweitkleinste Staat der Welt und hat dennoch die höchste Einwohnerdichte. Er liegt an der Côte d'Azur, wo das Gelände zu den Seealpen hin stark ansteigt. Hier ist das Ende oder der Beginn der Alpen. Der Einfluss des Mittelmeers im Golf von Genua ist hinauf bis in die höchsten Gipfel in über 3000 m Höhe zu spüren.

Cole de Tende

Trotz einer größeren Straße und der Bahnstrecke, die im Tunnel unter dem Tende-Pass verschwinden, wird heute die schöne Panorama-Straße über den Pass hauptsächlich von Mountainbikern, Motorradfahrern und Paraglidern benutzt. Man sagt, diese Straße sei von den Phöniziern bei ihren Handelszügen erbaut und bereits von den alten Griechen und Römern benutzt worden.

Les Hyères

Am rechten Ufer des Maurians, der aus dem Gletschersee Lac du Goléon fließt, liegt – nicht weit entfernt von La Grave – das kleine, idyllische Dorf Les Hyères. Es ist von zahlreichen Terrassen umgeben, welche dem Romanche-Tal unter den mit Gletschern bedeckten Nordhängen der La Meije ein charakteristisches Erscheinungsbild verleihen.

Faye – Ventavon

Zwischen diesen beiden Dörfern befindet sich ein erodiertes Plateau, in das die Natur viele Klammen und Schluchten hineingeschnitten hat. Die Landschaft erinnert mehr an die Halbwüsten des amerikanischen Westens als an das sanfte Farmland der Provence mit seinem Reichtum an Lavendel.

Moustiers-Sainte-Marie

Dieses alte Dorf liegt ein paar Kilometer nördlich des Sees Saint Croix in den Provenzalischen Alpen. Es schmiegt sich an die darüberliegenden steilen Klippen, die hoch über dem Dorf mit einer 227 m langen Eisenkette, die einen roten Stern in der Mitte trägt, verbunden sind. Moustiers ist für seine traditionelle Töpferei berühmt. In der Dorfmitte befindet sich die renovierte Kirche Notre Dame aus dem 12. Jahrhundert.

Col de Tende, 1870 m

Der Hochgebirgspass Tende an der Grenze zwischen Frankreich und Italien unterteilt die beiden Massive in die Seealpen und die Ligurischen Alpen. Unter dem Pass wurde bereits 1898 ein Tunnel gebaut. Die zentrale Festungsanlage auf dem Pass ist Zeugnis zahlreicher Schlachten zwischen den Franzosen und den Italienern, deren Ziel die Vorherrschaft über das Gebiet und das Erlangen des Zugangs zum Meer war.

Mont d'Aujour, 1834 m

Dieser Bergkamm aus erodiertem Kalkstein erstreckt sich in Ost-West-Richtung zwischen den Tälern Buëch und Durance in der Nähe von Savounon, einer Stadt, die sich an einer alten römischen Straße angesiedelt hat. Die Region ist bekannt für ihre Schafzucht.

Dronero

Dronero liegt an der Mündung des Maira-Tales nahe Cuneo im Piemont. Das Quellgebiet der Maira, die später in den Po fließt, befindet sich unter dem Maddalena-Sattel an der Grenze zwischen den Seealpen und den Cottischen Alpen. Der alte Stadtkern ist durch eine fast 600 Jahre alte Brücke mit dem neueren Stadtteil am linken Ufer der Maira verbunden.

Gletscherseen d'Arsine, 2450 m

Das Dauphiné-Gebirgsmassiv endet im Nordosten mit den senkrechten Wänden der Agneaux Alpen und dem Pic de Neige Cordier. Unter dem Pic liegt der d'Arsine-Gletscher mit seinen wunderschönen Gletscherseen in der Endmoränenlandschaft. Die Schmelzwasser fließen in das Flusstal der Guisane am östlichen Rand des Nationalparks Écrins.

Agneaux-Gebirge

In dieser Gebirgsgruppe sind die beiden Gletscher Pyramide und Tuckett bereits auf dem Gipfel zu finden. Nach Westen hin fällt der Hang von den hohen Gipfeln bis in das Tal des Blanc-Gletschers steil ab, welcher sich bis zur Spitze des Barre des Écrins windet. Im Hintergrund sieht man die Dreitausender der Pelvoux-Gruppe, die sich vom Mont Pelvoux über den Pic Sans Nom bis hin zur L'Ailefroide erstrecken.

Le Sirac, 3440 m

Vom Zentralmassiv Pelvoux in der Dauphiné verlieren die Bergkämme über Les Bans (3669 m), dem Pic de Bonvoisin (3560 m) bis zum Le Sirac, dem letzten hohen Wächter im südlichen Teil des Nationalparks Les Écrins, kontinuierlich an Höhe. Im Hintergrund befindet sich die lange Vercors-Gebirgskette.

Monte Viso, 3841 m

Dieser pyramidenförmige Berg erhebt sich in den Cottischen Alpen. Sein Kamm erstreckt sich im Westen bis zur französischen Dauphiné und im Süden bis zur Kette der Seealpen. Die Gegend um den Monte Viso wurde in prähistorischen Zeiten besiedelt, was durch jungsteinzeitliche archäologische Funde bewiesen wurde.

Les Aiguilles d'Arves, 3514 m

Im Grandes-Rousses-Massiv, das nördlich des Romanche-Tales, westlich des Col-du-Galibier-Sattels und östlich des Hochgebirgs-Skigebiets Alpe d'Huez liegt, erkennt man am schnellsten die drei pyramidenförmigen Gipfel, bekannt als die Aiguilles d'Arves.

Nationalpark Les Écrins

Der Nationalpark bedeckt eine Fläche von 270 000 ha und variiert zwischen 800 und 4102 m Höhe. Von diesem Gebiet sind nur 3000 ha bewaldet, während 17 000 ha Fläche von Gletschern eingenommen werden, die jedoch bemerkenswert rasch abschmelzen. Etwa 600 000 Wanderer, Bergsteiger und Touristen besuchen jährlich den Park. Von den 1800 verschiedenen Pflanzenarten sind 25 endemisch.

Alpi Marittime

Die Dreitausender der Seealpen befinden sich in dem gleichnamigen italienischen Naturpark und dem französischen Nationalpark Mercantour. Sie sind nur 50 km vom Golf von Genua entfernt; das Klima ist also aufgrund dieser Lage recht mild.

Monte Viso, 3841 m

Dieser eindrucksvolle Berg überragt die Gipfel der Umgebung um mindestens 500 m. Durch seine charakteristische Form ist er bereits aus mehreren Kilometern Entfernung erkennbar. Die östlichen, durch tiefe Täler zerklüfteten Hänge erstrecken sich bis hin zum Piemont und der Po-Ebene. Das Haupt-Quellgebiet des Pos liegt im nördlichen Teil des Massivs nahe Piano.

Rougon am Verdon

Die Verdon-Schlucht ist eines der wichtigsten Übungsgelände für Freeclimbing. Durch den harten Kalkstein gibt es an den steilen Wänden der Schlucht des Verdon eine Vielzahl an anspruchsvollen Kletterrouten. Die Felswände über der Schlucht bilden auch das größte von Gänsegeiern bewohnte Gebiet. Das kleine Dorf Rougon liegt am rechten Ufer des Verdon.

Veynes

Die zerklüfteten Klippen oberhalb Veynes, das am Fluss Buëch liegt, bilden die südlichsten Hänge des Dévoluy-Massivs. Wie bei der Ceuse bietet der Kalkstein hier ebenfalls ein Freeclimbing-Paradies, das sich aufgrund des Gesteins für eine ganze Reihe von waghalsigen Herausforderungen eignet. Im Hintergrund sind über dem Festre-Sattel die fast 3000 m hohen Ferrand-Gipfel zu sehen.

Col de Longet, 2701 m

Die Seen auf dem Longet-Sattel liegen im Grenzbereich zwischen Frankreich und Italien. Der Longet-See gehört zu Frankreich und befindet sich in der Nähe des Regionalparks Queyras. Auf der italienischen Seite liegen der Lago Blu und der Lago Nero, deren überschüssiges Wasser in das Tal des Flusses Varaita, ein linker Nebenfluss des Pos abfließt.

Roche della Muzelle, 3465 m

Dieser Berg liegt im Nationalpark Les Écrins in der Dauphiné. Auf seiner Nordseite reicht der Muzelle-Gletscher fast bis zum Gipfel hinauf. Das Schmelzwasser fließt in das Tal des Flusses Vénéon, der durch die nördlichen und nordwestlichen Gletscher des Pelvoux-Massivs gespeist wird.

Vallée de la Durance

Die Durance ist einer der Hauptflüsse im französischen Teil der südlichen Alpen. Sie entspringt unter dem Montgenèvre-Sattel in der Nähe von Briançon, vereint sich auf ihrem Weg mit den Flüssen Guisane, Buëch und Verdon und beendet nach 304 km ihre Reise durch die Provence, indem sie in die Rhône fließt. Auf ihrem Weg wird die Durance zur Energiegewinnung genutzt; hier vor Sisteron fließt sie als eintöniger Kanal.

Punta dell'Argentera, 3297 m

Der Naturpark Seealpen ist der größte Park im Piemont. Einige seiner Gipfel sind höher als 3000 m. Der höchste ist Punta dell'Argentera. Hier befinden sich auch die südlichsten Gletscher der Alpen. Der Park, der mit dem Nationalpark Mercantour in Frankreich verbunden ist, bietet über 80 Gletscherseen sowie eine reichhaltige Flora und Fauna.

Diano d'Alba

Das kleine Dorf Diano d'Alba liegt auf den sanften, mit Reben bedeckten Hügeln von Langhe in der Provinz Cuneo-Piemont im äußersten Nordosten der Ligurischen Alpen. Die Ligurischen, Cottischen und die Grajischen Alpen bilden eine eindrucksvolle Kulisse.

Barre des Écrins, 4102 m

Hier handelt es sich um den höchsten südlich gelegenen Viertausender der Alpen und um den höchsten Punkt im Écrins-Massiv in der Dauphiné (zwischen den Tälern der Durance und der Isère). Er ist als Nationalpark geschützt. Der Berg ist von Norden her wegen des Blanc-Gletschers, der sich fast bis zum Gipfel erstreckt, leicht zu erkennen. Im Hintergrund sieht man den trapezförmigen Gipfel L'Ailefroide (3954 m).

Chamechaude, 2082 m

Chamechaude ist der höchste Gipfel des Chartreuse-Massivs, welches das Flusstal der Isère im Nordosten von Grenoble nachzeichnet. Hier wurde 1995 ein Regionalpark errichtet. In diesen Bergen gründete St. Bruno im Kloster La Grande Chartreuse (nördlich von Chamechaude) im Jahre 1084 zusammen mit sechs Glaubensbrüdern den strengen Orden der Kartäuser.

La Grande Ruine

Die Gipfelgruppe, bekannt als La Grande Ruine, befindet sich zwischen der Barre des Écrins und La Meije. Alpinisten klettern normalerweise über den Agneaux-Gletscher und die Planchard-Schutzhütte zum Gipfel. Dahinter liegt das Hochgebirgs-Skizentrum La Grave La Meije, das mit Gondeln vom Romanche-Tal aus erreicht werden kann.

Briançon-Gebirge

Die Dauphiné endet im Osten mit dem Briançon-Massiv am linken Ufer der Guisane. Der einfachste Weg nach Italien führt über den Montgenèvere-Sattel, unter dem sich das Quellgebiet der Durance befindet. Die höchsten Gipfel sind über 3000 m hoch.

Mont-Blanc-Massiv [Frankreich] **N** 46° 00' 20" **E** 06° 45' 37" 4128 m

Die westlichen Alpen

Mont Blanc, 4807 m [Frankreich]

N 45° 54' 04" **E** 06° 45' 14" 5053 m

Berner Alpen [Schweiz]

N 46° 32' 11" E 08° 26' 05" 5179 m

Thunersee, 557 m [Schweiz]

N 46° 41' 09" E 07° 42' 15" 1479 m

Rhône-Gletscher [Schweiz]

N 46° 33' 15" E 08° 21' 48" 3828 m

Mont Trelod, 2181 m [Frankreich]

N 45° 46’ 23” E 06° 14’ 26” 3116 m

Engstligental [Schweiz]

N 46° 36' 23" E 07° 37' 58" 2896 m

Monte Rosa, 4527 m [Schweiz]

N 46° 01' 03" E 07° 41' 53" ⟲ 4350 m

Grivola, 3969 m [Italien]

N 45° 36' 14" E 07° 14' 10" 4401 m

Grandes Jorasses, 4208 m [Schweiz]

N 46° 00' 55" E 06° 44' 22" 4211 m

Aletschgletscher – Konkordiaplatz [Schweiz]

N 46° 29' 34" E 08° 04' 08" 4353 m

Berner Alpen [Schweiz]

N 46° 32' 17" E 07° 49' 26" 4345 m

Finsteraarhorn – Schreckhorn-Massiv [Schweiz]

N 46° 35' 01" E 08° 21' 00" 4045 m

Glarner Alpen [Schweiz]

N 47° 04' 06" E 09° 16' 21" 2115 m

Mont Blanc, 4807 m [Frankreich]

N 45° 46' 58" E 06° 45' 44" 4785 m

Dent du Brenleire, 2353 m, Follieran, 2340 m, Vanil Noir, 2389 m [Schweiz]

N 46° 35' 31" E 07° 09' 59" 2055 m

Berner Oberland [Schweiz]

N 46° 35' 27" E 07° 34' 08" 3467 m

Matterhorn, 4478 m [Schweiz]

N 45° 59' 50" E 07° 40' 44" 4282 m

Wilerhorn, 3307 m, **Bietschhorn**, 3934 m [Schweiz]

N 46° 19' 32" E 07° 51' 27" 4625 m

Gran Paradiso, 4061 m [Italien]

N 45° 36' 27" **E** 07° 14' 28" 4379 m

Grandes Jorasses, 4208 m, Mont Blanc du Tacul, 4248 m [Frankreich]

N 45° 53' 23" E 06° 44' 28" 4982 m

Breithorn, 3785 m [Schweiz]

N 46° 30' 08" E 07° 45' 00" 4344 m

Männlichen, 2343 m [Schweiz]

N 46° 34' 52" E 07° 56' 20" 4037 m

Matterhorn, 4478 m [Schweiz/Italien]

N 45° 58' 56" E 07° 37' 46" 4315 m

Eiger, 3970 m, **Mönch**, 4107 m [Schweiz]

N 46° 36' 07" E 07° 54' 59" 3905 m

Dom, 4545 m [Schweiz]

N 46° 10’ 12” E 07° 52’ 46” 4202 m

Dents du Midi, 3257 m [Schweiz]

N 46° 10' 05" E 06° 51' 46" 3909 m

Dômes de Miage [Frankreich]

N 45° 50' 15" E 06° 46' 06" 4847 m

Jungfrau, 4158 m [Schweiz]

N 46° 39' 04" E 07° 43' 42" 2170 m

Grajische Alpen [Italien/Frankreich]

N 45° 31' 45" E 07° 09' 39" 4231 m

Mont Blanc, 4807 m [Italien]

N 45° 50' 17" E 07° 06' 37" 3860 m

Monte Rosa – Dufourspitze, 4634 m [Italien/Schweiz]

N 45° 50' 45" **E** 07° 46' 54" 4669 m

Gruyère, 1638 m [Schweiz]

N 46° 33' 41" E 07° 08' 37" 2115 m

Matterhorn, 4478 m [Italien]

N 45° 57' 42" E 07° 42' 29" 4220 m

Berner und Walliser Alpen [Schweiz]

N 46° 37' 55" E 08° 15' 53" 3915 m

Lauteraarhorn, 4042 m [Schweiz]

N 46° 31' 12" E 08° 15' 13" 3985 m

Kander-Gletscher, 2800 m [Schweiz]

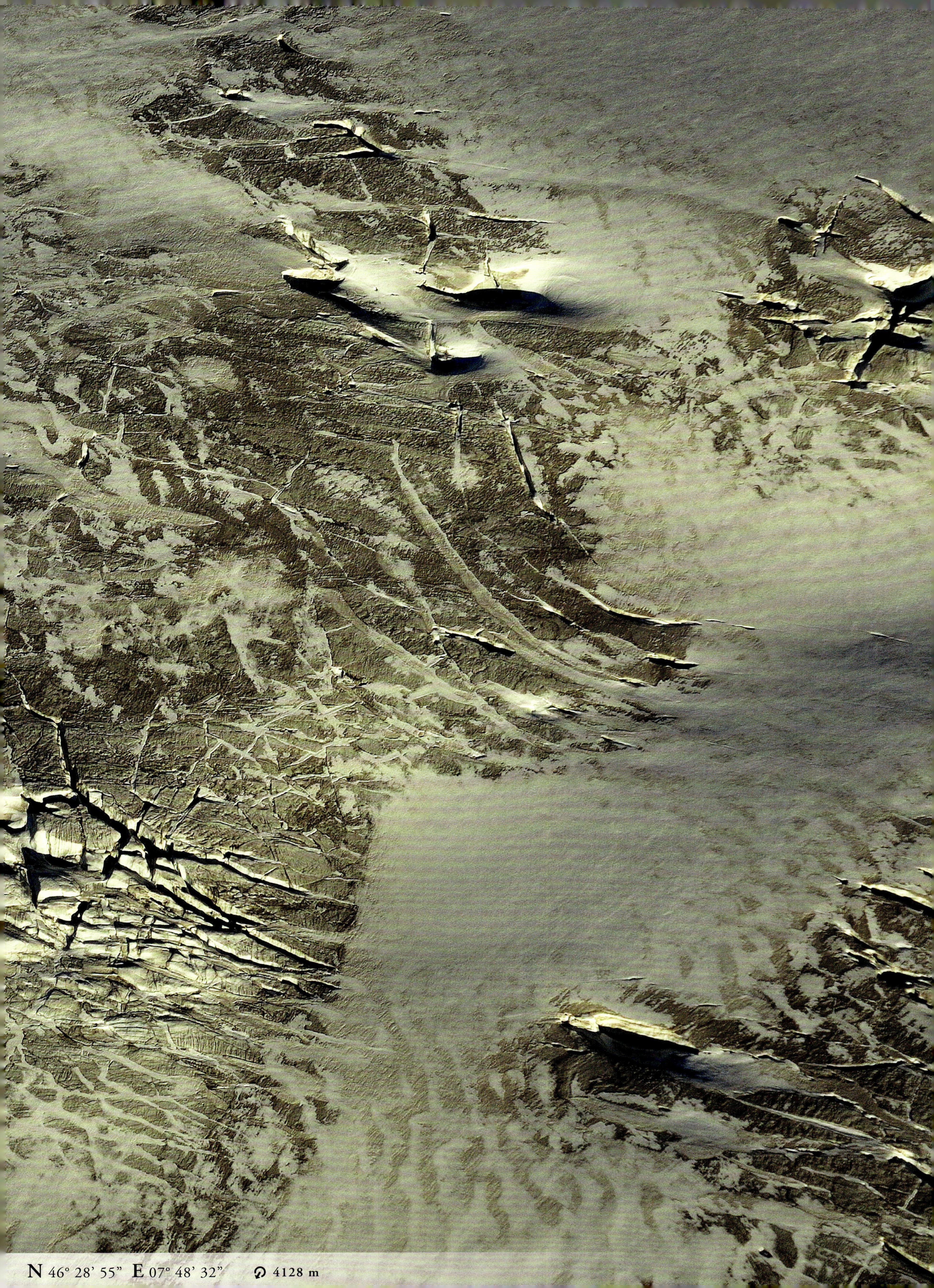

N 46° 28' 55" E 07° 48' 32" 4128 m

Grand Combin, 4314 m [Italien/Schweiz]

N 45° 52' 04" E 07° 22' 06" 3874 m

Aletschgletscher [Schweiz]

N 46° 21' 27" E 08° 05' 02" 5087 m

Finsteraarhorn, 4274 m [Schweiz]

N 46° 35’ 07” E 08° 06’ 20” 4299 m

Westkamm des Doldenhorns [Schweiz]

N 46° 28' 26" **E** 07° 43' 05" 4354 m

Weißhorn, 4505 m [Schweiz]

N 46° 04' 09" **E** 07° 44' 10" 4312 m

Berner Alpen [Schweiz]

N 46° 26' 56" E 08° 14' 13" 5189 m

Vanoise-Massiv [Frankreich]

N 45° 17’ 21” E 06° 28’ 09” 3684 m

Lauterbrunnen-Wand [Schweiz]

N 46° 31' 28" E 07° 52' 59" 4119 m

Aravis-Massiv [Frankreich]

N 45° 50' 20" E 06° 33' 14" 4364 m

Die Westlichen Alpen

Mont-Blanc-Massiv

Die Gipfelkette des Massivs im Licht der Abendsonne. Von links: Aiguille Verte mit Aiguille du Dru im Vordergrund, das Mer de Glace-Tal, die Aiguilles des Chamonix, Aiguille du Midi, Mont Blanc du Tacul, Mont Maudit und der höchste Gipfel Europas, der Mont Blanc selbst.

Mont Blanc, 4807 m

Der Mont Blanc ist der höchte Berg in Europa und wurde erstmalig im Jahre 1786 von Paccard und Balmat bestiegen. Die einfachsten Aufstiege zu dem Gipfel führen über Aiguille du Midi, Mont Blanc du Tacul und Mont Maudit oder über den Dôme du Goûter.

Berner Alpen

Die bezaubernde Kette der Berner Alpen liegt im Südwesten der Schweiz in den Kantonen Valais und Bern. Der gesamte Gebirgszug, der in Nordost-Südwest-Richtung verläuft, ist von Martigny bis zum Grimsel-Pass gute 100 km lang. Im zentralen Bereich beträgt seine Breite mehr als 30 km.

Thunersee, 557 m

Unterhalb der eindrucksvollen kahlen Wände der Berner Alpen mit ihren Hängegletschern liegt der Thunersee. Er bedeckt eine Fläche von 2500 km^2 und wurde nach der Stadt an seinem nördlichsten Ende benannt. Der Thunersee wird durch den Brienzersee, der nur 6 m höher liegt, und einigen Wildbächen gespeist. An seinem Südufer liegt die Stadt Spiez, dahinter erstrecken sich die Berge des Berner Oberlands.

Rhône-Gletscher

Unterhalb des Rhône-Gletschers, der im Dammastock-Becken (3630 m) in den Urner Alpen entlangkriecht, fließt die Rhône, die dem Léman-See das meiste Wasser liefert. Der Gletscher schmilzt schnell und das Gletschertor wandert immer höher.

Mont Trelod, 2181 m

Das Bauges-Massiv, das zwischen den Städten Chambery, Annecy und Albertville liegt, ist als Regionaler Naturpark Bauges geschützt. Der Park bietet sowohl eine vielfältige Fauna und Flora als auch extensiv angelegte Weiden, Wälder und Berge, die über 2000 m hoch sind.

Engstligental

Am oberen Ende des Engstlingentals liegt der bekannte Skiort Adelboden. Seine östlichen Hänge fallen von dem Kamm zwischen den Gipfeln Niesen (2362 m) und Albristhorn (2762 m) herab, während die westlichen Hänge zu den Gipfeln der Viertausender aufsteigen.

Monte Rosa, 4527 m

Im Nordwesten blickt das Monte Rosa-Massiv auf die zweitgrößte Glaziallandschaft der Alpen, den Gornergrat, herab. Der 14 km lange Eisstrom wird durch die Schneefelder und Nordhänge von Monte Rosa, Lyskamm und dem Breithorn gespeist.

Grivola, 3969 m

Grivola ist der erste Gipfel, der sich mit seiner pyramidenähnlichen Form über der Stadt Aosta erhebt. Er befindet sich im Nationalpark Gran Paradiso zwischen den Tälern Valsavarenche und Val di Cogne. Grivola wurde 1859 nur ein einziges Mal bestiegen, und zwar von Tairraz, Ormsby, Bruce, Dayne und Cachat.

Grandes Jorasses, 4208 m

Über Chamonix, dem Touristenort am Fuße des Mont Blanc, erheben sich die Granitwände der Aiguilles de Chamonix. Dahinter liegt das Tal des Mer-de-Glace-Gletschers, das von den alpinen Riesen, einschließlich der Grandes Jorasses und des Dent du Géant überragt wird.

Aletschgletscher – Konkordiaplatz

Am Konkordiaplatz treffen vier Gletscher zusammen, die, wie auch der Aletschgletscher, in das Rhônetal fließen. Gespeist wird der Gletscher in erster Linie durch den Großen Aletschfirn, den Jungfraufirn und den Grüneggfirn.

Berner Alpen

Nach Südwesten hin verengt sich die Kette der Berner Alpen und ist vor Martigny nur noch 10 km breit. Das Rhône-Tal grenzt sie von den Walliser Alpen und dem Mont-Blanc-Massiv ab und gestaltet auf diese Weise ein charakteristisches Landschaftsbild, das bereits aus großer Entfernung erkennbar ist.

Finsteraarhorn – Schreckhorn-Massiv

Über dem Grimsel-Pass eröffnet sich die Aussicht auf das Herz der von Gletschern bedeckten Berge. Im Vordergrund befindet sich der Bächlistock (3247 m), dessen Hänge sich bis zu dem Tal des Aar-Gletschers erstrecken. Darüber erhebt sich das Finsteraarhorn (4274 m), dann folgen Lauteraarhorn (4042 m) und Schreckhorn (4078 m). Am Horizont ist das Fiescherhorn (4049 m) zu erkennen.

Glarner Alpen

Am nordöstlichen Ende der Glarner Alpen, südöstlich des Walensees, findet man eine geologisch interessante Region, aus der der Geopark Sarganserland-Walensee-Glarnerland entstand.

Mont Blanc, 4807 m

Auf der Südseite bilden die Dômes de Miage und der Aiguille de Bionnassay, dessen Kamm bis zum unteren Gipfel des Mont Blanc, dem Dôme de Goûter, führt, die vorderen Spitzen des Mont Blanc. Man sieht hier die mächtige Südwand des höchsten Gipfels mit den Frêney-Pfeilern und dem östlichen Peuterey-Kamm.

Dent du Brenleire, 2353 m, Follieran, 2340 m, Vanil Noir, 2389 m

Nirgendwo anders in den Alpen gibt es so schön gelegene Bergweiden wie im Berner Oberland. Vor langer Zeit wurden die Wälder durch grasbewachsene Hänge ersetzt, die den Bewohnern in dieser rauen Natur des Gebirges eine Grundlage zum Überleben geben.

Berner Oberland

Der grasbedeckte Bergrücken zwischen Niesen (2362 m) – einem Aussichtspunkt für Touristen, der mit einer Bergbahn erreicht werden kann – und dem Albristhorn, ist lediglich eine extensiv genutzte Weide oberhalb des Tals, das zum Adelboden und Kandersteg führt. Nach Nordosten hin steigen die Kämme kontinuierlich bis zu den Viertausendern der Berner Alpen an, vom Eigner bis zum Bietschhorn.

Matterhorn, 4478 m

Das typische Bild vom Matterhorn sieht man definitiv von der Schweizer Seite aus – vom Mattertal. Lange Zeit galten seine steile Nordwand zusammen mit dem Eigner und dem Walker-Sporn in den Grandes Jorasses als die drei größten Herausforderungen im Klettersport.

Adamello – Brenta [Italien] **N** 46° 26' 11" **E** 11° 04' 06" **3180 m**

Die Zentralalpen

Similaun, 3607 m, **Hintere Schwärze**, 3628 m [Italien/Österreich]

N 46° 45' 30" E 10° 51' 54" 3813 m

Sylvensteinsee, 775 m [Deutschland]

N 47° 33' 16" E 11° 30' 59" 1219 m

Allgäuer Alpen [Österreich/Deutschland]

N 47° 20' 35" E 10° 08' 56" 2434 m

Tessiner Alpen, Luganer See, 271 m [Italien]

N 45° 50' 06" E 08° 52' 44" 1447 m

Hohe Kreuzspitze, 2743 m [Italien]

N 46° 56' 34" E 11° 14' 17" 3768 m

Schloss Neuschwanstein, 963 m [Deutschland]

N 47° 34' 12" E 10° 44' 43" 995 m

Miemingergebirge [Österreich]

N 47° 22' 17" E 11° 00' 03" 2566 m

Sandsteinpyramiden [Italien]

N 46° 31' 35" E 11° 24' 12" 1475 m

Hochfeiler, 3510 m [Österreich/Italien]

N 46° 59' 15" **E** 11° 44' 38" 3566 m

Glarner Alpen [Schweiz]

N 47° 10' 54" E 08° 44' 15" 1633 m

Zugspitze, 2962 m [Deutschland/Österreich]

N 47° 25' 34" E 11° 04' 06" 3071 m

Illertal [Deutschland]

N 47° 29' 13" E 10° 16' 14" 1783 m

Allgäuer Alpen [Österreich/Deutschland]

N 47° 17' 35" E 10° 19' 26" 3105 m

Furka-Pass, 2431 m [Schweiz]

N 46° 33' 33" E 08° 30' 11" 3766 m

Silvretta-Samnaun-Gruppe [Österreich/Schweiz]

N 47° 03' 52" E 10° 18' 30" 3295 m

Vierwaldstätter See, 434 m [Schweiz]

N 46° 56' 27" E 08° 32' 38" 2562 m

Biancograt – Piz Bernina, 4049 m [Schweiz]

N 46° 23' 48" E 09° 53' 25" 3610 m

Vinschgau [Italien]

N 46° 37′ 22″ E 10° 35′ 39″ 1622 m

Weißkugel, 3739 m [Italien/Österreich]

N 46° 47' 29" E 10° 43' 28" 3851 m

Silvaplanasee – St. Moritz [Schweiz]

N 46° 27' 59" E 09° 51' 46" 3854 m

Presanella, 3558 m [Italien]

N 46° 16' 55" E 10° 36' 36" 2838 m

Oberer Vinschgau [Italien]

N 46° 43' 44" E 10° 28' 48" 3093 m

Hoher Ifen, 2230 m [Italien]

N 47° 21' 41" E 10° 08' 22" 2165 m

Comer See [Italien]

N 45° 48' 05" E 09° 07' 03" 1360 m

Zugspitze, 2962 m [Österreich/Deutschland]

N 47° 22' 45" E 10° 56' 24" 2891 m

Heiterwanger See, Plansee [Österreich]

N 47° 26' 29" E 10° 43' 51" 1734 m

Wettersteingebirge [Deutschland/Österreich]

N 47° 26' 06" E 11° 09' 08" 2970 m

Karwendelgebirge [Österreich]

N 47° 31' 31" E 11° 14' 46" 1921 m

Hoher Riffler, 3168 m [Österreich]

N 47° 08' 18" E 10° 20' 43" 3190 m

Lepontinische Alpen [Italien]

N 46° 32' 48" E 08° 30' 23" 3763 m

Bodensee [Schweiz/Deutschland/Österreich]

N 47° 31' 49" E 09° 38' 12" 1417 m

Piz Linard, 3410 m [Schweiz]

N 46° 51' 19" E 10° 03' 26" 3631 m

Kloster Marienberg, 1340 m [Italien]

N 46° 42' 03" E 10° 31' 46" 1546 m

Ortler, 3905 m [Italien]

N 46° 31’ 48” E 10° 31’ 52” 3918 m

Säntis, 2503 m [Schweiz]

N 47° 19' 08" E 09° 28' 52" 1806 m

Königsspitze, 3850 m [Italien]

N 46° 29' 56" E 10° 31' 40" 3963 m

Bergamasker Alpen [Italien]

N 45° 42' 12" E 09° 38' 05" 1095 m

Piz Cengalo, 3367 m, **Piz Badile**, 3308 m [Schweiz/Italien]

N 46° 31' 41" E 09° 20' 24" 3239 m

Seen bei Laghi, 2740 m [Italien]

N 46° 23' 40" E 10° 23' 26" 3763 m

Bernina-Massiv [Schweiz]

N 46° 28' 13" E 10° 05' 20" 4270 m

Oberinntal [Österreich]

N 47° 12' 09" E 10° 49' 37" 3195 m

Monte Vioz, 3645 m [Italien]

N 46° 25' 09" E 10° 33' 35" 4120 m

Bergell-Massiv [Italien/Schweiz]

N 46° 12' 13" E 09° 45' 43" 3450 m

Piz Quattervals, 3164 m [Schweiz]

N 46° 40' 00" E 10° 03' 46" 2508 m

Oberhalbstein-Tal [Schweiz]

N 46° 23' 11" E 09° 38' 03" 4253 m

Kleiner und Großer Mythen, 1898 m [Schweiz]

N 47° 05' 19" E 08° 37' 41" 1898 m

Passeierspitze, 3036 m [Österreich]

N 47° 14' 07" E 10° 29' 31" 2916 m

Partschins, 630 m [Italien]

N 46° 39' 19" E 11° 05' 47" 2900 m

Ötztaler Alpen [Österreich/Italien]

N 46° 46' 26" E 10° 57' 20" 3827 m

Schladminger Tauern [Österreich] N 47° 15' 50" E 13° 29' 18" 3143 m

Die östlichen Alpen

Jôf di Montasio, 2753 m [Italien]

N 46° 22' 07" E 13° 34' 06" 3305 m

Watzmann, 2713 m [Deutschland]

N 47° 34' 29" E 12° 56' 52" 3105 m

Antelao, 3264 m [Italien]

N 46° 12' 09" E 12° 05' 56" 3005 m

Großglockner, 3798 m [Österreich]

N 47° 05' 49" E 12° 44' 35" 4111 m

Schlern, 2563 m [Italien]

N 46° 31' 26" E 11° 33' 14" 2715 m

Storžič, 2132 m [Slowenien]

N 46° 23' 17" E 14° 20' 18" 2516 m

Dachsteingebirge [Österreich]

N 47° 25' 21" E 13° 30' 05" 1677 m

Nationalpark Nockberge [Österreich]

N 46° 53' 24" E 13° 36' 21" 2991 m

Hochkönig, 2941 m [Österreich]

N 47° 24' 57" E 13° 09' 39" 2006 m

Dolomiten [Italien]

N 46° 48' 25" E 12° 17' 10" 2954 m

Niedere Tauern [Österreich]

N 47° 20' 36" E 14° 30' 08" 2677 m

Sorapis, 3205 m [Italien]

N 46° 30' 08" E 12° 15' 39" 3335 m

Lienzer Dolomiten [Österreich]

N 46° 45' 21" E 12° 43' 26" 3587 m

Tofana di Rozes, 3225 m, **Tofana di Mezzo**, 3244 m [Italien]

N 46° 30' 57" E 12° 02' 51" 2910 m

Komna, 1640 m [Slowenien]

N 46° 17' 58" E 13° 46' 37" 2711 m

Le Vette Feltrine [Italien]

N 46° 06' 21" **E** 11° 52' 50" 3237 m

Schaffberg, 1783 m [Österreich]

N 47° 42' 41" E 13° 23' 54" 1846 m

Krn, 2244 m [Slowenien]

N 46° 15' 29" E 13° 37' 45" 3815 m

Karnische Alpen [Italien]

N 46° 36' 32" E 12° 41' 25" 2911 m

Wischberg, 2666 m [Italien]

N 46° 28' 04" E 13° 31' 21" 2610 m

Roterdspitze, 2665 m [Italien]

N 46° 31' 22" E 11° 41' 15" 2925 m

Totes Gebirge [Österreich]

N 47° 46' 13" E 14° 05' 34" 2540 m

Drei Zinnen, 2999 m [Italien]

N 46° 35' 38" E 12° 18' 29" 3311 m

Hoher Dachstein, 2995 m [Österreich]

N 47° 29' 25" E 13° 36' 05" 3111 m

Begunjščica, 2060 m [Slowenien]

N 46° 25' 31" E 14° 11' 02" 2233 m

Pale di San Martino [Italien]

N 46° 10' 35" E 11° 49' 35" 3542 m

Großvenediger, 3667 m [Österreich]

N 47° 05' 09" E 12° 29' 31" 4099 m

La Valle [Italien]

N 46° 39' 52" E 11° 54' 46" 3115 m

Marmolada, 3343 m, **Cimon della Pala**, 3184 m [Italien]

N 46° 11' 31" E 11° 45' 32" 3365 m

Hohe Warte, 2780 m [Österreich/Italien]

N 46° 34' 10" E 12° 51' 51" 2935 m

Hochalmspitze, 3360 m [Österreich]

N 46° 55' 42" E 13° 17' 32" 3437 m

Marmolada, 3343 m [Italien]

N 46° 30' 05" E 11° 53' 04" 3386 m

Kočna, 2475 m, **Grintovec**, 2558 m [Slowenien]

N 46° 17' 19" E 14° 35' 08" 2562 m

Gemona, 217 m [Italien]

N 46° 14' 13" E 13° 07' 53" 2691 m

Škrlatica, 2740 m [Slowenien]

N 46° 27' 32" E 13° 44' 57" 3011 m

Hochgall, 3436 m [Österreich/Italien]

N 46° 56' 04" E 12° 09' 10" 3784 m

Dösental [Österreich]

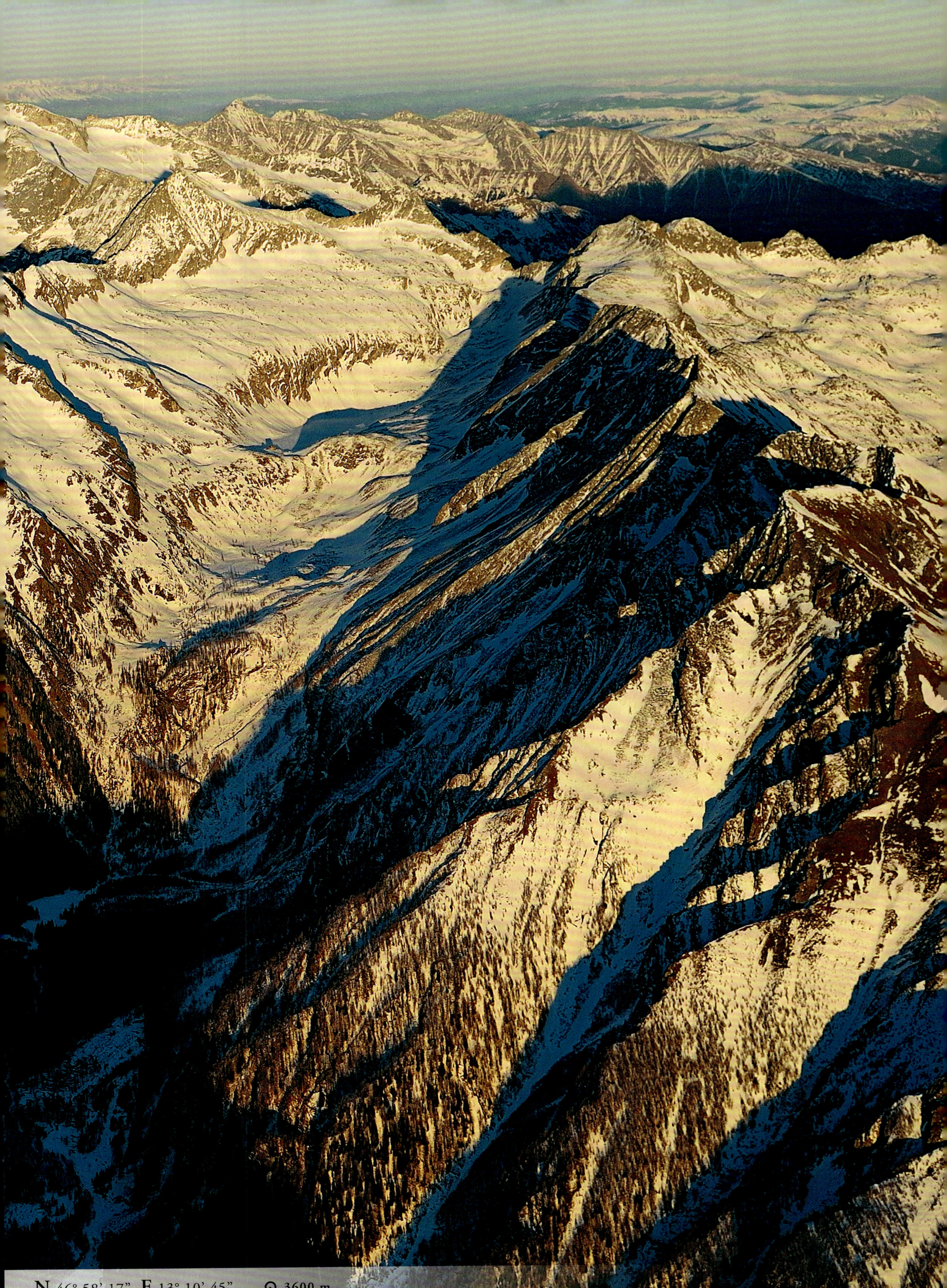

N 46° 58' 17" E 13° 10' 45" 3600 m

Civetta, 3220 m [Italien]

N 46° 25' 09" E 12° 00' 35" 3201 m

Nationalpark Gesäuse [Österreich]

N 47° 35' 08" E 14° 29' 30" 2493 m

Triglav, 2864 m [Slowenien]

N 46° 25' 09" E 13° 44' 45" 3241 m

Schlern, 2563 m [Italien]

N 46° 31' 26" E 11° 33' 14" 2715 m

Großglockner, 3798 m [Österreich]

N 47° 01' 08" E 12° 42' 34" 3791 m

Monte Pelmo, 3168 m, **Monte Civetta**, 3220 m [Italien]

N 46° 31' 36" E 12° 06' 01" 3322 m

Mala Baba, 2018 m, Ojstrica, 2350 m [Slowenien]

N 46° 23' 57" E 14° 31' 00" 2267 m

Rosengarten [Italien]

N 46° 32' 34" E 11° 39' 20" 3359 m

Bleder See, 475 m [Slowenien]

N 46° 21' 52" **E** 14° 04' 58" 1019 m

N 46° 22' 40" **E** 11° 38' 13" 3390 m

Karawanken [Slowenien/Österreich]

N 46° 28' 23" E 14° 07' 14" 2405 m

Totes Gebirge [Österreich]

N 47° 41' 24" E 13° 59' 09" 2415 m

Seckauer Tauern [Österreich]

N 47° 19’ 29” E 14° 40’ 41” 2439 m

Dolomiten [Italien]

N 46° 25' 13" E 12° 37' 15" 3308 m

Die östlichen Alpen

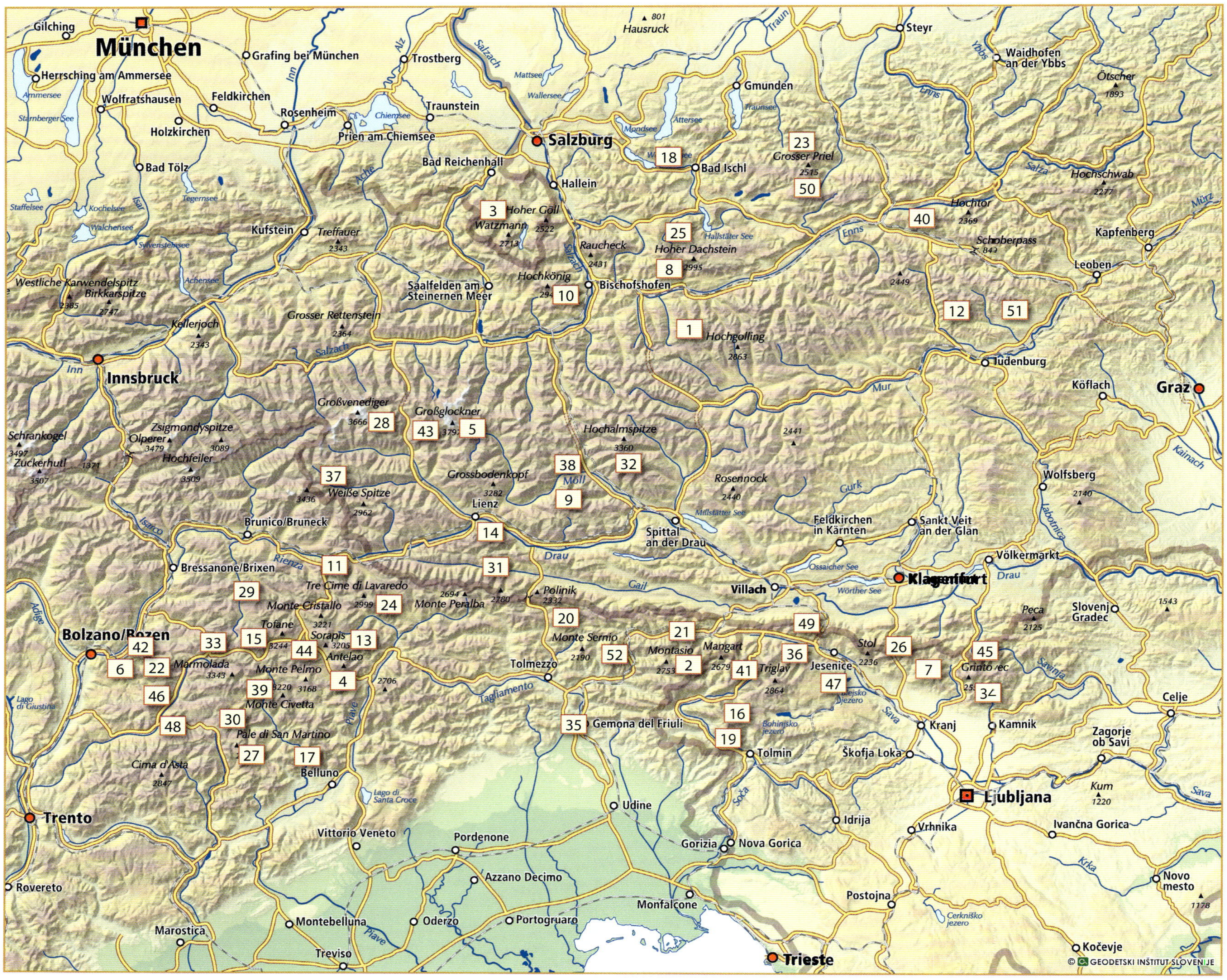

Schladminger Tauern

Zum nördlichen Teil der Niederen Tauern gehören auch die Schladminger Tauern, die sich am rechten Ufer der Enns, gegenüber den Südwänden des Dachsteingebirges befinden. Sie werden von den Hohen Tauern durch das Quellgebiet der Mur getrennt. Der höchste Gipfel ist der Hochgolling (2863 m), der zugleich auch der höchste Gipfel der Niederen Tauern ist.

Watzmann, 2713 m

Zahlreiche Sagen und Legenden umweben den höchsten Gipfel und das Symbol von Bayern bezüglich seiner Entstehung. Der erste Aufstieg erfolgte 1800 durch den slowenischen Alpinisten Valentin Stanič, der den Gipfel ganz allein erklomm und auch seine Höhe maß. Unterhalb der Ostwand des Berges liegt ein verstecktes Juwel, der Königssee. Das Watzmann-Massiv bildet den zentralen Teil des Nationalparks Berchtesgaden.

Jôf di Montasio, 2753 m

Der Jôf di Montasio ist der zweithöchste Gipfel der Julischen Alpen und der höchste in ihrem westlichen Teil. Er wird vom Massiv des Monte Kanin durch das Tal Val Rio des Lago getrennt und erhebt sich bis zum Sella-Nevea-Sattel, von wo aus die gewöhnliche Route über den Altipiano des Montasio hinaufführt. Im Hintergrund sieht man die unzähligen Gipfel der Karnischen Alpen.

Antelao, 3264 m

Der pyramidenförmige Hauptteil und zweitgrößte Gipfel haben diesem Berg den Beinamen »König der Dolomiten« eingebracht. Er erhebt sich südöstlich von Cortina d'Ampezzo in der Antelao-Sorapis-Gruppe und geht nördlich des Cadore-Tales in die Marmarola-Gruppe über. Für Kletterer ist die Südwand die Hauptattraktion.

5

Großglockner, 3798 m

Der höchste Berg und das Wahrzeichen Österreichs liegt in den Hohen Tauern und dem gleichnamigen Nationalpark. Der Gipfel wurde 1800 zum ersten Mal von Einwohnern des Dorfes Heiligenblut bestiegen. Der Pasterzen-Gletscher unterhalb der Nordostwände ist ein typisches Beispiel für das rasch schmelzende Eis und den Gletscherrückzug, den der Klimawandel verursacht.

6

Schlern 2563 m

Das grasbewachsene Plateau dieses charakteristischen Berges an der östlichen Grenze der Rosengarten-Gruppe nordöstlich von Bozen nimmt einen speziellen Platz in der Geschichte Südtirols ein. In der Bronzezeit wurden hier religiöse Rituale zelebriert. Die Überreste der Kulturstätte sind immer noch zu sehen. Sie stellen den höchsten prähistorischen Opferplatz in den Alpen dar.

7

Storžič, 2132 m

Der Storžič ist ein isolierter Gipfel, der zu den Kamnik-Savinja-Alpen gehört. Er erhebt sich im äußersten Westen dieser Bergkette und wird vom zentralen Teil durch das tiefe Kokra-Tal getrennt. Dahinter liegt der gewaltige Kalški greben (2039 m), ein südlicher Sporn der Berggruppe, der das Skizentrum Krvavec mit dem höchsten Gipfel dieser Alpen, dem Grintovec verbindet.

8

Dachsteingebirge

Die südlichen Wände des Dachstein-Massivs, die in das Enns-Tal herabfallen, befinden sich gegenüber den Bergen oberhalb von Schladming. Nach Nordosten hin grenzen sie an das Tote Gebirge, nach Westen an das Tennengebirge. Unterhalb der nördlichen Hänge liegt versteckt der Hallstätter See. Im Vordergrund sieht man in einer Hanglage den Touristenort Filzmoos, über dem sich der Rötelstein (2247 m) erhebt.

9

Nationalpark Nockberge

Nördlich von Villach, im westlichen Teil der geologisch alten Gurktaler Alpen, liegt der Nationalpark Nockberge. Diese Region war eigentlich als intensiv nutzbares Skigebiet vorgesehen, doch die einheimische Bevölkerung verhinderte die zerstörerischen Pläne mit dem Referendum von 1980. Sieben Jahre später wurde der Nationalpark gegründet.

10

Hochkönig, 2941 m

Die Bergkette Hochkönig ist der südöstlichste Zipfel der Berchtesgadener Alpen, die mit dem Steinernen Meer durch den Torscharte-Sattel (2246 m) verbunden sind. Die südlichen und östlichen Hänge fallen zum Salzach-Tal mit seinem Sport- und Touristenzentrum Bischofshofen hinab.

11

Dolomiten

Die Karnischen Alpen enden mit dem Drau-Tal bei Toblach. Südwärts eröffnet sich der Blick auf ein Meer von Türmen, die über die Wolken hinausragen. Es sind die Spitzen der Sextener Dolomiten. Die Gipfel, die man sofort erkennt, sind die Gruppen Zwölferkofel (3094 m) und Drei Zinnen (2999 m).

12

Niedere Tauern

Östlich des Pölstals verlieren die Niederen Tauern allmählich an Höhe. Der Blick eröffnet sich über den Aussichtsberg Griesstein (2023 m) in nördlicher Richtung auf die Ennstaler Alpen, den Nationalpark Gesäuse und die Eisenerzer Alpen.

13

Sorapis, 3205 m

Die Antelao-Sorapis-Marmarole-Gruppe zwischen den Tälern Cadore und Ampezzo ist eine der am stärksten zerklüfteten Berggruppen in den Dolomiten. Gipfel wie die Sorapis und ihr Nachbar, der Antelao (3264 m), sind nur schwer zugänglich und erfordern einige Klettererfahrung. Drei Gletscher verstecken sich an den Nordwänden der Sorapis, ihre Tage sind aufgrund der Erderwärmung jedoch gezählt.

14

Lienzer Dolomiten

Die Lienzer Dolomiten sind eine kleine Berggruppe mit steilen Wänden zwischen Drau- und Gailtal. Sie stellen das westliche Ende der Gailtaler Alpen dar. Der höchste Gipfel ist die Große Sandspitze (2770 m).

15

Tofana di Rozes, 3225 m
Tofana di Mezzo, 3244 m

Das gesamte Massiv liegt westlich von Cortina d'Ampezzo. Seine majestätischen Südwände stürzen in das Tal, das zum Falzarego führt, während das Massiv im Osten durch das Travenanzestal von der Lavarella-Gruppe getrennt wird. Der Tofana di Rozes mit seiner mächtigen Südwand und seinen acht Säulen ist ein gefragtes Ziel für Alpinisten.

16

Komna

Das Komna-Plateau ist ein Karst-Hochplateau in den Julischen Alpen. Es befindet sich im Nationalpark Triglav und bietet einen Übergang vom Bohinj-Tal zum Bovec-Tal. Es ist teilweise mit Fichten- und Lärchenwäldern bedeckt. Im Frühjahr ist das Gebiet ideal zum Skifahren.

17

Le Vette Feltrine

Über dem Piave-Tal in der Provinz Belun erhebt sich die Gebirgsgruppe Le Vette Feltrine, die zum Nationalpark Dolomiti Bellunesi gehört. Der Park setzt sich nach Osten hin in der Schiara-Gruppe fort. Er wurde 1990 mit dem Ziel gegründet, die natürliche und kulturelle Landschaft zu schützen, die in dieser Form hier bereits seit prähistorischen Zeiten existiert.

18

Schaffberg, 1783 m

Zwischen dem Wolfgangsee im Süden und dem Mondsee im Norden steht im Salzkammergut der Schaffberg. Eine Eisenbahnlinie, die 1893 gebaut wurde, führt zu ihm hinauf. Auch heute noch überwindet die alte Dampflokomotive als Touristenattraktion die 1190 m Höhenunterschied in 45 Minuten.

19

Krn, 2244 m

Dieser bezaubernde Berg über dem Soča-Tal in den Julischen Alpen symbolisiert das dunkelste Kapitel in der Geschichte der Alpen. In der Zeit von 1915 bis 1917 bekämpften sich auf diesen hohen Kämmen die österreichisch-ungarischen und italienischen Armeen; mehrere Hunderttausend Soldaten fanden hier den Tod.

20

Karnische Alpen

Die Karnischen Alpen sind ein Teil der Südlichen Kalkalpen und verdanken ihren Namen der römischen Provinz Carnia. Sie bilden mit dem Gailtal im Norden und dem Kanaltal (Val Canale) im Süden eine natürliche Grenze zwischen Österreich und Italien. Das Massiv wird durch das Piave-Tal von den Dolomiten getrennt.

Wischberg/Jôf Fuart, 2666 m

Dieser Berg sowie der Jôf di Montasio sind Wahrzeichen der westlichen Julischen Alpen. Sie werden von dem Kamm Monte Kanin durch die Täler Val Raccolana und Val Rio del Lago getrennt. Die Nordwände des Jôf Fuart, die im oberen Drittel von den Via Eterna-Platten gekreuzt werden, enden unten im Saiseratal. Auf der anderen Seite des Tales befinden sich die Karnischen Alpen.

Roterdspitze, 2665 m

Die Seiser Alm ist ein Plateau im westlichen Teil der Dolomiten zwischen Gröden im Norden, Schlern im Nordwesten und Sassolungo im Nordosten. Der Cima die Terrarossa ist ein verlängerter Bergrücken des Schlern-Plateaus, das mit dem Tires-Sattel endet (2440 m).

Totes Gebirge

Das Tote Gebirge ist der letzte Kalkstein-Wall mit Gipfeln von über 2000 m Höhe, bevor sich die Alpen via den Kalkalpen-Nationalpark im Nordosten bis zum breiten Donautal bei Linz absenken. In dieser interessanten Karstregion gibt es das Schönberg-Höhlensystem, das 125 km lang und 1070 m tief ist.

Drei Zinnen, 2999 m

Die Drei Zinnen zählen zu den berühmtesten Gipfeln in den Alpen. Sie befinden sich in den Sextener Dolomiten. Richtung Westen liegen sie gegenüber dem Monte Cristo, Richtung Südwesten und Süden gegenüber der Sorapis- und der Marmarole-Gruppe. Im Nordosten befinden sich die schneebedeckten Gailtaler Alpen. Die Drei Zinnen nehmen im Naturpark Sextener Dolomiten einen zentralen Platz ein.

Hoher Dachstein, 2995 m

Der Hohe Dachstein ist der höchste Punkt der Nördlichen Kalkalpen. Das gesamte Massiv, das durchgehend aus Kalkstein besteht, ist durch zahlreiche Karstphänomene, wie beispielsweise Schluchten charakterisiert. Die oberen Hänge sind mit Gletschern bedeckt und verfügen über gut organisierte hochalpine Skigebiete.

Begunjščica, 2060 m

Die Karawanken werden durch einige wichtige Transitwege, wie den Wurzenpass, den Loiblpass und den Seebergsattel unterbrochen. Westlich des Loiblpasses liegt der Begunjščica; nach Osten hin setzt sich der Hauptkamm mit dem breiten Koschuta-Massiv fort (bis 2133 m). Den spitzen Gipfel des Hochobir oder Ojsterz (2139 m) und die Petzen (2125 m) sieht man noch in der Ferne.

Pale di San Martino

Die Pale-Gruppe ist eine der größten in den Dolomiten. Zahlreiche Säulen, Wände und Kämme erheben sich auf einem 2600 m hohen Plateau, dem Altopiano. Das Massiv ist umgeben von den tiefen Schluchten der Flüsse Cordevole, Cismon und Biois. Der westliche Teil der Gruppe ist als Naturpark Pale di San Martino geschützt.

Großvenediger, 3667 m

Der westliche Nachbar des Großglockners in den Hohen Tauern ist der richtige Berg für Skifahrer. Aus der Vogelperspektive können wir sehen, dass sich vier felsige Kämme mit vier Gletschern dazwischen am Gipfel treffen. Der größte, der Schlaten-Gletscher, erstreckt sich ostwärts in das Tal des kleinen Tauern-Bachs, der in die Isel fließt.

La Valle

Die Ladinischen Täler La Valle und Val di Marebbe liegen im nordöstlichen Teil der Alpe-di-Fanes-Gruppe, ein verkarsteter plateauartiger Kamm, der durch den Tadega-Pass von der Tofana-Gruppe getrennt ist.

Marmolada, 3343 m,
Cimon della Pala, 3184 m

Die Südwand der Marmolada ist eine lange, zerklüftete, 800 m hohe Barriere mit sehr anspruchsvollen Kletterrouten. Diese Sicht von Südwest, von oberhalb des Skizentrums San Martino di Castrozza und der umgebenden Skihänge mit Sesselliften auf den Rollepass aus, offenbart die mächtige Wand des Cimon della Pala.

Hohe Warte, 2780 m

Dies ist der höchste Gipfel in den Karnischen Alpen. Die südlichen Hänge sind freundlicher, ganz anders als die nackten Nordwände. Auf der rechten, also westlichen Seite befindet sich der Wolayer-Pass, dahinter liegt der gleichnamige See, die östliche Seite fällt zum Plöcken-Pass hinab.

Hochalmspitze, 3360 m

Die Hochalmspitze, die Königin der Hohen Tauern, ist die Krönung der Ankogel-Gruppe. Der Gipfel ist rundherum von Gletschern umgeben, die sich am weitesten auf der nördlichen Seite (Großelendkees) und auf der östlichen Seite (Hochalmkees) ausbreiten. Die südliche Seite verfügt lediglich über die bescheidenen Reste des Trippkees-Gletschers.

Marmolada, 3343 m

Die Marmolada, der höchste Gipfel in den Dolomiten, hat zwei Gesichter. Die breite Südwand ist eine Herausforderung für die weltbesten Kletterer, während die sanften Hänge im Norden – bis oben hin mit Gletschern bedeckt – ein großräumiges Skiterrain bieten. Eine Seilbahn erreicht auf der Nordseite den Gipfel, der Wintersport-Profit hat hier jedoch einen hohen Preis: die Zerstörung der natürlichen Umwelt.

Kočna, 2475 m
Grintovec, 2558 m

Die Kamnik-Savinja-Alpen sind eine Kette Zweitausender mit dem Grintovec als höchstem Gipfel. Die alpinen Täler Robanov kot und Logarska dolina sind als Landschaftsparks geschützt. Zudem wird bereits die Gründung des Regionalparks Kamnik-Savinja-Alpen vorbereitet.

Gemona

Die Alpenflüsse Tagliamento und Fella, die sich in der Nähe von Tolmezzo vereinen, fließen von den Gebirgsketten der Westlichen Julischen Alpen und den Karnischen Alpen zur Stadt Gemona, die sich auf einer ausgedehnten Flussschotter-Ebene befindet. Das linke Ufer der Fella ist bis zur slowenischen Grenze als Naturpark Prealpi Giulie geschützt.

Škrlatica, 2740 m

Der Škrlatica (die »Scharlachrote«) ist der zweithöchste Gipfel der Östlichen Julischen Alpen und ganz Sloweniens. Die Nordwestwände des Škrlatica, Rakova špica und Rogljica leuchten rötlich bei Sonnenuntergang. Der Erste, der den Gipfel bestiegen hat, war 1880 der »Poet« der Julischen Alpen, Dr. Julius Kugy, der von Andrej Komac und Matija Kravanja (Bergführer des Trenta-Tales) begleitet wurde.

Hochgall, 3436 m

Dieser Gipfel befindet sich an der österreichisch-italienischen Grenze, an dem Punkt, wo der Naturpark Riesenferner Ahrn auf der italienischen Seite mit dem Nationalpark Hohe Tauern auf der österreichischen Seite zusammentrifft. Der Hochgall ist der höchste Berg in der Defereggen-Gruppe, die sich nördlich des Drau-Tales befindet.

Dösental

Im Nationalpark Hohe Tauern kerbt sich östlich von Mallnitz das Dösental in das Hochalmspitze-Massiv. Am Ende des Tales liegt auf etwa 2200 m Höhe der Dösensee; er ist der zweitgrößte Hochalpensee in Kärnten.

Civetta, 3220 m

Civettas Nordwestwand, 1200 m hoch und 3 km breit, ist eine der größten Felswände in den Alpen. Sie wurde 1925 durch das hervorragende Kletterteam Solleder/Lettenbauer bestiegen. In dieser Zeit bedeutete der Aufstieg das anspruchsvollste Kletterkunststück in den Alpen.

Nationalpark Gesäuse

Der Nationalpark Gesäuse liegt im Ennstal in den Ennstaler Alpen. Die 150 Jahre alte Geschichte des österreichischen Bergsports steht in den mächtigen Nordwänden der Planspitze (2117 m), dem höchsten Gipfel Hochtor (2369 m) und den benachbarten Gipfeln geschrieben. Der Park wurde 2002 gegründet. Im Hintergrund sieht man die Eisenerzer Alpen und die Hochschwabkette.

Triglav, 2864 m

Der Triglav, der höchste Gipfel der Julischen Alpen und ganz Sloweniens, besitzt einen besonderen Symbolcharakter für die Slowenen, da er in einigen Staatswappen und in vielen verschiedenen Logos zu sehen ist. Der Nationalpark Triglav, der einzige Nationalpark in Slowenien, wurde nach diesem Gipfel benannt. Der erste Aufstieg dieses Berges erfolgte 1778 durch einheimische Kletterer aus Bohinj.

Schlern, 2563 m

Schlern, das Wahrzeichen von Südtirol, erhebt sich in der Region Seiser Alm. Die aufragenden Bergspitzen der Santnerspitze (2413 m) und der Euringerspitze (2394 m), die vom Hauptmassiv abgeschnitten sind, verleihen der Schlern-Reihe ein sofort identifizierbares, in der Tat einzigartiges Aussehen.

Großglockner, 3798 m

Die Südwände des Großglockners mit dem schönen Stüdlgrat. Der Nationalpark Hohe Tauern ist die größte geschützte Region in den Alpen und der zweitgrößte Nationalpark Europas. Die Höhendifferenz zwischen dem niedrigsten und dem höchsten Punkt beträgt 2600 m – ideale Bedingungen für eine vielfältige Fauna und Flora.

Monte Pelmo, 3168 m
Monte Civetta, 3220 m

Monte Pelmo und die Civetta gehören sicherlich zu den bekanntesten Gipfeln der Dolomiten. Der Monte Pelmo ist wahrhaft ein Thron, wie er so dasteht, isoliert auf einem Plateau zwischen den Tälern Ampezzo, Cadore und Zoldo. Die Civetta-Gruppe, die sich südwestlich des Monte Pelmo erhebt, ist durch die Cordevole-Schlucht von der Palle-Gruppe getrennt. Im Vordergrund sieht man die Croda da Lago.

Mala Baba, 2018 m
Ojstrica, 2350 m

Wunderschöne Gletschertäler findet man in den Kamnik-Savinja-Alpen: Logarska dolina, Matkov kot und Robanov kot im Osten, Bela und Kamniška Bistrica im Süden und Jezersko im Norden. Die Nordwände des Dolgi hrbet überschatten den einzigen kleinen Gletscher in diesen Alpen, der der Erderwärmung noch trotzt.

Rosengarten

Dieses Massiv, das nur 20 km östlich von Bozen zwischen dem Eisacktal und dem Val di Fassa liegt, hat den deutschen Namen wegen seines roten, warmen Glanzes bei Sonnenuntergang erhalten. Der höchste Gipfel ist der Kesselkogel (3004 m).

Bleder See

Der Bleder See bildete sich im Zungenbecken des früheren Bohinj-Gletschers. Er schmückt sich mit einer malerischen Insel, auf der eine der Heiligen Jungfrau Maria geweihte Barockkirche steht. Traditionelle Boote, bekannt als *pletne*, werden mit Besuchern zu der Insel gerudert. Die Bled-Burg steht auf den Klippen am Nordufer des Sees.

Val di Fassa

Val di Fassa, das Tal des Flusses Avisio, ist eines der größten in den Dolomiten. Es ist umgeben von der Rosengarten-Gruppe im Westen, Sassolungo und Sella im Norden, Marmolada im Osten und Pale im Südosten. Der wichtigste Wirtschaftszweig ist – im Winter wie im Sommer – der Tourismus.

Karawanken

Die Karawanken bilden die längste Gebirgskette Sloweniens. Sie erstrecken sich über 120 km von Tarvis bis Slovenj Gradec. Der höchste Gipfel ist der Hochstuhl (2236 m). Sie stellen die Grenze zwischen Österreich und Slowenien dar. Die Nordhänge sind steil, während die südliche Seite durch hoch gelegene, grasbedeckte Hänge bestimmt wird.

Totes Gebirge

Die Berge des Toten Gebirges, die Kalkalpen, liegen nordöstlich des Dachstein-Massivs, westlich der Ennstaler Alpen und östlich vom Salzkammergut. Die höchsten Gipfel sind, hier links, der Große Priel (2515 m) und die Spitzmauer (2446 m). Ein karges Hochplateau aus Karst mit zahlreichen Schluchten erstreckt sich nach Süden.

Seckauer Tauern

Die zart gerundeten, grasbedeckten Hänge der Seckauer Berge sind hier vom östlichen Ende der Niederen Tauern, die sanft bis zu der Region hinabfallen, wo die Flüsse Liesing und Mur zusammenfließen, aus zu sehen. Die Gruppe erhielt ihren Namen von der Gemeinde Seckau im Murtal, die wegen ihres 800 Jahre alten Benediktinerklosters bekannt ist.

Dolomiten

Hier verbindet sich eine Ansammlung sockelartiger Felsen, Klippen, Kämme und Türme in den Westlichen Julischen Alpen mit den Karnischen Alpen und den Dolomiten, die sich südwärts bis zur Po-Ebene erstrecken. Es gibt keinen Ausblick auf der Welt, der diesem gleicht.

4°E
6°E
8°E
48°N
46°N
44°N
Troyes
Seine
Marne
Chaumont
Meuse
Madon
Mozela
Meurthe
St.-Dié-des-Vosges
Épinal
304
Mt. des Fourches
Saône
Colmar
Kaiserstuhl
557
Rhein
Lahr
Kinzig
Rottweil
1015
Lemberg
Villingen-Schwenningen
Donau
Biberach
Freiburg
1493
Feldberg
Breg
Tuttlingen
Grd. Ballon
424
Mulhouse
Vesoul
Belfort
Canal de Bourgogne
Armançon
Serein
598
Dijon
636
Montbéliard
837
Lomont
804
Basel
Lörrach
924
Schaffhausen
Singen
Konstanz
Ravensburg
Friedrichshafen
Bodensee
Lindau
Winterthur
St. Gallen
Aare
Oftringen
Zürich
Reuss
Zürichsee
Säntis
2503
Feldkirch
Vaduz
Schesaplana
2969
Thur
Walensee
Besançon
Doubs
Saône
Dole
Beaune
Autun
Le Creusot
Canal du Centre
Montceau-les-Mines
Chalon-s.-Saône
Grosne
Doubs
Chasseral
1607
Biel
Neuchâtel
Lac de Neuchâtel
1607
Chasseron
Yverdon-les-Bains
Fribourg
Bern
1408
Luzern
Pilatus
2122
Vierwaldstätter See
Glärnisch
2914
Ringelspitz
3250
Chur
Tödi
3614
Titlis
3239
Dammastock
3630
Thun
Thuner See
Brienzer See
Eiger
3970
Jungfrau
4158
Finsteraarhorn
4274
Furka
2431
Vorderrhein
Rheinwaldhorn
3402
Piz Platta
3392
Lons-le-Saunier
Ain
1679
Lausanne
Lac Léman
Montreux
Thonon-les-Bains
Gummfluh
3209
Mâcon
1012
Bourg-en-Bresse
Crêt de la Neige
1718
Genève
Dents du Midi
3257
Sion
Rhône
Weisshorn
4505
Dom
4545
Dent Blanche
4357
2005
Domodossola
Lago di Como
3308
Adda
Villefranche
Arve
Cluses
Grand Combin
4314
Monte Rosa
4634
4478
Lago Maggiore
Lugano
1004
Lyon
Villeurbanne
Vénissieux
Rhône
Lac du Bourget
Grandes Jorasses
4208
4807
Verbania
Lago di Lugano
Como
Lecco
Aix-les-Bains
Aosta
Dora Baltea
Bourgoin-Jallieu
St.-Étienne
Vienne
Chambéry
2188
Isère
3778
Aiguille de la Vanoise
2796
Gran Paradiso
4061
Sesia
Busto Arsizio
Monza
Bergamo
1434
Mt. Pilat
Ivrea
Novara
Milano
Grenoble
Vercelli
Vigevano
Ticino
Lodi
Aiguilles d'Arves
3513
2083
La Meije
3982
Dora Riparia
Pavia
Romans-sur-Isère
Torino
Casale Monferrato
Po
Valence
Barre des Écrins
4102
3946
Mont Pelvoux
Mont Aiguille
2087
L' Obiou
2790
Colle del Monginevro
1850
Pinerolo
Alessandria
Tortona
Piacenza
Drôme
Drac
Asti
Tanaro
Novi Ligure
Scrivia
Trebbia
Montélimar
Monviso
3841
Po
Bormida
Gap
Fossano
Monte Maggiorasca
1799
Durance
2991
Cuneo
1287
Borgo San Dalmazzo
Genova
Rapallo
Chiavari
Savona
Orange
1912
Mt. Ventoux
1827
Mt. Pelat
3053
Stura
Cima d'Argentera
3297
Marguareis
2651
Carpentras
Digne-les-Bains
Avignon
Beaucaire
Cavaillon
1125
Imperia
Arles
Durance
Verdon
Menton
Ventimiglia
Sanremo
Salon-de-Provence
Monaco
Grasse
Nice
Aix-en-Provence
Draguignan
Argens
Antibes
Cannes
Martigues
Marseille
1147
Sainte-Baume
Fréjus
779
MITTELMEER
La Ciotat
Toulon
Hyères
© GEODETSKI INŠTITUT SLOVENIJE

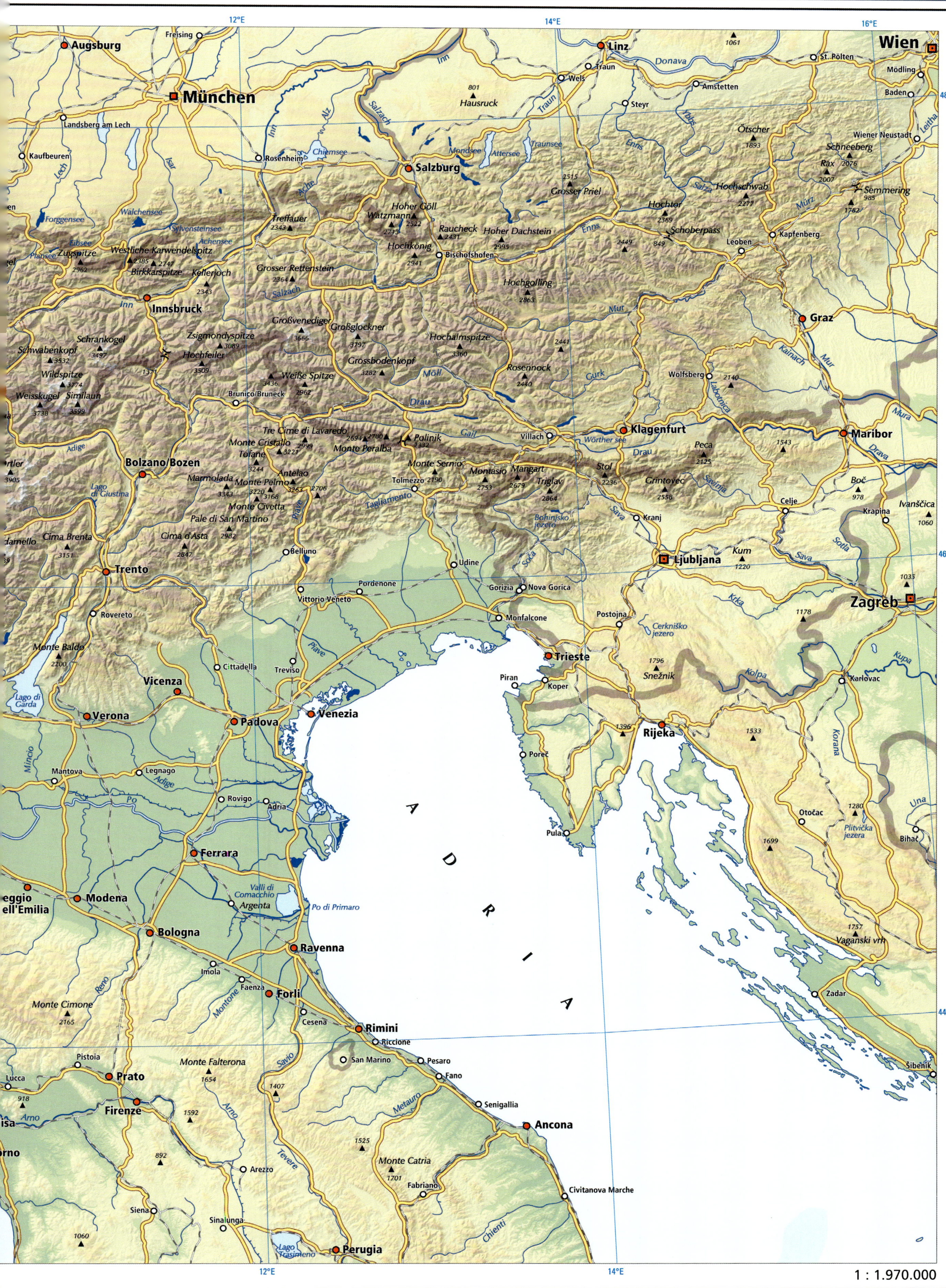
12°E
14°E
16°E
48°N
46°N
44°N
Augsburg
Freising
München
Landsberg am Lech
Kaufbeuren
Rosenheim
Chiemsee
Inn
Isar
Lech
Salzach
Alz
Salzburg
Mondsee
Attersee
Traunsee
Linz
Traun
Wels
Donau
Steyr
Enns
Ybbs
Amstetten
St. Pölten
Wien
Mödling
Baden
Leitha
Wiener Neustadt
801
Hausruck
1061
Ötscher
1893
Schneeberg
2076
Rax
2007
Semmering
985
1782
Mürz
Hochschwab
2277
Salza
Hochtor
2369
Schoberpass
849
Leoben
Kapfenberg
2515
Grosser Priel
Hoher Göll
2522
Watzmann
2713
Raucheck
2431
Hoher Dachstein
2995
Hochkönig
2941
Bischofshofen
2449
Forggensee
Walchensee
Sylvensteinsee
Achensee
Eibsee
Plansee
Zugspitze
2962
Westliche Karwendelspitze
2385
2749
Birkkarspitze
Treffauer
2343
Kellerjoch
2343
Grosser Rettenstein
2364
Innsbruck
Hochgolling
2863
Graz
Kainach
Mur
Mürz
Schrankogel
3497
Schwabenkopf
3532
Zsigmondyspitze
3089
Hochfeiler
3509
1371
Wildspitze
3774
Weisskugel
3738
Similaun
3599
Großvenediger
3666
Großglockner
3797
Grossbodenkopf
3282
Hochalmspitze
3360
2441
Rosennock
2440
Gurk
Wolfsberg
2140
Lavant
Weiße Spitze
3436
2962
Brunico/Bruneck
Drau
Möll
Gail
Tre Cime di Lavaredo
2694
2780
Monte Cristallo
2999
Tofane
3227
3244
Monte Peralba
Polinik
2332
Villach
Klagenfurt
Wörther See
Drau
Peca
2125
1543
Maribor
Mura
Drava
Adige
Bolzano/Bozen
Ortler
3905
Lago di Giustina
Marmolada
3342
Monte Pelmo
3220
3168
Antelao
3263
2706
Monte Civetta
Piave
Monte Sernio
2190
Tolmezzo
Montasio
2753
Mangart
2679
Triglav
2864
Stol
2236
Grintovec
2558
Savinja
Celje
Boč
978
Krapina
Ivanščica
1060
Tagliamento
Pale di San Martino
2982
Cima d'Asta
2847
Cima Brenta
3151
Adamello
Belluno
Bohinjsko jezero
Soča
Sava
Kranj
Ljubljana
Kum
1220
Sava
Sotla
Trento
Udine
Pordenone
Gorizia
Nova Gorica
Vittorio Veneto
Rovereto
Monfalcone
Postojna
Cerkniško jezero
Krka
1178
1035
Zagreb
Monte Baldo
2200
Cittadella
Treviso
Piave
Trieste
Piran
Koper
1796
Snežnik
Kolpa
Kupa
Karlovac
Vicenza
Lago di Garda
Verona
Padova
Venezia
1396
Rijeka
1533
Poreč
Korana
Mincio
Mantova
Legnago
Adige
Po
Rovigo
Adria
Pula
Otočac
1280
Plitvička jezera
Una
Bihać
1699
Ferrara
Valli di Comacchio
Argenta
Po di Primaro
Reggio nell'Emilia
Modena
Bologna
Ravenna
1757
Vaganski vrh
Imola
Faenza
Reno
Montone
Forlì
Monte Cimone
2165
Cesena
Zadar
Rimini
Riccione
San Marino
Pesaro
Fano
Pistoia
Prato
Monte Falterona
1654
Savio
Lucca
918
Firenze
Pisa
Arno
1592
1407
Metauro
Senigallia
Ancona
Livorno
892
1525
Monte Catria
1701
Arezzo
Tevere
Fabriano
Civitanova Marche
Siena
Sinalunga
Chienti
1060
Lago Trasimeno
Perugia
Šibenik
A D R I A
1 : 1.970.000

Monte Chiavals [Italien]

Uroš Herlec

Die Geologie der Alpen

Die Vielfalt der Gesteine und der geologische Aufbau der Alpen bieten einen Einblick in die Entstehungsgeschichte dieser Region. Die Gesteine wurden in unterschiedlichen geologischen Erdzeitaltern, in verschiedenen Umgebungen und unter wechselnden klimatischen Bedingungen gebildet – als Reaktion auf die globalen tektonischen und klimatischen Ereignisse im Laufe einer Zeitspanne von mehr als einer Milliarde Jahren, dem Alter der ältesten Gesteine. Die heutigen Kenntnisse über Art und Entstehung der Gesteine und über die Entwicklung der Erdoberfläche in seiner geologischen Geschichte ermöglichen uns, die Ursachen und Auswirkungen von Änderungen in der gegenwärtigen natürlichen Umwelt zu verstehen.

Die heutige Alpenlandschaft ist nur eine Momentaufnahme, wenn man ihre geologische Geschichte betrachtet. Abgesehen von plötzlichen »Katastrophen« wie Erdbeben, Felsstürzen und Lawinen verlaufen geologische Prozesse sehr langsam. Dessen sind wir uns eigentlich nicht bewusst. Das Relief ist in Millionen von Jahren geformt worden, es hat sich ständig verändert und es wird sich auch in Zukunft verändern. Um zu begreifen, wie die Erde entstanden ist und wie und warum sie sich verändert hat und sich die Oberfläche noch immer ändert, erforschen Geologen die Zusammensetzung und Funktionsweise des Planeten – eine gigantische Maschine, die durch die Hitze des radioaktiven Zerfalls der schweren Elemente im Erdkern angetrieben wird. Die Ergebnisse von Forschungsstudien in den Alpen haben ganz genau viele wissenschaftliche Fragen geklärt und zahlreiche geologische Prozesse verständlich gemacht. Der schönste, überzeugendste und beste Beweis der geologischen Prozesse, die das Alpengebiet gebildet haben, ist das wertvolle Naturerbe. Wir alle tragen eine Verantwortung, dieses zu erhalten und zu schützen. Es ist ein kostbarer Schatz, der einen einzigartigen wissenschaftlichen, bildenden und ästhetischen Wert hat.

Die Alpen sind eine ausgedehnte europäische Gebirgskette mit einer Länge von 1200 km. Sie erstrecken sich von Frankreich über Deutschland, Liechtenstein, die Schweiz und Italien bis nach Österreich und Slowenien. Sie setzen sich aus Gesteinen der tektonischen Platten Afrikas und Eurasiens zusammen. Die Alpen sind durch alpidische Orogenese (Gebirgsbildung) entstanden, als sich das ehemalige Tethysmeer schloss. Geologen verbinden den Beginn jeder Gebirgskettenbildung mit der Bildung der Gesteine, aus denen es sich zusammensetzt, und mit den Prozessen weltweiter Tektonik, die die Gebirge aufschieben.

Die Orogenese, der Prozess, bei dem Gebirgsketten gebildet werden, beginnt also immer mit dem Zerbrechen von großen Superkontinenten in kleinere Platten, zwischen denen sich Ozeane öffnen. Sie ist eine Folge des Drucks von heißen Strömen im Erdmantel, die zur Erdkruste aufsteigen, und der Ablagerung von marinen Sedimenten. Die Alpen und der Himalaja bestehen zum Großteil aus Gestein, das im ehemals gemeinsamen Tethysmeer gebildet wurde. Dieses begann den Superkontinent Pangäa zu Beginn der Trias, vor ungefähr 250 Millionen Jahren, zu öffnen. Am Ende des mittleren Jura, in der Zeit seiner größten Ausdehnung, erstreckte es sich von der heutigen Karibik über den Himalaja bis zur burmesischen Gebirgskette. Die globalen tektonischen Gegebenheiten begannen sich im Jura, vor ungefähr 195 Millionen Jahren, schneller zu verändern. Zu dieser Zeit fing der zentrale Teil des Atlantischen Ozeans zwischen dem heutigen Nordafrika und Nordamerika an sich zu öffnen, während sich das Tethysmeer schloss. Am Ende des Jura ging der Öffnungsprozess im südlichen Atlantik schneller vor sich, was dazu führte, dass der südöstliche Teil von Pangäa sich gegen den Uhrzeigersinn drehte und auf diese Weise den westlichen Teil des Tethysmeers schloss. Während dieses Vorgangs brachen mehrere kleine Mikroplatten vom Rand größerer Platten ab, wobei zur gleichen Zeit die Ozeankruste des Tethysmeers zusammengedrückt und subduziert wurde, sodass sie unter die europäische Kruste sank. Als ein großer Teil der Ozeankruste in der unteren Kreidezeit bereits gesunken war, wurden bei der ersten Kollision kontinentaler Mikroplatten zwischen der Afrikanischen und Eurasischen Platte die ersten Gebirge gehoben. Die Hebung der Gebirgsketten erfolgte also, als sich die kontinentalen Platten einander näherten, was zu einem Absinken der Ozeankruste führte. Als Ergebnis der Kompressionsbewegungen, der Faltung und des Hebens wurden im Laufe von Millionen von Jahren Sedimente auf der ozeanischen Kruste abgelagert. Als sich das Gebirge hob, wurden die Gesteine in der Tiefe zwischen den Platten verändert. Die Bildung der Alpen erreichte in Zentraleuropa ihren Höhepunkt vor über 15 Millionen Jahren und es ist erwiesen, dass sie noch immer nicht beendet ist. Zusammenfassend gesagt: Das Heben dieser Gebirgskette ist eine Folge der Kollision der Afrikanischen und Eurasischen Platte und der Zusammenpressung von Sedimentgestein zwischen den Platten.

Die Konvergenz und Verschmelzung der Eurasischen und Adriatischen Mikroplatten und das gegenseitige Überschieben und Abtauchen von Teilen des oberen und unteren Abschnitts der einen Kruste

Jungfrau-Gletscher [Schweiz]

Michael Zemp

Gletscherveränderungen in den Alpen

Im dicht besiedelten europäischen Alpenraum sind die Gletscher ein integraler Bestandteil der Landschaft, Umwelt und Kultur. Sie sind eine einzigartige Frischwasserquelle für Landwirtschaft, Industrie und Privathaushalte sowie eine wichtige ökonomische Komponente des Tourismus und der Wasserkraftwerke. Sie sind jedoch auch eine ernst zu nehmende natürliche Gefahr. Gletscher bilden sich überall dort, wo es die Sommersonne und warme Temperaturen nicht schaffen, den im Winter gefallenen Schnee gänzlich wegzuschmelzen. Da die Temperaturen der Alpengletscher in der Nähe des Gefrierpunkts liegen, reagieren sie sehr empfindlich auf Klimaschwankungen und sind so einer ihrer deutlichsten Indikatoren.

Viele von uns erinnern sich an die schneereichen Winter der 1970er- und frühen 1980er-Jahre, als auch im Flachland über Wochen hinaus Wintersport möglich war und viele Gletscher wie der Argentière (Frankreich), Oberer Grindelwald (Schweiz), Pre de Bar (Italien) oder Waxegg (Österreich) ihre eisigen Zungen talwärts schoben – was für ein Unterschied zu der Schnee- und Eisarmut heutzutage! Andererseits, wer kann sich noch an die großen Gletscherrückgänge der 1940er-Jahre oder an die Vorstöße in den 1920er-Jahren erinnern? Wissenschaftler sammeln seit dem 19. Jahrhundert systematisch Informationen zu Gletscherveränderungen und vermessen regelmäßig die Längen der Gletscherzungen. Diese frühen Messungen zusammen mit Daten zu historischen Gletscherhöchstständen aus Moränendatierungen, ein komplettes Alpengletscherkataster auf der Basis von Karten und Luftaufnahmen aus den 1970er-Jahren jährliche Messungen der Gletschermassenbilanzen (Änderung der mittleren Eisdicke) seit den späten 1940er-Jahren, sowie zahlreiche Computermodellstudien vermitteln uns einen detaillierten Eindruck der alpinen Gletscheränderungen in Vergangenheit, Gegenwart und Zukunft.

Auf dem Höhepunkt der letzten Eiszeit, vor etwa 20 000 bis 25 000 Jahren, bedeckten die Alpengletscher ein Gebiet von rund 150 000 km². Im Norden reichten die Eiszungen bis ins Alpenvorland, im Süden stießen sie bis an den Rand der Po-Ebene vor. Der Raum Zürich lag zum Beispiel unter der dort 300 m mächtigen Zunge des Linth-Gletschers, etwa 15 km von der Grenze der maximalen Vereisung entfernt. Nach dem Höhepunkt der Vereisung begann sich das Eis allmählich zurückzuziehen und hinterließ die typische Abfolge gestaffelter Moränenstände, ein Zeugnis mehrfacher kleinerer Vorstöße im Rahmen des langfristigen Rückzugs. Die Moränen der jüngeren Tundrenzeit (vor etwa 12 600 bis 11 500 Jahren) sind eine auffällige Erscheinung vieler Täler und kennzeichnen den letzten großen Vorstoß im Spätglazial. Danach zogen sich die Gletscher bis zum Beginn des Holozäns (Epoche der letzten 10 000 Jahre) auf Stände zurück, die den heutigen entsprechen. Im Laufe des Holozäns gab es dann nur noch – verglichen mit der letzten Eiszeit – kleine Änderungen der Gletscherfront. Fossile Baum- und Torfdatierungen und auch archäologische Funde wie der des »Ötzi«, der »Mann aus dem Eis«, dessen Überreste 5300 Jahre altes Gletschereis an Österreichs Grenze zu Italien freigab, sind Dokumente glazialer Vorstoß- und Rückzugsphasen in dieser Zeit. Perioden sich zurückziehender Gletscher fand man zur Bronzezeit (vor etwa 3800 bis 2800 Jahren), in der Übergangsphase von der Eisenzeit (vor etwa 2800 bis 2450 Jahren) zum Zeitalter des Römischen Reiches (vor etwa 2450 bis 1600 Jahren) und während des Mittelalters (vor etwa 1500 bis 500 Jahren); große Vorstöße ereigneten sich etwa vor 3000 bis 2600, 1500 bis 1400, 1200 bis 1100 sowie 900 bis 800 Jahren, außerdem während der Kleinen Eiszeit (vor 700 bis 140 Jahren).

Die äußersten Moränenstände der Kleinen Eiszeit, etwa um 1850, markieren den Höhenpunkt der alpinen Vereisung im Holozän. Gegenüber diesen Höchstständen verzeichnen die Gletscher seitdem einen dramatischen Rückgang, der bis heute andauert. Dabei ziehen sich große Talgletscher wie der Große Aletsch, der

Aletsch-Gletscher

Morteratsch oder der Pasterze kontinuierlich zurück, während kleinere und steilere Gletscherzungen auf kühlere und feuchtere Klimaphasen mit kurzfristigen Vorstößen in den 1890er-, 1920er- und 1970er- bis 1980er-Jahren reagierten.

In den 1970er-Jahren wurde ein komplettes Gletscherkataster des Alpenraums erstellt. 5150 Gletscher wurden gezählt mit einer Gesamtfläche von 2900 km^2; 90 Prozent der Gletscher waren kleiner als 1 km^2. Sie machen zusammen ein Drittel der Gletschergesamtfläche aus; die sieben größten Gletscher nehmen zehn Prozent der Gletschergesamtfläche ein. Die Berechnungen ergaben, dass die Alpenvergletscherung von 1850 bis zu den 1970er-Jahren insgesamt um 35 Prozent zurückgegangen ist und bis zum Jahre 2000 noch einmal um 22 Prozent. Der entsprechende Verlust im Eisvolumen beträgt 50 bzw. 25 Prozent. Registrierungen der Massenbilanz in den vergangenen 60 Jahren zeigen einen großen Schwund in den ersten zwei Dekaden, annähernd gleichbleibende Bedingungen von der Mitte der 1960er- bis zur Mitte der 1980er-Jahre, gefolgt von einem rapiden und beschleunigt ablaufenden Eisschwund bis in die heutige Zeit hinein. Es zeigt sich außerdem, dass die Gletscher in den vergangenen 25 Jahren durchschnittlich um mehr als 20 m dünner geworden sind, wobei der mittlere Eisverlust seit der Jahrtausendwende mehr als einen Meter pro Jahr beträgt.

Die dem allgemeinen Gletscherrückgang seit dem Höhepunkt der Kleinen Eiszeit überlagerten kleineren Vorstöße müssen zumindest teilweise Perioden erhöhter Schneeakkumulation zugeschrieben werden. Dennoch dürfte der Hauptgrund der dramatischen Eisschmelze der vergangenen 150 Jahre im Alpenraum in der vom Menschen verursachten Erderwärmung liegen. Die Temperaturen in den Alpen sind in dieser Zeit um rund 1,5 °C angestiegen – etwa doppelt so viel wie der globale Temperaturanstieg. Dabei ist die Eisbedeckung um rund 50 Prozent zurückgegangen. Glaubt man den derzeit führenden Klimamodellszenarien, so müssen wir uns auf einen zusätzlichen Temperaturanstieg bis zum Ende dieses Jahrhunderts von 1 bis 6 °C einstellen – je nachdem, welchen möglichen Anstieg der anthropogenen Treibhausgase man den Berechnungen zugrunde legt. Unter diesen Bedingungen ist von einer dramatischen Fortsetzung des Gletscherschwundes auszugehen. Die Gletscher dürften sich dann deutlich hinter die bisherigen extremen Minimalstände im Holozän zurückziehen. Das heißt, die Gletscher würden nur noch auf einigen wenigen der höchsten Alpengipfel überleben mit noch nie da gewesenen Folgen für die alpinen Landschaften, den Wasserkreislauf und das Naturgefahrenpotenzial.

Einige Fakten und Zahlen:

Anzahl der Gletscher (1970): 5150
Um 1850: 4400 km^2, 200 km^3
Um 1970: 2900 km^2, 100 km^3
Um 2000: 2200 km^2, 75 km^3

Die größten Alpengletscher

#	Name	Land	Jahr	Fläche (km^2)	Länge (km)
1	**Großer Aletsch**	CH	1973	86,8	24,7
2	**Gorner**	CH	1973	68,9	14,1
3	**Fiescher**	CH	1973	33,1	16,0
4	**Mer de Glace**	F	1967	33,1	12,3
5	**Unteraar**	CH	1973	28,4	13,5
6	**Oberaletsch**	CH	1973	21,7	9,1
7	**Unterer Grindelwald**	CH	1973	21,7	9,0
8	**Pasterze**	A	1969	19,8	9,2
23	**Forni**	I	1981	13,2	5,5
....	**Schneeferner Nord**	D	1975	0,4	0,9

Quelle: World Glacier Inventory, Hrsg.: World Glacier Monitoring Service (www.wgms.ch).

Tschierva-Gletscher – Bernina [Schweiz]

Olperer [Österreich]

Lučka Kajfež Bogataj

Das Alpenklima und seine erwarteten Veränderungen

Mit einer Breite von rund 200 km und einer Länge von mehr als 1200 km bilden die Alpen eine ausgedehnte Landschaftszone in Europa. Die höchsten Gipfel erreichen 4500 bis 4800 m Höhe. Obwohl die Alpen keine große Nord-Süd-Ausdehnung haben und deshalb keine besonderen Unterschiede in der solaren Einstrahlung aufweisen, ist das Klima doch sehr unterschiedlich und wechselhaft, was an der Lage zwischen dem Atlantik, dem Mittelmeer und Kontinentaleuropa liegt. Das Klima wird wesentlich von Wettersystemen geprägt, die vom Atlantik, dem Mittelmeer oder Eurasien heranziehen und das Gebirge überqueren. Die Alpen üben durch ihre Lage einen bedeutenden Einfluss auf die Bewegung vom Atlantik kommender Tiefdruckgebiete (Zyklonen) aus und sind dabei auch an der Bildung von Sekundärzyklonen wie etwa denen im Golf von Genua beteiligt. Durch ihre Lage und bemerkenswert stark gegliederte Topografie begünstigen die Alpen die Bilder lokaler Zonen starker Winde und extrem unbeständigen Wetters.

Das gegenwärtige Klima der Alpen

Im Sommer ist das Wetter in den tiefen Tallagen meist warm und sonnig, in den Hochlagen angenehm kühl. Im Winter sind die tiefen Lagen oft kälter, da die Kaltluft die Berghänge herabströmt und sich unten in den Tal- und besonders auch in den Beckenlagen wie ein See ansammelt. Die Alpen werden im Winter oft von Hochdruckzonen beeinflusst, die Temperaturinversionen bewirken, sodass die feucht-kalte Luft unter dem Deckel milderer Höhenluft festgehalten wird.

Das Klima der Alpen variiert räumlich sehr stark. Die ergiebigsten Niederschläge fallen im Südosten, das heißt in den Julischen und Karnischen Alpen. Durch den ungehinderten Zustrom feuchter Mittelmeerluft sind hier bis zu 4000 mm Jahresniederschlag möglich, während für den übrigen Alpenraum 1200 bis 1600 mm normal sind. Auf der Alpensüdseite fällt durch Einflüsse vom Mittelmeer her der meiste Niederschlag im Winter, im Norden dagegen im Sommer. Das Alpenklima wird zudem durch große Tagesschwankungen der Temperatur geprägt.

Die Schneehöhen und die Lage der Baumgrenze hängen von der Steilheit der Hänge, ihrer Orientierung gegenüber der Sonne und warmen Luftströmungen ab. Die Baumgrenze befindet sich in einer Meereshöhe, in der die durchschnittliche Julitemperatur 10 °C beträgt. In der slowenischen Alpenregion liegt sie bei 1700 m, in den Zentralalpen dagegen kann sie bis auf 2400 m ansteigen. Die Grenze zur permanenten Schnee- und Eisbedeckung ist schwierig zu bestimmen. Wenn sich Wetterlagen häufen, die Schnee begünstigen (das heißt relativ kalt und feucht), sinkt sie ab. Die untere Schneegrenze liegt etwa 800 m über der Baumgrenze; in manchen Bereichen der Alpen liegt Erstere 2400 m hoch, während es andernorts das Relief nicht erlaubt, dass sie unter 3300 m absinkt.

Die Gebiete der Alpen, die der Mittelmeerregion zugewandt sind, weisen eine üppige Vegetation auf. In geschützten Bereichen am Fuße der Berge treffen wir auf typisch mediterrane Sträucher und Olivenbäume. Auch in tiefen Tälern wachsen Olivenbäume sowie an den Ufern einiger italienischer Seen, die am Alpenrand liegen. Weinreben sind relativ unempfindlich gegenüber tiefen Temperaturen; sie gedeihen auch in Alpentälern, ja sogar in inneralpinen Tälern, insbesondere an Sonnenhängen.

Das Klima ändert sich

Die letzten 15 Jahre zählen im Alpenraum zu den wärmsten der vergangenen 500 Jahre. Kalte und schneereiche Winter werden immer seltener, die Sommer trockener und die Wetterkatastrophen scheinen sich zu häufen. Eigentlich hat sich das Klima in den vergangenen drei Millionen Jahren schon oft geändert, und dies aus einer Reihe von Gründen: Es gab Änderungen in der Sonnenstrahlung sowie in den Bahnparametern von Erde und Sonne. Die globale Verteilung von Land und Meer wechselte, Gebirge sind entstanden, auch die Eisbedeckung der Kontinente und der Ozeane variierte usw. Sehr starke Klimaveränderungen können durch Änderungen der Eigenschaften der Atmosphäre ausgelöst werden, die ja den Energieaustausch zwischen Erde und Weltraum beeinflusst. Wenn die Strahlungsenergie, die wir von der Sonne erhalten, nicht mehr der entspricht, die Erde und Atmosphäre wieder in den Weltraum abstrahlen, beginnt sich das Klima zu ändern.

Vor rund 150 Jahren begann der Mensch das energetische Gleichgewicht zwischen Erde und Weltraum zu beeinflussen, indem er die chemische Zusammensetzung der Atmosphäre wie auch die Landoberflächen änderte. 35 Prozent mehr atmosphärisches CO_2 als vor der industriellen Revolution haben wir inzwischen in der

Dvojno jezero-See [Slowenien]

Anton Brancelj

Die Gewässer der Alpen

Nur ein kurzer Blick auf die Karte der Alpen zeigt, dass sie eine wichtige Wasserquelle sind. Die höchsten Regionen sind wegen der Gletscher weiß. Das bestätigt auch der Blick aus der Weltraumperspektive. Die alpinen Landschaften kennzeichnet eine Serie großer Seen, die am Rande des Gebirgskörpers liegen, wo die Berge in die Ebenen übergehen. Nicht weniger als 40 von ihnen weisen eine Fläche von mehr als 10 km^2 auf, und sie liegen nur 200, 300 oder 500 m über dem Meeresspiegel. Der tiefstgelegene mit nur 65 m ist der Gardasee. Alle Seen sind von länglichem Umriss, ein Hinweis auf die bedeutende Rolle, die die Gletscher bei ihrer Entstehung gespielt haben. Während der Eiszeiten strömten die Eismassen der Gletscher von den höheren Lagen in die Täler herab, welche durch geologische Verwerfungen geformt wurden, die beim Aufsteigen des Alpenkörpers entstanden. Diese Senken wurden durch die Gletscher vertieft und erweitert. So sind viele Alpenseen etliche Meter tief, einige sogar tiefer als 100 m. Die vier tiefsten sind sogar tiefer als 300 m, und zwar der Comer See (425 m), der Lago Maggiore (370 m), der Gardasee (350 m) und der Genfer See (310 m). Die Fläche einiger Seen beträgt mehr als 200 km^2: Genfer See (581 km^2), Bodensee (571 km^2), Gardasee (368 km^2), Neuenburger See (218 km^2) und Lago Maggiore (213 km^2). Tiefe und Oberfläche lassen sich auch als Wasservolumen beschreiben, und zwar in Kubikkilometern: Genfer See (89 km^3), Bodensee (55 km^3), Gardasee (49 km^3), Lago Maggiore (38 km^3) und Comer See (23 km^3). All diese Seen am Fuße der Alpen repräsentieren ein riesiges Trinkwasserreservoir für die Bewölkung an ihren Ufern wie auch für die weiter entfernt wohnenden Menschen.

In früheren Zeiten gab es einen lebhaften Personen- und Gütertransportverkehr entlang der Seen, der sich aus der ziemlich dichten Besiedlung der Regionen ergab. Heutzutage werden die Seen auch zunehmend als Touristenziel interessant, da immer mehr Menschen einen Teil ihrer Ferien an deren Ufern verbringen möchten. Diese Faktoren – dichte Besiedlung, Industrie, Verkehr und Tourismus – erweisen sich nun als eine ernste Bedrohung für die Wasserqualität der Seen und ihrer Uferregionen, deren Erhaltung steigende Kosten und einen immer größeren Aufwand erfordern.

Neben den großen Seen gibt es eine Vielzahl kleinerer Alpenseen, deren Zahl in die Hunderte geht. Man findet sie am Fuße von Hügeln ebenso wie hoch oben am Rande der Gletscher, der Region mit ewigem Eis und Schnee. Hinsichtlich der Fläche und Tiefe sind sie weniger eindrucksvoll als die großen Seen in den Tälern, aber sie verleihen der Landschaft ihren besonderen Charakter. Die Menschen haben eine besondere Beziehung zu Seen oberhalb der Baumgrenze, da sie als Symbol der reinen, unberührten Natur gelten. Diese kleineren Seen sind ebenfalls, wie die großen, eiszeitlichen Ursprungs. Alle Alpenseen sind verhältnismäßig jung, da sie sich erst nach dem Rückzug bzw. dem Abschmelzen der Gletscher bildeten, das heißt vor 8000 bis 10 000 Jahren, als sich alle Hohlformen im Gelände mit Wasser füllten. Aufgrund ihrer kleinen Gestalt und der Lage oben im Gebirge herrschen hier andere Bedingungen als in den Seen unten am Fuße der Alpen. Im Unterschied zu den Tiefland-Seen, die im Winter nur ganz selten komplett zufrieren, sind die Bergseen für mindestens sechs Monate im Jahr von einer bis zu ein Meter dicken Eisschicht bedeckt. Zudem kann sich auf dem Eis noch der Schnee meterhoch ansammeln, was das Auftauen der Eisdecke bis weit in das Frühjahr oder den Frühsommer hinein verzögert. Die lange Eisbedeckung und die große Meereshöhe führen dazu, dass die Bergseen auch im Sommer ziemlich kalt sind. Oberhalb 2000 m überschreitet die oberflächennahe Wassertemperatur selten 10 bis 12 °C. Und nur ein bis zwei Meter unter der Oberfläche liegt die Temperatur ganzjährig bei 3, maximal 4 °C. Aber das genügt, um die Seen im Winter nicht vollständig zufrieren zu lassen. Einzige Ausnahmen sind die sehr flachen Seen. Das Wasser (in seiner flüssigen Phase) ermöglicht kleinen Pflanzen und Tieren das Überleben in dieser anscheinend lebensfeindlichen Zeit des Winters. Auch bieten die Seen im Hochgebirge sogar oberhalb von 2500 m kleinen, aber robusten Pflanzen- und Tierarten einen Lebensraum. Es sind meist mikroskopisch kleine Algen, die im Wasser schwimmen (pflanzliches Plankton) oder Steine am Grunde des Sees besiedeln. Die Tiere werden durch einige Arten der winzigen Ruderfußkrebse und der Wasserflöhe repräsentiert, die meist 1 bis 2 mm klein und hellrot gefärbt sind. Sie leben entweder im Wasser oder zwischen den Steinen am Seeufer, wo sie die Larven von Wasserinsekten finden. Weiter unten in Richtung der Täler nimmt die Artenvielfalt von Fauna und Flora zu. In der Nähe der Baumgrenze findet man Molche und größere Wasserpflanzen, die in Seen mit größerer Nährstoffversorgung wahre Unterwasserwiesen bilden. Die Zunahme der Nährstoffversorgung der Pflanzen, besonders mit Stickstoff und Phosphor, kommt nicht nur in der wachsenden Anzahl größerer Pflanzen zum Ausdruck, sondern auch in der Menge an Planktonalgen. Deshalb ist das Wasser tiefer gelegener Seen weniger durchsichtig als das der Bergseen, die sich

durch »kristallklares« Wasser, wie man zu sagen pflegt, auszeichnen. Trotzdem vermag das Sonnenlicht auch in manchen tiefer gelegenen Seen noch Tiefen von zehn bis 15 m zu erreichen, was als Beleg für ausgesprochen reines Wasser gilt.

Die hochalpinen Gletscher und Seen sind mit der Kette von Seen am Fuße der Alpen durch steile, glazial tief eingeschnittene Täler und reißende, kalte Flüsse verbunden. Das Wasser der großen Seen speist schließlich die großen Flüsse wie Rhône, Rhein, Donau und Po. Der Oberlauf dieser Alpenflüsse ist stets ein rauschender Wildbach. Im Winter sind sie meist vereist, doch mit dem Frühjahrstauwetter verwandeln sie sich in trübe Fluten, die große Mengen an Schlamm, Kies und Geröll transportieren und weiter unten, wo das Gefälle geringer wird, in Form ausgedehnter Kiesbetten wieder ablagern. Im Sommer geht der Abfluss zurück, doch lokale Gewitter in den Bergen können sie urplötzlich in reißende Bäche und Flüsse verwandeln. Mit den Herbstregen steigen erneut die Pegel. Der Abfluss in den Alpen ist deshalb sehr wechselhaft und hängt in hohem Maße vom Wetter ab. Ungeachtet der schnellen Strömung herrscht kein Mangel an Leben in den Flüssen. In einer Umgebung mit geringem Nahrungsangebot, tiefen Temperaturen und turbulentem Wasser bieten sie nur wenigen, dafür gut angepassten Tieren Nahrung und Schutz. Das sind in der Regel Insektenlarven (Eintagsfliegen, Steinfliegen, Köcherfliegen und Mücken) und diverse winzige Krustentiere (Ruderfußkrebs, Flohkrebs). Sie verstecken sich für gewöhnlich zwischen den Kieselsteinen und unter großen Steinen, sodass sie nicht von der turbulenten Strömung davongetragen werden. Sie ernähren sich von den Algen, die als dünner Überzug die Steine unter Wasser besiedeln, und von abgestorbenen Pflanzenresten, die das Wasser vom Ufer mitgenommen hat. Plankton, das das Wasser von höher gelegenen Seen mit hinuntergebracht hat, gehören ebenfalls zur Nahrung. Die Larven von Wasserinsekten und geschlüpfte Insekten, die im Sommer ins Wasser fallen, sind die Hauptnahrung für die Fische, die in den schnell strömenden Bächen und Flüssen leben – allerdings nur in Regionen unterhalb der Baumgrenze. Es sind Forellen, die bestens an diese Bedingungen angepasst sind und von den Anglern und Feinschmeckern hoch geschätzt werden. Die hochalpinen Seen sind dagegen für gewöhnlich arm an Fischen.

Der gewaltige Wasserspeicher in den Alpen in Form von Gletschern, Schnee und Seen ist in Gefahr. Schuld daran sind die gegenwärtig beschleunigt schmelzenden Schneedecken und Gletscher und auch das Freisetzen von Wasser, das bisher Jahrhunderte lang im Boden oder im Gestein als Eis konserviert war. Gletscher ziehen sich talaufwärts zurück oder verschwinden gar vollständig; neue Seen nehmen nun ihren Platz ein. Zudem werden im Hochgebirge Erdrutsche ausgelöst, weil bislang gefrorener Boden oder Gestein nun schmilzt.

Die Gewässer der Alpen sind auch durch verschmutzte Luft gefährdet, die der Wind von den industriellen Ballungsgebieten Europas in den Alpenraum trägt. Hier werden die giftigen und schädigenden Substanzen entweder als trockener Dunst oder Niederschlag in Seen, Flüssen und im Boden abgelagert. Wissenschaftler haben herausgefunden, dass sich von der industriellen Revolution an bis zum heutigen Tage viele der Substanzen in den Sedimenten der Bergseen angereichert haben. Auch Touristen üben negative Einflüsse auf Seen und Wasserläufe aus, besonders dort, wo größere Berghütten oder touristische Zentren in der Nähe sind. Touristenscharen beeinflussen die Umgebung der Seen wie auch die Seen selbst. Beschränkungen beim Zugang zu den Seen und eine Regulierung des Abwassers der Berghütten können dazu beitragen, den negativen Einfluss durch den Tourismus zu reduzieren.

In früheren Zeiten wurden Fische in die Bergseen eingebracht, und mancherorts geschieht das auch heute noch. In den meisten alpinen Seen lebten seit jeher keine Fische. Stromschnellen und Wasserfälle verhinderten ihre Ansiedlung in Seen und Flüssen im Hochgebirge. Doch um ihre Bedürfnisse zu befriedigen oder einfach so zum Spaß haben die Menschen Fische in vielen Seen angesiedelt und beeinflussten damit in erheblichem Maße das natürliche Gleichgewicht. Infolge der Fische starben in zahlreichen Seen die ursprünglichen Spezies tierischen Planktons aus und wurden dann durch andere ersetzt. Oft veränderte sich durch das Einsetzen der Fische die Artenzusammensetzung der Fauna und beeinflusste die Wasserqualität der Seen in negativer Weise. Das Beispiel des Dvojno jezero-Sees in Slowenien ist bekannt: Dieser ursprünglich kristallklare Bergsee verwandelte sich einige Jahre nach der Ansiedlung von Fischen in ein algenverseuchtes Wasserloch.

Inzwischen gibt es nur noch wenige Seen in den Alpen, wo die Abflussbedingungen und der Wasserhaushalt natürlich geblieben sind. Viele Seen sind von Dämmen eingeschlossen, um Trinkwasser oder elektrischen Strom gewinnen zu können. Zusätzlich wurden viele künstliche Seen gebaut. Sie entwässern über Rohre, die entlang natürlicher Flussbette verlaufen, in Richtung tiefer gelegene Wasserkraftwerke oder zu anderen Konsumenten in den Tälern. Ergebnis ist eine verringerte Wassermenge in den Oberläufen der Flüsse und ein veränderter Wasserhaushalt. Der natürliche Wechsel zwischen hohen und tiefen Wasserständen wurde durch einen entweder sehr gleichmäßigen Wasserabfluss, periodisch stark eingeschränkte oder gar vollständig unterbrochene Abflüsse ersetzt. Stauseen bewirken ebenfalls Veränderungen, besonders an den Ufern. In natürlichen Seen variiert der Wasserspiegel nur geringfügig, für gewöhnlich weniger als einen halben Meter. In Stauseen ist die Schwankung dagegen sehr groß, manchmal bis zu zig Metern. Ein Überleben der Tiere und Pflanzen, die im Uferbereich heimisch sind, wird damit unmöglich. Auf diese Weise haben sich die Zusammensetzung der Vegetation und das tierische Leben geändert, zugleich sterben spezielle Arten aus.

Gegenwärtig gibt es immer noch genügend Wasser und damit auch Leben in den Alpen. Doch können unangemessene Eingriffe in die Umwelt, sei es in den Alpen oder europaweit, negative Folgen in der Zukunft nach sich ziehen, die insbesondere den Wasserhaushalt betreffen. Angesichts des unleugbaren Klimawandels und des ständig wachsenden Bedarfs an hochwertigem Trinkwasser ist es von elementarer Bedeutung, dieser Ressource einen besonderen Schutz zukommen zu lassen.

Eine Liste von 24 Alpenseen, geordnet in absteigender Reihenfolge bezüglich Tiefe, Fläche und Volumen

See	Tiefe (m)
Comer See	425
Lago Maggiore	370
Gardasee	350
Genfer See	310
Luganersee	288
Brienzersee	261
Bodensee	254
Iseo-See	251
Thunersee	217
Vierwaldstätter See	214
Zugersee	198
Traunsee	191
Attersee	171
Neuenburger See	152
Walensee	151
Lac du Bourget	145
Zürichsee	143
Ortasee	143
Millstätter See	141
Starnberger See	128
Hallstätter See	125
Wolfgangsee	114
Wörthersee	86
Ammersee	81

See	Fläche (km²)
Genfer See	581,3
Bodensee	541,1
Gardasee	368,0
Neuenburger See	218,3
Lago Maggiore	212,3
Comer See	146,0
Vierwaldstätter See	113,7
Zürichsee	90,1
Chiemsee	79,9
Iseo-See	65,3
Starnberger See	58,0
Luganersee	48,7
Thunersee	48,4
Ammersee	47,0
Attersee	45,9
Lac du Bourget	44,5
Bielersee	39,6
Zugersee	38,3
Brienzersee	39,8
Lac d'Annecy	27,6
Traunsee	24,5
Walensee	24,1
Murtensee	22,8
Wörthersee	19,4

See	Volumen (km³)
Genfer See	89,0
Bodensee	55,0
Gardasee	49,1
Lago Maggiore	37,5
Comer See	22,5
Neuenburger See	14,0
Vierwaldstätter See	11,8
Iseo-See	7,6
Thunersee	6,5
Luganersee	6,5
Brienzersee	5,2
Zürichsee	3,9
Lac du Bourget	3,6
Zugersee	3,2
Starnberger See	3,0
Walensee	2,5
Chiemsee	2,0
Ortasee	1,3
Millstätter See	1,2
Bielersee	1,1
Lac d'Annecy	1,1
Sihlsee	1,0
Wörthersee	0,8
Wolfgangsee	0,7

Verdon [Frankreich]

Boštjan Anko

Die Wälder der Alpen

Als ökologisches System stellt der Wald die am höchsten entwickelte Lebensgemeinschaft auf dem Land dar. Unter normalen Bedingungen zeichnet er sich durch eine große Menge an organischem Material aus, das reichlich strukturiert ist (lebend, tot, über oder unter der Erde), sich langsam umwandelt, jedoch ständig präsent ist. All das sorgt für eine außergewöhnliche Biodiversität der Flora, Pilze und Fauna. Im Wesentlichen ist ein Wald eine Gemeinschaft, dessen Reichtum seine Mitglieder mittels unzähliger Strategien verteilen. In den Bergen kann eine klare Trennung zwischen den Vegetationszonen beobachtet werden, vom Flachland ausgehend zu den Hügeln über die Gebirgsausläufer hin zum Gebirge mit seiner montanen, subalpinen und schließlich alpinen Zone. In der Letztgenannten gibt es keine Bäume mehr. Jede dieser Zonen ist durch besondere Bedingungen (in erster Linie durch das Klima beeinflusst) gekennzeichnet, die ein erfolgreiches Waldwachstum ermöglichen, sowie durch entsprechend verschiedene Pflanzen- und Tiergesellschaften im Lebensraum Wald. Man sagt, dass sich auf dem Weg Richtung Berggipfel mit jeder Höhenzunahme von 100 m die Bedingungen für das Pflanzenleben so stark ändern, als wenn man 150 km nordwärts geht. Die Verschärfung der Lebensbedingungen im Gebirge ist in erster Linie dem mit der Höhe immer rauer werdenden Klima zuzuschreiben: niedrigere Temperaturen, größere Temperaturextreme, Winde, immer kürzere Vegetationsperioden, in denen die Organismen Reserven für den kalten Teil des Jahres produzieren müssen. Wann immer und wo immer die Bedingungen für das Überleben individueller »Interessengruppen« schwieriger werden, kommen zu den grundlegenden Überlebensstrategien Strategien des gegenseitigen Konkurrenzkampfs hinzu. Organismen, die sich den extremeren Bedingungen anzupassen vermögen, beginnen diejenigen zu ersetzen, die dazu nicht in der Lage sind. Die Crew ändert sich, das Boot »Wald« bleibt erhalten.

Bergwälder sind Lawinen, Felsstürzen, rollenden Felsblöcken, herabfallendem Geröll usw. ausgesetzt, was ihren Bestand direkt zerstören oder sie buchstäblich die Hänge hinunterdrücken kann.

Die lauernde Gefahr, die in all diesen Einflussfaktoren steckt, ist ganz wesentlich nicht nur von der Höhe, sondern auch vom Relief abhängig, das sich im Unterschied zu den Bedingungen der Wälder in Tälern schon mit den kleinsten Abweichungen verändert, besonders dort, wo es um Hangneigung und Exposition geht. Natürlich ändern sich dementsprechend auch Struktur und Funktionsweise des Waldes.

Die Bandbreite der Baumarten, die unter solchen Bedingungen überleben können, reduziert sich dramatisch. Mit zunehmenden Extremen und Veränderungen der Lebensräume entstehen immer mehr Gruppen von Bäumen, die den Lebensraum bestmöglich nutzen, den Bestand sichern und ein Mikroklima für andere Organismen schaffen können, die in diesem neuen Lebensraum Schutz finden.

Die Vegetationsperiode an der Baumgrenze dauert ungefähr drei Monate. Alle 100 Meter höher ist diese um eine Woche kürzer. Die Wachstumsperioden in den Tälern können zweimal so lang sein. Der Unterschied ist offensichtlich: Die Produktion organischen Pflanzenmaterials ist in einem alpinen Wald wesentlich niedriger. Äußerlich kommt das in den dichteren Jahresringen der kleineren und gedrungeneren Bäume zum Ausdruck, die gegenüber den ungünstigen Umwelteinflüssen resistenter sind. Ihr Wurzelsystem ist stärker entwickelt, aber die Bestandsdichte ist geringer: Jeder Sonnenstrahl ist kostbar für die Fotosynthese.

Aus all diesen Gründen sind die Bestände an organischem Material in einem Alpenwald beträchtlich kleiner als in Wäldern in geringeren Höhen. Ihre Zersetzung ist ebenfalls langsamer.

Ein weiteres Kennzeichen, das bei der Struktur von Alpenwäldern auffällt, ist der Altersunterschied. Das heißt, zwei benachbarte und offensichtlich ähnliche Bäume derselben Art können sich im Alter um ein oder zwei Jahrhunderte unterscheiden. Der eine ist in flacher Erde ausgekeimt und der andere ein Jahrhundert später in einer Mulde mit mehr Erde.

Unter günstigeren Bedingungen, wie sie in den meisten bewirtschafteten Wäldern herrschen, kann sich ein Bestand in fünf bis zehn Jahren regenerieren. In alpinen Wäldern in großen Höhen kann die Regenerationsperiode ein oder eineinhalb Jahrhunderte dauern. Demzufolge entsprechen dort die Altersunterschiede zwischen den Sprösslingen, die die gleichen »Elternbäume« umgeben, der Dimension menschlicher Generationen.

Bei dieser derart langsamen Wachstumsgeschwindigkeit der Alpenwälder wussten die Menschen oft nicht – oder wissen nicht –, wie sie ihre Bedürfnisse an das, was der Wald in einer bestimmten Zeitspanne zu leisten vermag, anpassen können.

Menschlich ausgedrückt sind behutsame Vorsicht, unglaubliche Geduld und erst recht unglaubliche Ausdauer die Hauptstrategien der alpinen Wälder im Kampf ums Überleben. Sie sind an den langsamen Rhythmus angepasst, der von einer Umgebung bestimmt wird, die immer lebensfeindlicher wird. Wo immer und wann immer die Menschen dies nicht verstanden, litt zuerst der Wald und dann auf die gleiche oder andere Art der Mensch selbst.

Einen tieferen Einblick in die Struktur und Funktionsweise der Lebensgemeinschaften in den Alpen geben auch Daten über die Vielfalt ihrer Lebensformen. Das Konzept der Biodiversität ist keineswegs einfach. Oft ist nicht klar, ob es die Vielfalt an Lebensformen ist, die sich in ehemaligen Erdzeitaltern entwickelte, also Vielfalt, die ohne Eingreifen des Menschen zustande gekommen wäre – oder sie gerade deswegen entstand und es sich um eine genetisch bedingte Vielfalt in den verschiedenen Ökosystemen oder Landschaften handelt. All diese Aspekte der Biodiversität sind im Allgemeinen unzureichend erforscht, ganz besonders in den Alpen.

Dennoch ist interessant, dass die Alpen – zumindest was die Pflanzenwelt betrifft – eine der reichsten Regionen in Europa darstellen. Etwa 40 Prozent der europäischen Flora findet man hier. Aufgrund der geografischen Isolation, tektonischen Hebung, Änderungen des Klimas, die von Höhe und Exposition abhängen, der Geschichte der Eiszeiten, der großen Unterschiede in der Bildung von Mikrolebensräumen, der unterschiedlichen Geschichte der Migration und Entwicklung von Tier- und Pflanzenarten wie auch der menschlichen Einflüsse besitzen die Alpen eine außergewöhnliche Biodiversität.

Auf einer großen Zeit- und Raumskala betrachtet müssen wir die Tatsache berücksichtigen, dass während der wechselnden Eis- und Warmzeiten die Alpen mit ihrer West-Ost-Achse immer eine Grenze für die Arten darstellten. Entweder wurden sie von der Eisfront nach Süden abgedrängt, oder sie folgten ihr nach Norden, wenn sie sich zurückzog. In Gebieten, die nicht von der Vergletscherung betroffen waren, blieben viele Pflanzen- und Tierarten erhalten, und so überlebten ungefähr 400 endemische Pflanzenarten in den Alpen.

Auf einer kleinen Zeit- und Raumskala betrachtet – z. B. nur wenige Quadratmeter und nur eine Vegetationsperiode – wird die Biodiversität der Alpen von den unzähligen Wechseln des Reliefs, verbunden mit mikroklimatischen Unterschieden beeinflusst. Die Südseite eines Felsblockes hat ein komplett anderes Mikroklima als die Nordseite – und natürlich auch ganz andere Bewohner. Das Gleiche gilt für die nördlichen und südlichen Hänge eines steil geformten Alpentales.

Das Ausmaß, in dem die natürliche Biodiversität in den Alpen erhalten bleibt oder verändert wird, hängt neben all diesen Faktoren von dem Verlauf menschlicher Einflüsse ab (Beginn, Intensität, Dauer, Ende usw.). Das gilt ebenso für die alpinen Wälder: Während in leichter zugänglichen Wäldern die Menschen oft stark in die Natur eingriffen (mit herben Folgen) und in den gerodeten Gebieten fragwürdige Pflanzen in Bezug auf Art und Genetik einführten, blieben in den Alpen ausgedehnte Gebiete mit ursprünglichen, unberührten Wäldern und ihren im Laufe der Evolution entstandenen Lebensgemeinschaften bis heute erhalten. Hier ist es verständlich, warum wegen der Geschichte der Eiszeiten die Zusammensetzung der Baumarten regional unterschiedlich ist oder warum sich eine Waldgemeinschaft auf der Schattenseite eines Berges immer von der auf der Sonnenseite unterscheidet.

Einen schlimmen Fehler begingen die Menschen in den Alpen, als sie wirtschaftlich interessante Baumarten einführten, die von ihrer Herkunft her nicht geeignet waren. In den ursprünglichen, unberührten Wäldern können dagegen noch Jahrhunderte alte Bäume gefunden werden. Es sind richtige Kämpfer, oft verwundet, aber dennoch siegreich, die in ihrem genetischen Erbgut das Geheimnis des Überlebens in einer unwirtlichen Umgebung tragen und an ihre Nachkommen weitergeben. Ihre Geschichten sind die Geschichten der Alpenwälder.

Eine der dramatischsten Grenzen in der Natur ist die Baumgrenze. Mit all ihrer Vielfalt kann sie mit der Küstenlinie verglichen werden, wo Land und Ozean aufeinandertreffen.

Wenn die Bedingungen für das Baumwachstum nicht mehr geeignet sind, geht die vorherrschende Lebensform bald in zunehmend verkümmerte Wachstumsformen über. In den Alpen kann die Baumgrenze eine Höhe von 2300 m erreichen, im Normalfall

stimmt sie jedoch mit den Lagen überein, wo die Vegetationsperiode mindestens drei Monate dauert und die monatliche Durchschnittstemperatur des wärmsten Monats mindestens 10 °C beträgt.

In der Vergangenheit setzten die Menschen vor allem durch ihre Weidewirtschaft die Baumgrenze an vielen Orten um 200 bis 400 m herab.

Oberhalb der Grenze geschlossener Waldflächen befindet sich meist eine Übergangszone von einigen Hundert Metern, in der unter besonders günstigen Bedingungen bezüglich Mikroklima, Boden und Relief einige Bäume den Gegebenheiten trotzen. In der wissenschaftlichen Sprache spricht man von der subalpinen Zone, aber der häufiger verwendete Ausdruck »battle zone« (Kampfzone) beschreibt ihren Charakter treffender. Ihre obere Grenze stellt die sogenannte obere Baumgrenze dar. Ungefähr 27 000 km^2 der Alpen erstrecken sich oberhalb dieser.

Wälder werden üblicherweise durch Daten über Flächenausdehnung, Holzaufkommen, jährliches Wachstum usw. bewertet. Aber genaue Ziffern dieser Art sind für die Alpenwälder nicht verfügbar, da entsprechende Kriterien unter den Alpenländern nicht vereinheitlicht sind – oder die Daten einfach nicht existieren. In den meisten nationalen Waldbeständen bilden die Alpenwälder nur einen Teil aller Wälder in einem bestimmten Land. Demzufolge können wir nur Schätzungen nennen, die von 7,5 Millionen Hektar an Alpenwäldern ausgehen, was vermutlich einer Waldbedeckung von 43 Prozent entspricht. 80 bis 90 Prozent dieser Wälder werden als ertragbringend angesehen, während der Rest in offiziellen Bestandsaufnahmen als nicht profitabel ausgewiesen ist. Das Holzaufkommen wird in bewirtschafteten Wäldern auf 1,5 Milliarden m^3 geschätzt, während das durchschnittliche Holzaufkommen in den einzelnen Ländern zwischen 160 und 360 Millionen m^3 schwankt. Die jährliche Zunahme wird auf 37 Millionen m^3 geschätzt. Es wird angenommen, dass die Anzahl der Bäume bei über 3 Milliarden liegt. Rechnet man diese Zahl mit den 11 Millionen Einwohner der Alpen gegen, würde das 270 Bäume pro Person bedeuten.

Was kann uns aber dieses Zahlenspiel über die Alpenwälder wirklich sagen? Nichts – außer dass seit Beginn des 21. Jahrhunderts die Länder, die zu den reichsten zählen, die Wälder auch unter extremen Bedingungen in erster Linie als Holzstapel ansehen und dass Wälder, in denen Rodungen nicht möglich sind, in ihren Augen nicht mehr »profitabel« sind.

Sicherlich ist Holz lange Zeit ein sehr wichtiger erneuerbarer Rohstoff gewesen, aber ein Wald ist mehr als nur Holz. Seine Dienste – umweltbedingt und gesellschaftlich – gewinnen in einer reichen, aber gelangweilten Welt immer mehr an Bedeutung.

Die Alpen werden oft »der Wasserturm Europas« genannt. Sie nehmen enorme Mengen an Niederschlag auf, der ohne die bremsende Wirkung der Waldbedeckung in reißenden Bächen mit all ihrem Schwemmmaterial in die Täler stürzen würde.

Seit Jahrhunderten ist bekannt, dass die Alpenwälder einen bedeutenden Schutz vor Erosion bieten, aber die Alpenländer haben noch immer keine einheitliche Definition für diese Art von Schutzwald, geschweige denn einheitliche Maßnahmen entwickelt, um mit ihm richtig umzugehen. Der Alpenwald mildert auch klimatische Extreme, absorbiert CO_2, stellt einen genetischen Schatz dar, bietet Raum zur Erholung und ist eine Quelle der Schönheit, des Friedens und der Inspiration.

Was für eine Zukunft hat der Alpenwald? Sie ist ungewiss. Auf symbolische Weise wurde das durch die Stürme Vivian (Februar 1990) und Lothar (Dezember 1999) verdeutlicht. Mehrere Zehnmillionen Kubikmeter Wald fielen in drei Tagen. Riesige Lücken entstanden in den Alpenwäldern.

Angesichts der Änderungen der Temperatur, die in den Alpen ganz besonders zum Ausdruck kommen, ist zu erwarten, dass die Baumgrenze nach oben wandert. Die Zukunft der Alpenwälder wird auch durch Verschmutzung und menschlichen Druck beeinflusst. Vermutlich ist das interessanteste Kapitel für die Zukunft der Alpen und der Alpenwälder der Wandel in der Einstellung der Menschen zu ihnen. Anscheinend hat der Mensch bisher gegen die Alpen gekämpft – in Zukunft wird er vielleicht für sie kämpfen. Von Hannibal bis zu den heutigen Verkehrskorridoren sind die Alpen vor allem ein Hindernis für einen großen Teil Europas gewesen. Die Alpenländer haben sie sich zentrifugal aufgeteilt, während sie für den Rest von Europa (und noch weiter weg) lediglich ein riesiges Gebiet zur Erholung sind.

Die Einstellung der Menschen, die Alpen als etwas Ganzheitliches zu sehen, stammt aus der Zeit Mitte des 20. Jahrhunderts, als ein neues Europa entstand. Haben die Menschen denn erst nach dem Krieg bemerkt, dass die Alpen ihre eigene Identität haben, einen ganz eigenen Wert, den sie nicht zu schätzen wussten, solange sie in ihren eigenen Tälern und innerhalb ihrer eigenen Grenzen lebten? Dass es nicht nur Menschen waren, die ihren Stempel den Alpen aufdrückten, sondern dass es auch andersherum geschah? Natürlich spielten die Wälder mit ihrer natürlichen, sozialen und ökonomischen Wichtigkeit eine bedeutende Rolle.

Dokumente wie »Das Übereinkommen zum Schutz der Alpen« (1991) zusammen mit dem Bergwaldprotokoll, das »Schaaner Memorandum« (2006) oder die Resolution zum Schutz der Wildnisgebiete (2007) stellen nur einige Schritte in die neue Richtung dar. Sie sind voller Hoffnung, aber auch Unsicherheit, denn sie tragen eine Jahrhunderte alte Bürde von Gleichgültigkeit gegenüber den Teilen der Alpen und den Wäldern, die »nicht mehr genutzt werden«. Was ist der Nutzen? Zählt ein Dienst an der Umwelt als ein Nutzen? Zählen ein Wildnisgebiet, ein Nationalpark oder Natura 2000 als ein Nutzen? Zählt ein Spaziergang durch den Wald als ein Nutzen? Zählt nicht die Erfüllung des Wunsches nach Frieden, Biodiversität und Schönheit als ein Nutzen?

Es ist traurig, dass die alten Klischees über die Alpen und ihrer Natur langsamer dahinschwinden als die Alpengletscher ...

Triglav [Slowenien]

Tone Wraber

Die Flora der Alpen

Die Pflanzenwelt der Alpen zieht uns nicht nur wegen ihrer besonderen Eigenheiten in den Bann, sondern auch, weil die Kenntnisse eng mit dem Wissen über den Alpenraum, seine Natur und die Menschen zusammenhängen. Dieses Kapitel widmet sich ausschließlich der alpinen Flora.

Bei dem Begriff alpine Flora denken wir gleich an die Pflanzenwelt oberhalb der Baumgrenze, das heißt der Region, wo Bäume nicht mehr wachsen können – doch die Alpen beginnen mit dem flachen Vorland, und ihre Kämme und Gipfel werden durch mehr oder weniger tiefe Täler getrennt. Somit gehören zur alpinen Flora auch Pflanzen, die nur in tieferen Lagen heimisch sind, wie etwa die Hopfenbuche (*Ostrya carpinifolia*) oder die Steineiche (*Quercus ilex*), und die sich in vielerlei Hinsicht von den Pflanzen der Gipfelregionen unterscheiden. Das führt zu der Einteilung der Pflanzenwelt aufgrund der Höhenlage, die offensichtlicher ist – zumindest aus der Ferne – als die geografische, die zum Beispiel zwischen der westalpinen und der ostalpinen Flora unterscheidet. Das Substrat, das mit seinen unterschiedlichen chemisch-physikalischen Bodeneigenschaften in erheblichem Maße die Verbreitung und die Vielfalt der Pflanzenwelt beeinflusst, ist ganz besonders wichtig. Die Pflanzenwelt kann aber auch innerhalb geologisch gleichartiger Gebiete verschieden sein, wenn der Standort unterschiedlich besonnt oder beschattet wird. Die Flora kann zudem ganz wesentlich durch die benachbarte Vegetation beeinflusst werden, was bei den Pflanzenarten deutlich wird, die in den Alpen angesiedelt wurden, aber im Alpenraum nicht heimisch sind. Obwohl die Alpen landschaftlich eine einheitliche Region darstellen, ist die Entwicklung der Vegetation unterschiedlich verlaufen. So ist im Norden die Entwicklung anders verlaufen als im Süden. All diese Einflüsse machen den Endemismus aus, das heißt das Auftreten regional unterschiedlicher Vegetation, die es in dieser Form nirgendwo anders gibt. Im Zusammenhang mit der alpinen Flora darf auch nicht der Mensch vergessen werden und seine Erforschung der Alpenwelt, die oft mit der Präzision naturwissenschaftlicher Neugier betrieben worden ist. Schließlich müssen wir auch Einflüsse menschlichen Handelns in Betracht ziehen, seien sie negativer Art oder positiver in Form von Naturschutz, der die negativen Faktoren zu eliminieren oder zumindest zu reduzieren versucht.

Im Jahre 2004 wurde endlich das lang erwartete Kompendium Flora alpina fertiggestellt, ein von vier Schweizer Autoren (Aeschimann et al.) sachkundig konzipiertes und durchgeführtes internationales Projekt. Es behandelt alle bekannten Arten dieser höchst außergewöhnlichen europäischen Gebirgsregion, und zwar jede mit ihrem wissenschaftlichen Namen und den gebräuchlichsten Synonymen, mit ihren Bezeichnungen in den verschiedenen Sprachen der Alpenstaaten, mit der Gattungszugehörigkeit, den Daten zu Lebensdauer, Form, Größe, Blütezeit, Verbreitung, Habitattyp, Typ der Pflanzengemeinschaft, Höhenlage, Typ des Untergrunds und der Bodeneigenschaften (Feuchtigkeit, Säure- und Nährstoffgehalt) sowie mit einem Foto und einer Karte der Verbreitung in 55 Verwaltungsegionen in den Alpenstaaten. Das Werk präsentiert 4491 Arten, von denen 501 endemisch sind. Es ist zum Beispiel aufschlussreich, dass allein die Flora Europaea (1964–1980) für Europa 11 557 Arten aufführt. Dabei muss man sich vor Augen halten, dass der Wissensstand zur europäischen wie auch zur alpinen Systematik bei Weitem nicht vollständig ist. Mehr noch als bei der detaillierten Erforschung der Lebensräume – die nach einigen Jahrhunderten schon weit vorangeschritten ist – hängt das Wissen in den übrigen Bereichen sehr von den wissenschaftlichen Methoden ab und damit von den Fortschritten in der jeweiligen Disziplin. Dies wird zum Beispiel bei den endemischen Gattungen deutlich. Man geht von drei endemischen Gattungen in den Alpen aus, von denen es jeweils nur eine Art gibt. Es handelt sich um die monotypischen Gattungen *Berardia*, *Physoplexis* und *Rhizobotrya*, denen man noch eine vierte, *Hladnikia*, hinzufügen könnte, auch diese mit nur einer Art, die vom Trnovski-gozd-Wald am Rande der Alpen stammt. In neuerer Zeit musste eine über 100 Jahre alte Ansicht

Campanula zoysii

revidiert werden, nach der die endemische Art *Campanula zoysii* (Zois-Glockenblume) der südöstlichen Kalkalpen zur unabhängigen Gattung der *Favratia* gehören sollte. Genau genommen ist die Zois-Glockenblume, die man hauptsächlich in Slowenien und bei den friaulisch-kärntnerischen Nachbarn findet, keine endemische Art, da sie auch in der Trnovski-gozd-Region wächst, dem nordwestlichen Teil des Dinarischen Gebirges, wo die oben genannte *Hladnikia pastinacifolia* ebenfalls gedeiht. Es gibt keine endemische Familie in den Alpen, doch einigen Gattungen wie *Saxifraga*, *Festuca*, *Campanula*, *Gentiana* und *Primula* ist ein beträchtlicher Anteil an endemischen Arten zugeordnet. Von den 4491 Arten der alpinen Flora sind 3482 heimisch, reichen aber auch bis in außeralpine Gegenden hinein. 417 sind rein endemisch (nur im Alpenraum), 24 sind wahrscheinlich endemisch, 60 sind subendemisch (überwiegend im Alpenraum), 454 sind adventive (eingeschleppte) und 54 wahrscheinlich adventive Arten.

Endemismus spielt weltweit gesehen in Europa keine große Rolle, aber nach dem Mittelmeerraum ist er in den Alpen am häufigsten vertreten. Hier und in den Karpaten wurde von dem polnischen Botaniker Bogumił Pawłowski (1970) eine vergleichende Untersuchung durchgeführt. Er stellte fest, dass die meisten alpinen Endemiten in den Seealpen vorkommen. Zu ihnen zählen zum Beispiel die endemische Art *Berardia subacaulis* aus der Familie der Korbblütler und die wunderschöne *Saxifraga florulenta*.

Es folgen die Ostalpen mit der Region zwischen dem Comer See und Monte Baldo (zum Beispiel mehrere Arten der Gattung *Moehringia* und *Saxifraga*), die Dolomiten (die Gattungsendemiten *Rhizobotrya alpina*), die südöstlichen Kalkalpen (die Karnischen, Julischen und Steiner Alpen; zum Beispiel die Gattungsendemiten *Favratia zoysii*, *Moehringia villosa*, *Cerastium julicum*, *Gentiana froelichii* mit den Unterarten *froelichii* und *zenariae*, *Helictotrichon petzense*) und die nordöstlichen Kalkalpen (zum Beispiel *Dianthus alpinus* und diverse Arten der montanen Höhenzone am niederösterreichischen Alpenrand). Die Verbreitung endemischer Arten in diesen Regionen ist an ihre geografische Lage gebunden. Es sind Gebiete, die in der Eiszeit nicht oder nur teilweise von Gletschern bedeckt waren oder die sich in der Nähe solcher Bereiche befinden, sodass ihre lokale Flora bewahrt werden konnte. Pflanzen konnten auch in eisfreien »Oasen« überleben (*nunataks* in der Eskimo-Sprache), die vom Eis umgeben waren. Eisfreie Gebiete gab es damals meist am südlichen, westlichen und östlichen Rand der Alpen, zum Beispiel am niederösterreichischen Alpenrand in der montanen Höhenzone, in den südöstlichen Kalkalpen dagegen in höheren Lagen. Es gibt auch interessante Fälle von Paarbildungen, bei denen eine Art (oder Unterart) in den südöstlichen und die andere in den nordöstlichen Kalkalpen wächst: *Minuartia cherlerioides* subsp. *cherlerioides* und *M. cherlerioides* subsp. *quadrifaria*, *Soldanella minina* und *Soldanella minina* subsp. *austriaca*, *Heracleum austriacum* subsp. *siifolium* und *Heracleum austriacum* subsp. *austriacum*, *Leucanthemum lithopolitanicum* und *Leucanthemum atratum* usw. Diese basophilen Pflanzen mit einem exklusiven Habitat erschienen, als die Verbreitung einer angestammten Art in der geologischen Vergangenheit endete. Das geschah in den Zentralalpen, als das karbonathaltige Substrat verschwand.

Das Substrat ist generell ein wichtiger Faktor für die Pflanzenvielfalt. Der Erste, der darauf hinwies, war der Arzt und Naturforscher B. Hacquet, der im Jahre 1779 den Unterschied in der Pflanzenwelt zwischen den Kalkalpen in Kärnten und den nicht-karbonatischen Hohen Tauern nachwies. Dieser Unterschied zeichnet sich besonders in der Vegetationsdecke ab, denn Pflanzengesellschaften, die sich aufgrund der Arten unterscheiden, aber im Aussehen ähnlich sind, gibt es auf beiden Böden. Als klassisches Beispiel gelten Grünland-Gesellschaften von *Carex firmae* auf einem karbonhaltigen Boden und *Carex curvulae* auf einem silikathaltigen Substrat, um nur ein Beispiel zu nennen. Die charakteristische Namensgebung bei den Pflanzengesellschaften sollte uns daran erinnern, dass zu Beginn des 20. Jahrhunderts in den Alpen sozusagen die Grundsteinlegung für das stattfand, was heutzutage als fortschrittlichste Methode des Studiums von Pflanzengesellschaften gilt – die Phytozönologie oder Vegetationskunde.

Natürlich wird die Alpenvegetation auch in erheblichem Maße von klimatischen Unterschieden beeinflusst. Das zeigt sich deutlich in der Höhenlage der Baumgrenze und in den entsprechenden Baumarten: Buche in den feuchtesten (ozeanisch geprägten) Regionen, Fichte und Zirbelkiefer in kontinentaleren Gegenden. Etwas weniger deutlich wird dies bei der Artenzusammensetzung, die maßgeblich das Landschaftsbild beeinflusst. Die feuchteste Ecke der Alpen liegt im Südosten (Julische Alpen), während man in den Trockentälern im Innern der Alpen, zum Beispiel im Aostatal in Italien, im Unteren Engadin in der Schweiz und im Mölltal in Österreich richtige Steppenvegetation antrifft.

Saxifraga florulenta

Jedem ist bekannt, das sich die Vegetation mit der Höhe ändert. Deshalb unterscheidet man eine Reihe von Höhenzonen, angefangen bei der Hügelzone, die dann in die montane, subalpine, alpine und nivale Zone übergeht. Die Wälder enden an der Baumgrenze, an der Obergrenze der montanen Zone. Die Höhe dieser Grenzzone ändert sich in Abhängigkeit von der Größe des Gebirgszuges, den klimatischen Bedingungen und der geologischen Beschaffenheit, während der Mensch nur ein sekundärer Faktor ist. Weiter oben dominiert die waldlose Vegetation mit Büschen, alpinen Zwergstrauchheiden und Weideland, durchsetzt von Schneeflecken, Felsen und Geröllhalden, die mit ansteigender Höhe immer spärlicher wird. In der nivalen Zone halten sich nur noch wenige Pflanzen, die sich an die rauen Bedingungen angepasst haben. Die beiden Rekordhalter in puncto Meereshöhe sind *Ranunculus glacialis* und *Achillea atrata* auf dem Finsteraarhorn (4270 m). Im Zuge des aktuellen Erwärmungstrends beobachtet man, dass Pflanzen in höhere Gefilde wandern. In den höchsten Gebirgen gedeihen Samenpflanzen sogar in über 6000 m Höhe, wobei Lebensformen wie Flechten, Algen und Cyanobakterien noch höher hinaufreichen. Im Jahre 1972 kehrte der slowenische Alpinist Aleš Kunaver mit der Flechte *Lecanora polytropa* zurück, die er in 7400 m Höhe an der Südwand des Makalu fand. Auf dieser Flechte wuchs der Pilz *Cercidispora epipolytropa* – ein Höhen-Weltrekord für Flechten und Pilze!

Die Höhenzonen können leicht an ihrer typischen Vegetation erkannt werden; im Rahmen dieses Kapitels ist es aber unmöglich, sie für den gesamten Alpenraum zu beschreiben. Man kann dies in den südöstlichen Kalkalpen sehen, wo die mediterrane Eichenart *Quercus ilex* nicht am Fuße der Julischen Alpen angetroffen wird, dafür aber im Tagliamento-Tal in Friaul und in dichterem Bestand weiter westlich, zum Beispiel im Tal der Adige unterhalb von Rovereto. Ganz anders ist es in den französischen Seealpen, wo *Ceratonia siliqua* und der Olivenbaum *Olea europaea* in der untersten Zone erscheinen. Während mediterrane Einflüsse auf der Alpensüdseite mehr oder weniger stark ausgeprägt sind, fehlen sie völlig im Norden. Berühmt ist *Cephalaria leucantha*, in den Alpen derzeit nur im sehr mediterran geprägten Südwesten der Region bekannt; im 18. Jahrhundert wuchs sie noch im oberen Soča-Becken (Julische Alpen) und wurde dort als *Scabiosa trenta* beschrieben. Einflüsse aus der Nachbarschaft sorgen zum Beispiel im südöstlichen Alpenraum, wo Balkanpflanzen eindringen können, für besondere floristische Formen, zum Beispiel *Drypis spinosa* und *Cardamine glauca*, die sonst nirgendwo in den Alpen anzutreffen sind.

Ranunculus glacialis

Gentiana froelichii subsp. *froelichii*

In der Eiszeit wanderten viele Pflanzen vom Norden Europas in den Alpenraum; klassische Beispiele sind *Dryas octopetala* und *Betula nana*. Einige andere stammen aus Zentralasien wie das Edelweiß (*Leontopodium nivale*), das nicht ganz zu Recht als Symbol der Alpenflora angesehen wird, und Vorläufer vieler Arten der Gattungen *Primula*, *Pedicularis*, *Gentiana* und *Saussurea*, die sich in den Alpen entwickelt haben.

Zum Wissen über das Leben der Pflanzen in den Alpen gehören natürlich auch Kenntnisse zu ihrem Stoffwechsel, ihrer Anpassungsfähigkeit an Umweltbedingungen, insbesondere das Wetter, sowie zu Bestäubung und Verbreitung der Samen.

Die frühen Forscher der alpinen Flora wie Haller, Villars, Allioni, Wulfen, Hacquet, Hoppe, Sendtner und viele andere entdeckten zugleich auch die Welt der Alpen. In jüngerer Zeit, in der diese »nutzlose Welt« nicht mehr unbekannt oder gar geheimnisvoll ist, ist sie in besonderem Maße menschlichen Einflüssen ausgesetzt, und so erwuchs in der zweiten Hälfte des 19. Jahrhunderts das Bedürfnis, sie zu schützen, was zur Gründung der Nationalparks als Schutzzonen führte. Solche Alpenparks sind zum Beispiel Vanoise, Gran Paradiso, der Schweizerische Nationalpark, die Hohen Tauern, Berchtesgaden und der Triglav-Nationalpark.

Defereggen-Gebirge [Österreich]

Boris Kryštufek

Die Fauna der Alpen

Vor mehr als zwei Millionen Jahren ereignete sich ein großer Temperatursturz. Zum ersten Mal in der Erdgeschichte sammelte sich an beiden Polen der Erde so viel Eis an, dass es die nachfolgenden kurzen Warmphasen überstand. Die Alpen waren zu der Zeit mit einem lückenlosen Eispanzer überzogen. Weiter nördlich schloss sich eine Kältesteppe an, die bis zur großen skandinavischen Gletscherzone reichte. Die Tiere wichen vor der Kälte nach Süden zurück. Die Arten, welche die Kältephasen an der Mittelmeerküste überlebten, kehrten während der warmen Zwischeneiszeit in den Norden zurück, um dann in der nachfolgenden Eiszeit wieder nach Süden zu ziehen. Die bedeutendsten Eiszeitflüchtlinge traf man auf den drei großen Halbinseln Südeuropas an – der Iberischen und der Apenninhalbinsel und auf dem Balkan. Auf jeder dieser Halbinseln vollzogen sich in getrennten Populationen ein und derselben Art eigene evolutionäre Entwicklungen, die sich allmählich zu charakteristischen genetischen Linien und unabhängigen Arten führten. Ungeachtet dieser kontinuierlichen Entwicklung waren die Eiszeiten auch Zeiten der Artenauslöschungen. Westeuropa hatte zu Beginn dieser Ära 47 Baumarten und gegen Ende des Eiszeitalters nur noch 15.

Die permanente Abfolge glazialer Kälteschocks und kurzer Warmphasen prägte das heutige Erscheinungsbild der europäischen Flora und Fauna. Als sich die Erde vor etwa 15 000 Jahren erwärmte und sich damit die letzte Zwischeneiszeit, in der wir heute leben, abzuzeichnen begann, zogen sich die Gletscher mehr und mehr zurück, bis sie nur noch die Gipfel säumten und das Polargebiet bedeckten. Die Arten, welche die Kältesteppen und Tundren bevölkerten, kehrten zusammen mit den Gletschern in Regionen zurück, in denen die Lebensbedingungen ähnlich denen waren wie vor der großen Erwärmung. So trifft man den Schneehasen in den Alpen in höheren Lagen an, während er im nördlichen Eurasien in weiten Teilen der Taiga und Tundra verbreitet ist. Aus unserer Sicht ist er ein Bergtier, im Norden Europas hingegen ist er ein Tieflandbewohner. Die Meereshöhe selbst hat mit der Erscheinung des Schneehasen nichts zu tun. Es gibt auch noch andere »Klimaasylanten« in den Alpen: die Waldbirkenmaus, das Alpenschneehuhn, der Auerhahn, der Habichtskauz, der Sperlingskauz, der Dreizehenspecht, der Tannenhäher und der Birkenzeisig. Viele dieser Arten, die in Mitteleuropa auftreten, sind nicht allein auf die Alpen beschränkt, sondern bewohnen auch andere Bergregionen (zum Beispiel Karpaten, Apennin, Pyrenäen, Balkangebirge), wo man sie stets in größeren Höhen antrifft.

Während die ersten Arten vor 10 000 Jahren noch an die kalten und extremen Klimate gebunden waren, tauchten später im Zuge der allgemeinen Erwärmung auch andere Arten in den Alpen auf. Sie kamen aus verschiedenen Richtungen und überlebten die Höhepunkte glazialer Kältewellen entweder in den mediterranen Rückzugsgebieten oder irgendwo im Osten, zum Beispiel im Karpatenbecken, in Osteuropa oder sogar in Kleinasien.

In der isolierten Lage der Rückzugsgebiete vermochten sie sich zwar nicht in unabhängige Arten weiterzuentwickeln, bildeten aber erkennbare geografische Varietäten oder Unterarten aus. Dazu zählen die Alpenspitzmaus, der Maulwurf, der Alpensalamander und der Bergmolch. Man kennt das klassische Beispiel dreier eng verwandter Nagetierarten: die Alpen-, die Bayerische und die Illyrische Kurzohrmaus. Jede von ihnen überlebte die Eiszeit in ihrem eigenen Refugium, wo sie sich schließlich zu einer eigenen Art weiterentwickelte. Die Illyrische und die Alpen-Kurzohrmaus verließen dann ihr Rückzugsgebiet und drangen in den Alpenraum ein, bis sie im östlichen Italien aufeinandertrafen. Die Bayerische Kurzohrmaus dagegen, die sich die ganze Zeit über in einem kleinen Gebiet in den bayerischen Alpen aufhielt, ist das seltene Beispiel einer Art, die sich innerhalb ihres eigenen Refugiums am Nordrand des Alpengletschers weiterentwickelte.

Nur wenige Arten trifft man heutzutage ausschließlich im Alpenraum an, sind also endemisch: das Alpenmurmeltier, der Steinbock und die Alpenfeldmaus. In den Bergen des Balkans und des Apennins, die im Unterschied zu den Alpen nie ganz vergletschert gewesen waren, ist die Anzahl der endemischen Arten wesentlich größer. Dieser Unterschied ist zwar bei den Säugetieren nicht so groß, umso deutlicher wird er aber bei den Reptilien, Amphibien und Fischen, also den wechselwarmen Tieren, die empfindlicher auf tiefe Temperaturen in ihrer Umgebung reagieren.

Die Umgebung ändert sich in den Alpen viel rascher als im Tiefland. Ein Anstieg um 100 Höhenmeter entspricht einem Temperaturrückgang um ein Grad. Natürlich reagiert die organische Natur auf eine solche Abkühlung. Am Fuß der Porhorje-Berge in Slowenien (275 m) trägt die Buche ihr Laub durchschnittlich 187 Tage lang, auf einer Meereshöhe von 760 m 163 Tage und auf

Les Écrins [Frankreich]

Guido Plassmann

Die alpinen Schutzgebiete

Der lange Weg zum Schutz und zur nachhaltigen Entwicklung der alpinen Regionen

Umstritten bei der lokalen Bevölkerung, geschätzt von der Stadtbevölkerung – die alpinen Schutzgebiete werden konfrontiert mit den verschiedensten, oft widersprüchlichen und emotionalen Bewertungen. Das Konzept der Parks und Naturschutzgebiete der Alpen stammt erst vom Anfang des letzten Jahrhunderts, und die Schaffung des ersten alpinen Nationalparks fand erst 40 Jahre nach der Erstellung des weltweiten Konzeptes durch die Einrichtung des Nationalparks Yellowstone (1872) in den Vereinigten Staaten statt. Lokale Bevölkerung und Besucher bewerten die Schutzgebiete und ihre Rolle oft sehr unterschiedlich. Die Gegenwart von Schutzgebieten in den Alpen ist jedoch eine unverrückbare Tatsache und stellt seit einigen Jahrzehnten auch einen wichtigen ökonomischen Faktor zur Entwicklung kleinerer alpiner Regionen dar. Die Konzepte der Schutzgebiete sind einer ständigen Entwicklung unterworfen, die sich nicht nur der Notwendigkeit der Bewahrung eines einmaligen Kultur- und Naturerbes anpasst, sondern auch den Bedürfnissen der Gesellschaften. Die Ratifizierung der Alpenkonvention 1991, die von den alpinen Schutzgebieten eine noch größere Zusammenarbeit einfordert, erlaubt auch die Einrichtung einer umfassenden transalpinen Strategie zum Naturschutz und zur nachhaltigen Entwicklung. National- und Regionalparks, Naturschutzgebiete und Biosphärenreservate werden mehr und mehr zu den Stützen, bisweilen allerdings auch zu Alibis der Umwelt- und Wirtschaftspolitik der Alpen. Die jüngste Entwicklung betrifft die Einrichtung eines ökologischen Kontinuums, anders gesagt, räumlicher Verbindungen und spezieller Managementmaßnahmen zwischen alpinen Schutzgebieten aller Kategorien.

Die Geschichte der Schutzgebiete der Alpen

Die Naturschutzkonzepte der natürlichen Habitate des Alpenraums sind vielzählig und Epochen und Entwicklungen unterworfen. Alles fing im Jahre 1914 mit der Gründung des ersten alpinen Nationalparks an – dem der Schweiz, bis heute noch der Einzige der Eidgenossenschaft. Er stellt die erste Integralreserve Europas dar und den ersten Nationalpark der Alpen aufgrund einer Initiative der »Schweizerischen Forschungsgesellschaft« (Société suisse de recherche) und der »Schweizerischen Gesellschaft für Naturschutz« (Association suisse de protection de la nature). Andere frühe alpine Initiativen dieser Zeit waren der »Pflanzenschonbezirk Königssee« (Kernzone des zukünftigen Nationalparks Berchtesgaden) ab 1910 oder auch der »Park der Berarde« im Jahre 1913, ein »Vorläuferpark« für Frankreich, denn er stellte die zukünftige Kernzone des Nationalparks Les Écrins dar. Die Einweihung des Nationalparks Gran Paradiso (Italien) im Jahre 1922 stützte sich auf ein Jagdschutzgebiet vom Jahre 1856, gegründet unter Vittorio Emanuelle II. zum Schutz der letzten Alpensteinböcke. Die Gründung des Nationalparks Stilfser Joch unter dem Mussolini-Regime im Jahre 1935 bezog sich auf ein sehr großes Territorium zwischen dem Trentino, Südtirol und der Lombardei. Er ist bis heute der größte Nationalpark Italiens, jedoch gekennzeichnet durch Schwierigkeiten der Akzeptanz und eine komplexe Verordnung, die Anlass zu Nutzungskonflikten des Gebietes gibt (Skigebiete, Jagd, Landwirtschaft). Die Mehrzahl der Nationalparks der Alpen wurde ab den 1960er-Jahren gegründet: Triglav (Slowenien) 1961 zusammen mit dem ersten Alpenschutzpark 1924, La Vanoise (Frankreich) 1963, Les Écrins (Frankreich) 1973, Berchtesgaden (Deutschland) 1978, Mercantour (Frankreich) 1979. Diese Welle von Neugründungen war oft von Konflikten besonders mit Skigebieten gekennzeichnet. Es ist somit nicht verwunderlich, dass einige dieser Parks als Kompensationsräume für eine anwachsende touristische Nutzung mit starken Belastungen der Umwelt betrachtet wurden.

Die Gründung der drei Teile des Nationalparks Hohe Tauern erstreckte sich über zehn Jahre (Kärnten 1981, Salzburg 1984 und Tirol 1991). Diese Parks beinhalten stärker als die vorherigen Gründungen den Begriff des Kulturraumes mit – zumindest zu Anfang – einer weniger starken Ausrichtung auf den reinen Naturschutz. So ist beispielsweise die Jagd teilweise erlaubt, wenn auch sehr reglementiert, und die traditionelle Nutzung des Waldes kann fortgesetzt werden. In Kärnten wurde im Jahre 1987 der Nationalpark Nockberge aufgrund einer lokalen Initiative gegen die Schaffung eines großräumigen Skigebietes gegründet (anlässlich eines Volksentscheids stimmten 94 Prozent der Bürger gegen dieses Projekt). Die Schaffung des Nationalparks basierte jedoch auf einem relativ geringen Schutzstatus und wurde von der IUCN (International Union for Conservation of Nature) nicht unterstützt.

Die bisher letzte Welle der Neugründungen von Nationalparks ereignet sich in den 1990er-Jahren: Dolomiti Bellunesi (Italien)

1990, Val Grande (Italien) 1992, Kalkalpen 1997 und Gesäuse 2003 in Österreich. Diese jüngsten Nationalparks der Alpen sind wieder strenger geschützt, und der Nationalpark Val Grande beinhaltet das erste integrale Naturschutzgebiet der Alpen (del Pedum, 973 ha), gegründet im Jahre 1967. Nur der Nationalpark Les Écrins verfügt über ein vergleichbares, streng geschütztes Naturschutzgebiet (Lauvitel, 700 ha). Der Status dieser komplett geschützten Gebiete lässt sich nur mit dem Schweizerischen Nationalpark vergleichen, der jegliches Entfernen von den offiziellen Wegen verbietet. Es gilt festzuhalten, dass man am Ende des 20. Jahrhunderts und nach einer Phase der Schaffung von Nationalparks mit weniger strengen Naturschutzbestimmungen wieder auf die ursprüngliche Idee der ersten Nationalparks der Alpen zurückkommt – die der »Wildnis«. Dies bezeugt auch die seit September 2006 aufgrund strengerer Reglementierung erworbene internationale Anerkennung aller drei Teile des Nationalparks Hohe Tauern.

Besonders seit dem Anfang der 1980er-Jahre begannen die italienischen Regionen der Alpen mit einer massiven Gründungswelle von Natur- oder Regionalparks. Sie haben einen stärkeren Schutzstatus als ihre französischen »Pendants«, aber ihre Verwaltung differiert stark von einer Region zur anderen, von einer Provinz zur anderen (Autonomiestatus). Nichtsdestoweniger handelt es sich um sehr effiziente Instrumente des Arten- und Habitatschutzes sowie innovativer Gebiete (z. B. Adamello Brenta und die Wiedereinführung der Bären; Prealpi Giulie und lokale Qualitätsprodukte). Zum Ende des letzten Jahrhunderts waren es etwa 60 an der Zahl in den italienischen Alpen.

Seit Ende der 1990er-Jahre wird eine Serie von Naturparks in Österreich gegründet, die sich hauptsächlich auf das Konzept der nachhaltigen Entwicklung stützen. Gleichzeitig streben die Nationalparks strengere Reglementierungen im Naturschutz an, was ihnen auch die offizielle Anerkennung als Nationalpark im Rahmen der IUCN ermöglicht, indem sie beispielsweise nun den Kriterien der jagdfreien Flächen entsprechen (Hohe Tauern).

Es gibt heute viele Schutzgebiete in den Alpen – 25 Prozent der Alpenfläche verfügen über einen mehr oder minder starken Schutzstatus. Das Schutzniveau ist hingegen sehr unterschiedlich und den Zielsetzungen sowie dem kulturellen und anthropogenen Umfeld angepasst (Landschaftsschutzgebiete, regionale Naturparks, Biosphärenreservate, Ruhezonen, Natur- und Nationalparke, Biotope, Naturschutzgebiete, Integrale Schutzgebiete). Der Einfluss und die Managementmaßnahmen all dieser Schutzgebiete sind sehr unterschiedlich von Land zu Land und von einer alpinen Region zur anderen. Die Alpen verfügen somit über eine sich sehr gut ergänzende Serie von Schutzgebieten, in denen die Planung (Managementpläne, Zonierungen) und die Anwendung ausgereifter Managementmaßnahmen immer mehr zum internationalen Standard werden (Artenbeobachtungen, Restaurierung von Naturräumen, geografische Informationssysteme, Datenbanken und Interpretation von Satelliten- und Luftbildern). Die langfristigen Managementmaßnahmen und Planungen gehen einher mit großflächigen Schutzgebieten, in denen im Gegenteil jegliches Eingreifen untersagt ist (z. B. die Integralen Naturschutzgebiete). Innerhalb von nur einem Jahrhundert hat sich der Naturschutz sehr professionalisiert.

Besondere Schutzgebiete

Das Programm der UNESCO »Man and the biosphere« ist der Ursprung der Biosphärenreservate, die sich seit Anfang der 1980er-Jahre in den Alpen entwickelt haben. Sie vereinen Aufgaben des Naturschutzes in ihrer Kernzone mit einer strengen Reglementierung und Maßnahmen zur nachhaltigen Entwicklung und zum Erhalt traditioneller Aktivitäten im Rest des Gebietes. Diese Reservate sind oft anderen, bereits bestehenden Schutzgebietskategorien überlagert (Parks oder Naturschutzgebiete) und schaffen somit eine Zonierung des Gebietes. Meistens werden sie von einer speziellen Verwaltungsstruktur gemanagt.

Die UNESCO vergibt auch die Bezeichnung »Welterbe« (Weltnatur- oder Weltkulturerbe), eine sehr nachgefragte Auszeichnung vieler Gebiete und auch einer großen Anzahl von Schutzgebieten in den Alpen. Nur drei Gebiete haben derzeit die Auszeichnung »Weltnaturerbe der UNESCO« inne, alle in der Schweiz – das Gebiet um den Aletschgletscher im Berner Oberland, der »Monte San Giorgio« im Tessin und die Schweizer Tektonikarena Sardona im Osten der Schweiz. Derzeit wird untersucht, ob eine Serieneinreichung mehrerer Schutzgebiete des Alpinen Netzwerks gute Aussichten haben könnte.

Im Jahre 1992 hat die Europäische Union die Habitatdirektive verabschiedet, die den Erhalt der natürlichen Habitate, der Fauna und Flora Europas zum Ziel hat. Sie leitet ebenfalls die Einrichtung eines repräsentativen Netzwerks von Gebieten, die die ökologische Vielfalt unseres Kontinents widerspiegelt – das Netzwerk NATURA 2000. Viele bestehende Schutzgebiete wurden im Rahmen dieses europäischen Naturschutzprojektes mit ihrer gesamten oder einer Teilfläche vorgeschlagen.

Viele andere Schutzgebietskategorien oder Auszeichnungen existieren auf internationaler Ebene. Wir erwähnen hier nur das Europadiplom, das eher ein Gütezeichen für bestehende Schutzgebiete darstellt, und die RAMSAR-Gebiete, ein Schutzgebietsstatus für Feuchtgebiete. Letztere sind in den Alpen eher unterrepräsentiert.

Weitere Entwicklungen und die Alpenkonvention

Die Schutzgebiete der Alpen reflektieren relativ gut die natürliche und kulturelle Vielfalt des Alpenbogens. Jedoch befindet sich die bedeutendste Fläche der großen Schutzgebiete (und insbesondere der Nationalparks) in den höheren Gebirgsstufen. Das stellt die Frage ihrer eigentlichen Rolle als Habitat und Zufluchtsstätte für Arten, von denen einige der meistbedrohten in den unteren Höhenlagen ihren Lebensraum haben. In dieser Hinsicht sieht die Alpenkonvention in einem ihrer Anwendungsprotokolle (Protokoll »Naturschutz und Landschaftspflege«) ein grenzübergreifendes Netzwerk von Schutzgebieten vor – ein ökologisches Kontinuum für die Alpen. Neben dem Netzwerk Alpiner Schutzgebiete, das alle Schutzgebietsverwalter der Alpen vereint, um den Wissensaustausch und eine ständige Zusammenarbeit zu fördern, würde dieser ökologische Verbund dem Netzwerk eine räumliche Dimension geben, indem es

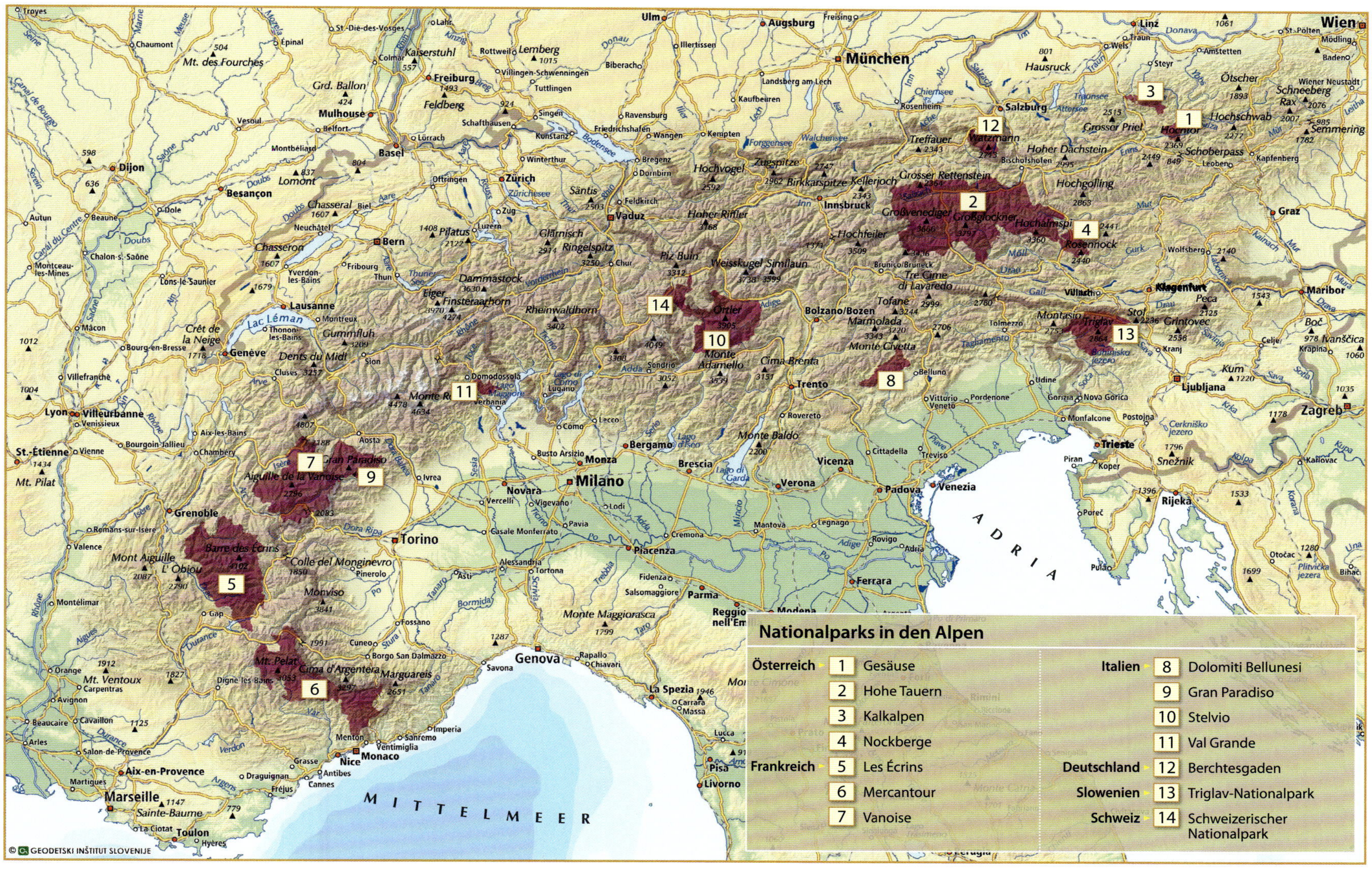

Verbindungen zwischen den einzelnen Schutzgebieten schafft. Die Schaffung von ökologischen Korridoren wird eines der Elemente dieses ökologischen Kontinuums sein, vervollständigt durch spezielle lokale Maßnahmen zu einem nachhaltigen Management und spezielle Angebote für verschiedene Akteure (Vertragsnaturschutz, umwelttechnische Agrarmaßnahmen usw.).

Die Schaffung von Schutzgebieten auf den unteren Höhenlagen mit einer strengen Naturschutzregelung wäre ebenfalls eine Möglichkeit, um eine große Zahl von Habitaten besser miteinander zu verbinden und dem Fehlen von großen Schutzgebieten auf niedriger Höhe zu begegnen. Es wäre durchaus wichtig, die noch bestehenden Naturräume der unteren Lagen miteinander zu verbinden (kleine, gut erhaltene Biotope, bedeutende Naturschutzgebiete, Grünflächen um Wohnräume), um eine Migrationsdynamik der Arten zwischen den großen bestehenden Schutzgebieten zu gewährleisten.

Diese Dynamik eines ökologischen Kontinuums kann durch Zonierung und die Schaffung von Pufferzonen um die Schutzgebiete herum gestärkt werden, um die Auswirkungen nahe gelegener Besiedelungen auf den Naturraum zu mindern. Landschaftsschutzgebiete und die Randzonen von Biosphärenreservaten könnten diese Rolle spielen. Jedenfalls wird es notwendig sein, die Verbindungen zwischen Schutzgebieten, die die Schaffung des ökologischen Kontinuums ermöglichen, auf einer sehr lokalen Ebene anzupassen, aufbauend auf einer Untersuchung des ökologischen Potenzials.

Die Schaffung eines ökologischen Kontinuums ist eine der größten Herausforderungen für die Schutzgebiete und die Politik, die im Rahmen der Alpenkonvention in den nächsten Jahren verfolgt wird.

Die Schutzgebiete zählen heute zu den strukturierenden Elementen der alpinen Regionen durch ihre Verteilung im ganzen Alpenraum, durch ihre Rolle zum Artenschutz, aber auch durch deren Erhalt eines durch die Globalisierung der Wirtschaft und der Politik bedrohten sozialen und kulturellen Lebens. Sie stellen Zufluchtsstätten und Migrationsorte verschiedener Arten dar, die heute wieder den Alpenraum besiedeln, nachdem sie zu Beginn des letzten Jahrhunderts in den Alpen ausgerottet wurden. Indem sie jedes Jahr Millionen von Touristen anziehen, tragen sie schließlich auch aktiv zum wirtschaftlichen und kulturellen Leben vieler alpiner Regionen bei – nicht zuletzt durch ihre Rolle in der Besucherbetreuung, der Umweltbildung und ihrer Aktionen zugunsten des Erhalts der alpinen Landschaften und traditioneller Aktivitäten sowie durch ihr »Image« als außergewöhnliche Orte.

Berner Oberland [Schweiz]

Werner Bätzing

Die Landschaft der Alpen –

von der traditionellen Kulturlandschaft zur Wildnis?

Die traditionelle Kulturlandschaft der Alpen

Ab dem Zeitpunkt, als der Mensch als Bauer, also von den Produkten des Ackerbaus und der Viehwirtschaft lebte, war er gezwungen, die vorgefundene Natur zum Zweck der Gewinnung von Lebensmitteln zu verändern. Die ersten Bauerngesellschaften drangen ab 6000 v. Chr. in die Alpen vor und begannen, den Wald zu roden, um Acker- und Weideflächen zu gewinnen. Diese Veränderungen wurden im Laufe der Zeit immer größer und erreichten im Mittelalter ihren Höhepunkt, indem praktisch alle halbwegs geeigneten Flächen vom Menschen auch konkret genutzt wurden. Die Veränderungen bis zum Beginn der industriellen Revolution im 19. Jahrhundert und bis zum Beginn des Tourismus waren dann eher bescheidener Art. Im Mittelalter wurde die Kulturlandschaft der Alpen so geprägt, wie wir sie dann im 19. und 20. Jahrhundert als selbstverständlich wahrgenommen haben.

Auf diese Weise wurden die Alpen flächenhaft tief greifend ökologisch verändert. Diese Veränderungen lassen sich in vier Punkten zusammenfassen:

a) Talbereiche: Im Tal und in der Nähe des Tales (mit Ausnahme der Talaue selbst) wurde der Wald nahezu vollständig gerodet, um Acker-, Wiesen- und Siedlungsflächen zu gewinnen, die meist arbeitsintensiv bewirtschaftet wurden und vergleichsweise hohe Erträge brachten. Zahlreiche Hecken, Ackerterrassen und kleine Waldstücke sorgten jedoch dafür, dass die Landschaft hier kleinräumig und abwechslungsreich gestaltet war.

b) Hangbereiche: Die großflächigen Hangbereiche wurden im mittleren und oberen Teil nicht vollständig gerodet, weil der Wald als Lawinenschutz für die Siedlungen in Talnähe gebraucht wurde. In der Regel wurde der Wald hier mosaikförmig aufgelockert, und es gab im Wald zahlreiche kleinere Wiesen- und Weideparzellen. Diese waren auf den nordexponierten Hängen, die sehr lange mit Schnee bedeckt sind, seltener als auf den südexponierten Hängen, die viel Sonne erhalten und auf denen der Wald meist stärker aufgelockert war.

c) Almbereiche: Der Almbereich, also die waldfreie Zone oberhalb der Baumgrenze, ist von Natur aus in den Alpen eher klein. Die Jahrtausende lange Nutzung der alpinen Wiesen für die Almwirtschaft hat erstens die Almflächen nach unten hin deutlich vergrößert – die Waldgrenze wurde durch den Menschen um etwa 300 Höhenmeter herabgedrückt – und zweitens die Zusammensetzung der Vegetationsdecke deutlich verändert (Zunahme der Kräuter bei Abnahme der Gräser, Rodung der Zwergsträucher wie Alpenrose, Heidelbeere usw.). Daher müssen wir auch hier von einer Kulturlandschaft sprechen.

d) Talauen: Talauen sind jene Gebiete innerhalb eines Tales, die regelmäßig in jedem Frühjahr überschwemmt werden. Von Natur aus finden sich hier vegetationsfreie Stellen (Kiesbänke), Pionierrasen und Auenwälder (Weiden, Erlen).

Dieser Teil der Alpenlandschaft war den Bauern am meisten ein Dorn im Auge, weil er die Gewalt des Wassers nicht bändigen konnte. Daher waren diese Auengebiete über Jahrtausende nur als extensive Weiden zu Zeiten eines niedrigen Wasserstands zu gebrauchen. Die Umwandlung der Talauen zu einer intensiv genutzten Kulturlandschaft geschah zwischen 1800 und 1930; erst so spät wurden die Flüsse kanalisiert und tiefer gelegt, die Talauen entwässert, der Auwald gerodet und Wiesen angelegt. Nicht der Höhenbereich machte also dem Menschen in den Alpen am meisten zu schaffen, sondern der Talbereich.

e) Ödland: Das alpine Ödland, also vegetationsfreie Gebiete (Felsen und Gletscher), konnte von Bauerngesellschaften nicht genutzt werden und wurde daher auch nicht ökologisch verändert. Es war überhaupt nicht attraktiv und galt als hässlich und hinderlich. Deshalb waren Bauerngesellschaften sehr erstaunt, als sich später die ersten Touristen für seine Schönheit begeisterten.

Durch diese Veränderungen wurde praktisch der gesamte Alpenraum – mit Ausnahme der vegetationsfreien Flächen – ökologisch stark verändert. Da die Landschaften der Alpen durch zahlreiche sehr dynamische Prozesse geprägt werden – Lawinen, Hochwasser, Muren, Berg- und Felsstürze sind natürliche Prozesse, die regelmäßig vorkommen –, erhöhen diese Veränderungen die ökologische Labilität der Alpen erheblich. Für den Menschen ist das jedoch extrem problematisch, weil dadurch seine Existenz in den Alpen direkt bedroht wird – die Naturkatastrophen können nicht nur die Kulturlandschaft, also die Grundlage der bäuerlichen Existenz zerstören, sondern bedrohen auch unmittelbar das menschliche Leben in den Siedlungen.

Brülisau [Schweiz]

Bernard Debarbieux

Die Bewohner der Alpen

Mythen der Vergangenheit und Herausforderungen der Gegenwart

Fachliche wie auch populäre Schriften aus dem 19. und dem frühen 20. Jahrhundert, ganz zu schweigen von touristischen Reiseführern haben zu einem recht einfachen Bild der sozialen Gemeinschaften in den Alpen beigetragen: Sie setzen sich aus Individuen mit einer starken Bindung an religiöse und familiäre Traditionen zusammen, stehen wirtschaftlichem und kulturellem Austausch eher verschlossen gegenüber und leben in inniger Harmonie mit ihrer Umwelt. Europa schuf dann einen zweifachen Mythos über die Alpenwelt: Das Gebirgsmassiv wurde zum Inbegriff von Landschaft und Natur, während seine Bewohner als archetypische Europäer angesehen wurden, dem Land verhaftet, mit ihrem Ort verwurzelt, angepasst an ihre Umgebung, die sie zugleich nach ihren Vorstellungen geformt haben.

In jüngster Zeit jedoch haben Forscher deutlich gemacht, dass die Wirklichkeit eine ganz andere ist. Schon vor dem gewaltigen touristischen Ansturm sorgten Verkehrsbewegungen in den Alpen für eine Durchmischung der Bevölkerung, eine Öffnung der lokalen Wirtschaft und für Veränderungen in Kunst und Religion. Die Alpenbevölkerung erwies sich als außerordentlich mobil, manche trieben Handel und schufen ökonomische und familiäre Bindungen quer durch ganz Europa. Und genau wie im Hinblick auf die Umwelt, war auch diese Entwicklung weit entfernt von der Festigkeit, wie sie die Mythen glauben machen wollen: Die Kleine Eiszeit und danach die seit der Mitte des 19. Jahrhunderts fortschreitende Erwärmung forderten von der Bevölkerung eine ganze Reihe von Anpassungsstrategien. Ein starkes demografisches Wachstum war ungünstig für Wälder und Weiden; mancherorts mussten die Menschen ihre Wirtschaftsweise und ihre Einbettung in die natürliche Umgebung ändern – auch unter dem Druck staatlicher Behörden. So unterscheidet sich die Bevölkerung der Alpen ganz grundlegend von dem Trugbild, das die Historiker von der Alpenwelt gezeichnet haben. Und angesichts der heutigen Risiken und Herausforderungen in dieser Region sollten wir uns auch weiterhin an die Erkenntnisse der Forscher halten und idyllischen und nostalgischen Fantasien eine Absage erteilen.

Wie sieht Europa, wie die Welt, in der die Bewohner der Alpen in heutiger Zeit ihren Platz finden müssen, nun aus? Welche Herausforderungen warten auf den Einzelnen und die Bevölkerung?

Heutzutage bilden Europa und die restliche Welt eine Sphäre, in der sich alles im Austausch befindet, vor allem Handelsgüter und Energieversorgung, aber auch Menschen, Informationen und kulturelle Dinge – und das in immer größerem Umfang und mit wachsendem Tempo. Und mit einem Male verlaufen diese Verkehrsströme auch über die Alpen hinweg und stärken den Kontakt zwischen den mediterranen und den atlantischen Regionen, zwischen West- und Osteuropa. So wie die beiden großen Tunnel unter dem St. Gotthard und dem Brenner zum Beispiel den Verkehr weiterleiten und uns den Kontakt zu den Alpen selbst, zu ihrem Guten oder Schlechten vorenthalten werden. Meistens gehen diese Ströme an den Alpenbewohnern vorbei, ohne besonderen Einfluss auf ihr tägliches Leben. Die Zukunft der Alpen und der Männer und Frauen, die sie bewohnen, hängt davon ab, wie sehr sie sich an diesem Austausch beteiligen werden, gleich welcher Art er auch sein wird.

Ideen und Werte sind wichtig, denn westliche Gesellschaften sind persönlichkeitsbezogen; die Entwicklung des Individuums und seiner Fähigkeit, sich seinen Lebensstil, Kontakte und Verbindungen selbst auszusuchen, ist stets von Bedeutung. Schon jetzt, und erst recht in den kommenden Dekaden, werden die Menschen selbst wählen, ob sie in den Alpen bleiben, ob sie sie verlassen und ob sie sie aufsuchen wollen. Und das hängt in der heutigen Zeit ganz wesentlich von dem Einfluss der Medien und aller Arten von Kommunikation ab.

Die erste Herausforderung lautet: Auf welche Arten von Bedürfnissen und Erwartungen vermögen die Alpen künftig in geeigneter Weise eine Antwort zu geben? Sie werden kaum auf Menschen einladend wirken, die sich von Großstädten angezogen fühlen, von einigen Wochenend- und Urlaubsbesuchen einmal abgesehen. Dagegen sind sie eine verlockende Destination für solche, die sich von der Natur und der alpinen Landschaft einnehmen lassen, und jene, die glauben, dort ihre Wurzeln zu haben und die bereit sind, eigene soziale Netze zu flechten.

Die Entscheidung, sich in den Alpen niederzulassen oder von ihnen wegzugehen, hängt auch von den wirtschaftlichen Möglichkeiten ab. Bislang bieten sie zahlreiche und zuverlässige Chancen, besonders wenn wir uns die alternativen Möglichkeiten in anderen Gebirgsregionen in Europa anschauen, die in der Bevölkerungsentwicklung zurückliegen. Was wird die Zukunft bringen? In einem System freier Marktwirtschaften, die heutzutage dominieren, ist die Zugänglichkeit von Produktionsstandorten von entscheidender Bedeutung. Viele Alpenregionen profitieren dank Eisenbahn und vor allem den großen Verbindungsachsen im Straßenverkehr schon lange von dieser Erreichbarkeit. Doch wie wird es sein, wenn die großen Basistunnel den Löwenanteil des transalpinen Verkehrs übernommen haben? Ausgenommen einige Orte in der Nähe der Tunneleingänge dürften die Alpen einen Teil ihrer relativen Erreichbarkeit verlieren. Die großen Städte, die in zunehmendem Maße qualifizierte Arbeitsplätze anbieten werden, werden an diese großen Verkehrsströme anschließen, jedoch sind sie mit Blick auf die Alpen unbedeutend, weil zu weit entfernt. Bestenfalls werden die Alpen noch auf diejenigen anziehend wirken, die Tagesauflüge von Mailand, München oder Wien aus zu Dörfern in den Alpen unternehmen möchten. So hängt die ökonomische Zukunft der Alpen primär von der Wertschöpfung ab, die auf Aktivitäten und Fachkompetenz beruht und in unmittelbarer Weise an diese Umgebung gebunden ist. Aber auch von privatem Engagement sowie Handel und Industrie – vorausgesetzt der Kreislauf der Rohstoffe und Endprodukte wird nicht behindert –, vom Tourismus – vorausgesetzt, es steht immer genügend Geld zur Verfügung – und schließlich von der Fähigkeit jedes Einzelnen, lokale wie auch weit gespannte Netzwerke zu schaffen, die unter Nutzung neuester Technologien und modernster Methoden Aktivitäten aller Art ermöglichen.

Dennoch, was wird aus den lokalen sozialen Gemeinschaften in einem Europa werden, das sich dem Austausch von Menschen, Ideen und Gütern immer mehr öffnet? Was bindet die Männer und Frauen aneinander, die in den Alpen leben, und solche, die die Alpen besuchen und herumreisen? Diese Frage ergibt in einer Welt, wie sie der Alpenmythos glauben machen will, wenig Sinn, denn hier sind enge persönliche und geschäftliche Kontakte für die lokalen Gemeinschaften sowieso ein ganz elementarer Bestandteil ihres Seins. Diese Scheinwelt existiert in manchen Köpfen immer noch, doch die Realität ist viel komplexer und voller Widersprüche. Es gibt Gebiete im Alpenraum, wie etwa im südlichen Piemont oder in der Provence, wo die Abwanderung ein solches Ausmaß erreicht hat, dass man dort kaum noch von dörflichen Gemeinschaften sprechen kann – mit Folgen für Wirtschaft und Umwelt. Zugleich findet man Regionen und Täler mit Fremdenverkehr in der Nähe großer Städte, wo die Zahl wie auch die Verschiedenartigkeit ihrer Bewohner sehr stark zugenommen hat – wie vielerorts in der heutigen Zeit. Ist es zulässig, bei diesen Tälern, die von Menschen mit ganz unterschiedlichen Lebenszielen und -gewohnheiten bewohnt werden, noch von lokalen Gemeinschaften zu sprechen? Man mag das bezweifeln, wenn es nur wenige Kontakte gibt und Missverständnisse an der Tagesordnung sind. Wir wissen, dass das vor allem dann geschieht, wenn neu Hinzugezogene aus der Stadt sich für ein Leben in den Bergen entscheiden, ohne viel Sinn für das Leben und die Arbeit der dort etablierten Familien, wie etwa Viehbauern, zu haben.

Die zunehmende Durchmischung in der Bevölkerung bedeutet, dass die Alpen künftig so sein werden wie die sozialen Gemeinschaften, die sich dort bilden. Zu ihnen gehören nicht mehr nur Landwirte und Viehzüchter, sondern auch Händler, Touristen, Berufspendler, Pensionäre, Verkäufer, eine bunte Mischung also, und sie werden sich auf die Suche nach Gemeinsamkeiten machen. Denn wahrscheinlich werden weder Familiengeschichte noch Tradition von Bedeutung sein, da die Interessen der Menschen zunehmend divergieren, und so müssen sich die Bewohner der Alpen ernsthaft überlegen, welche Gemeinsamkeiten sie anstreben, um eine soziale Gemeinschaft zu werden. Andernfalls käme es zu einem Mangel an Initiativen und gemeinsamen Aktivitäten. Von nun an werden in erster Linie Umwelt und Lebensqualität der gemeinsame Nenner sein, das gemeinsame Ziel. In dieser Beziehung können sich die Alpen so einiger Trumpfkarten rühmen: ein hoher Lebensstandard im ländlichen Raum, eine Vielfalt im Wohnumfeld, eine hohe Dichte kommunaler Dienste, zahlreiche ökonomische Aktivitäten. Nichts davon wird aber ewig währen. Die Bewohner vor Ort werden selbst dafür verantwortlich sein, was sie von diesem Erbe bewahren und was sie ausbauen wollen. Die augenblickliche Bewohnerzahl ist deshalb weniger wichtig als ihr Bemühen, gemeinsame Ziele zu erkennen, und ihr Vermögen, diese zu erreichen, besonders im Zusammenhang mit dem nationalen Erbe.

Nichtsdestoweniger muss man feststellen, dass die Möglichkeiten, gemeinsame Projekte und die Ziele im Alpenraum zu verwirklichen, sehr ungleich verteilt sind. Es ist ziemlich sicher, dass man sie nicht in den touristisch besonders attraktiven Tälern oder am Rande der Städte findet. Zu oft stehen ihnen gerade hier ökonomische und deshalb unterschiedliche Interessen entgegen. Man trifft sie auch kaum in den Abwanderungsgebieten, die viele Gelegenheiten zur Entscheidungsfindung verpasst haben. Meist finden wir sie in Regionen, die irgendwo dazwischen liegen, wo sich eine günstige Situation ergibt und die möglicherweise gesegnet sind mit einer charismatischen Persönlichkeit oder unternehmungsfreudigen Menschen. Es gehört zu den Vorteilen sich verdichtender Ströme von Menschen und Informationen in Europa, dass führende Personen oder Gruppen heutzutage viel leichter Kontakte knüpfen, Informationen austauschen und Erfahrungen vergleichen können als früher. Manchmal entwickeln sich daraus organisierte Netzwerke, und diese wachsen und wachsen: Netzwerke zwischen Gemeinden, Touristenzentren, Schutzgebieten usw. Obwohl sie sich oft erst vor Kurzem gebildet haben und nicht immer die Erwartungen erfüllt haben, sind solche Verbundsysteme der Kooperation sicherlich eine Form menschlichen Wirkens, die unsere Aufmerksamkeit verdient. Sie sind gleichermaßen auch eine der wegweisenden Kräfte, die die Alpenwelt der Zukunft maßgeblich mitgestalten wird. Fraglos werden sie auch der Stimulus sein, lokale Gemeinschaften in den Alpen zu erneuern und Interessengemeinschaften in der gesamten Alpenregion zu schaffen. Auf diesem Nährboden kann wahrscheinlich eine gemeinsame Identität ihrer Bewohner wachsen, ein Gefühl der Zusammengehörigkeit, gründend auf ähnlichen Erfahrungen und Ideen hinsichtlich ihrer gemeinsamen Umwelt und des Landes. Dann wird eine Fiktion, die auf dem Alpenmythos beruht, nicht mehr genügen.

Die Alm Planina Slapnik – Krn [Slowenien]

Die Durance [Frankreich]

Mario F. Broggi

Bewusstsein und Verantwortung im Alpentourismus – wohin geht die Reise?

Drei Schweizer Beispiele

Im Tourismus vollzieht sich derzeit eine Entwicklung, die man mit folgenden Schlagworten umschreiben kann: immer urbaner oder eher klein – fein – naturbetont; kürzere, aber häufigere Aufenthalte; gesundheits- und lustorientiert oder »Spaß und Action«. Neue Beherbergungsformeln mit hoch qualitativer Infrastruktur und Verwöhnangebote scheinen zudem im Trend zu liegen. Und was geschieht mit den vielen mittleren »normalen« Ferienorten? Fallen diese zwischen die beiden Trends? Oder steigen auch sie in einer Flucht nach vorn in das Wettrüsten ein? Oder gibt es so etwas wie eine touristische Alternative mit Betonung auf »Natur pur«? Ganz offensichtlich boomt derzeit der Markt in Nordamerika für umweltbewusstes Reisen. Man spricht dort vom »grünen Jetset« – und bekanntlich gelangt vieles aus dem Westen auch zu uns. Werden die Alpen somit touristisch gesehen zu urbanen Parks und der Rest zur Wildnis? Anhand von drei Schweizer Großvorhaben der jüngeren Zeit soll die laufende Entwicklung kommentiert und ein Ausblick auf den Alpentourismus gewagt werden.

Andermatt – vom »schwarzen Loch« zur Tourismus-Weltklasse?

Andermatt liegt nördlich des berühmten St.-Gotthard-Passes. Auf einer Fläche von knapp 1,5 Millionen m² soll dort ein erstklassiger Touristenort mit mehreren Hotels (800 Zimmer, 600 Apartments), 100 Ferienhäusern, einem 18-Loch-Golfplatz und Geschäften inklusive Sport- und Freizeitzentrum entstehen. Der ägyptische Investor Samih Sawiris will hier 1 Milliarde Dollar investieren. Ist damit der »Sechser im Lotto« für Andermatt vorprogrammiert, nachdem dasselbe Gebiet 2006 in einer in der Schweiz stark diskutierten Studie des Architektur-Institutes der Eidgenössischen Hochschule von Zürich der alpinen Brache, also der touristischen »No-Go-Area« zugeordnet wurde? Ein Besuch vor Ort zeigt, dass die dort markant vertretene Bauepoche der »Belle Époque« einiges an Patina angesetzt hat. Die großen Zeiten der Reisen »über« die Alpen scheinen vorbei zu sein. Das Militär als größter Arbeitgeber dort zieht sich zunehmend aus dem Gotthard-Massiv zurück. So war das »schwarze Loch« vorprogrammiert. Aber jetzt scheint die Erlösung zu kommen. Mit einem »Bauernopfer« – der Fläche von sieben Bauernhöfen – kann das meiste auf dem inzwischen verkauften Militärland realisiert werden (drei Landwirtschaftsbetriebe wurden inzwischen aufgegeben, einer in den fernen Jura abgesiedelt). Weitere Bodenankäufe werden derzeit diskutiert. Für schweizerische Verhältnisse atemberaubend schnell bewilligten die Behörden auf Gemeinde-, Kantons- und Bundesebene, was zu bewilligen war. Der Bundesrat befreite das Projekt aus staatspolitischem Interesse von der Bewilligungspflicht für den Erwerb von Grundstücken durch Personen im Ausland. Die schweizerischen Umweltverbände hielten sich ziemlich bedeckt, das Damoklesschwert der Abschaffung der gesetzlich verankerten Verbandsklage durch die zustande gekommene Volksinitiative einer politischen wirtschaftsnahen Partei im Nacken, ließ sie verstummen. Was ist mit etwas mehr Abstand zur Sache grundsätzlich zu sagen und zu fragen? Es stellen sich bei aller gegebener Euphorie vor Ort und des offensichtlichen Verhandlungsgeschickes des Investors weitere Fragen und Herausforderungen:

- In der Schweiz verlangen die Grundsätze der Raumplanung den nachhaltigen Umgang mit dem Boden, eine Umweltverträglichkeit, die Beachtung der Bedürfnisse der Bevölkerung und der Wirtschaft und die Begrenzung der Ausdehnung des Siedlungsgebietes. Kann ein derartiges Großvorhaben mit diesen Grundsätzen in Einklang gebracht werden? Offensichtlich ja, sonst hätten ja keine Bewilligungen erteilt werden können, und die Richtpläne wurden entsprechend angepasst. Hat also alles Geplante unter dem Mantel der Nachhaltigkeit Platz, oder wird hier der Inhalt des Begriffes einfach überdehnt?
- Wurde die Frage der Standortsgunst ausreichend abgeklärt? Man spricht hier von einem »Schattenloch« im Winter und einer stark windzügigen Ebene. Genügen also die vom Militär in ausreichender Menge überlassenen Böden und das Investitionsvolumen als schlagkräftige Argumente? Wer wünscht sich schon für diese Gemeinde eine spätere Investitionsruine!
- Der Ortskern von Andermatt stellt ein Inventarobjekt von nationaler Bedeutung dar, was das Ortsbild betrifft, und Großvorhaben im Nahbereich stellen somit an die Baugestaltung hohe Ansprüche. Schafft man es mit einer gestalterischen Formensprache, den Anschluss an das Dorf zu finden?
- Ist das Ganze größenverträglich mit der Landschaft der Hochebene des Urserentales? Wie verträgt sich ein Projekt der Superlative mit den doch eher kleinräumigen Strukturen dieses Tales? Der Bau zusätzlicher Infrastrukturen dürfte wohl unabdingbar sein, auch im Hinblick auf die Erwartungen und Ansprüche dieses Zielpublikums. Wie werden sich schließlich die Andermatter mit der neuen Situation identifizieren?

Tempo scheint in Andermatt Programm zu sein. Dies ist vonseiten des Investors nachvollziehbar. Befürchtungen über nur kurzfristige Erfolge, die mehr Kunstwelt darstellen, anstatt sich konkret mit Ort und Zeit zu befassen, sind angebracht. Hier dürfte sich auch das historisch gewachsene Andermatt von einem aus dem Boden gestampften Ferienort am Roten Meer unterscheiden, wo der Investor bisher anscheinend erfolgreich gewirkt hat.

»Porta Alpina«: ein Tor zur alpinen Welt – generiert es bereits regionale Wertschöpfung?

Der 57 km lange und rund 70 Milliarden Franken teure St.-Gotthard-Basistunnel soll dereinst 300 Güter- und 100 Personenzüge pro Tag auf dem europäischen Hochgeschwindigkeitsnetz durchleiten.

Im Jahre 2000 traten Gruppierungen in der Bündner Surselva mit der Idee an die Öffentlichkeit, die geplante Nothaltestelle inmitten des Tunnels zu einer regulären öffentlichen Haltestelle auszubauen. Die bestehende Schaftförderanlage für den Tunnelbau sollte nach Abschluss der Arbeiten in einen Personenlift umgebaut werden. Der 800 m tiefe Zugangsschacht würde dann mit dem höchsten Personenlift der Welt und einem 1-km-langen Zugangsstollen die Verbindung nach Graubünden schaffen. Mit zusätzlichen Baukosten von 50 Millionen Schweizer Franken sollte dieses Tor nach Graubünden erstellt werden können. Politik und Bündner Volk sagten im Jahre 2006 ja zu abklärenden Vorleistungen. Und Studien gingen von rund jährlich 200 000 Besuchern aus, welche die Tunnelstation mit 16 Zugpaaren pro Tag im Stundentakt erreichen sollten. Die Porta Alpina ist zugegeben ein technisch faszinierendes Projekt. Sie wurde zu einer Überlebensstrategie für das gesamte Bündner Oberland hochstilisiert. Wie eine Leuchtrakete hat sie Graubünden illuminiert. In dieser Phase der Planungsbegeisterung war kaum jemand bereit, bohrende Fragen zu einem solchen Vorhaben zu

Les Mées

stellen. Nachdem der helle Schein verblasst, der Rauch abgezogen ist und die Bündner Regierung Mitte 2007 gar den Rückzug verkündete, ist der Zeitpunkt gekommen, auch hier einiges grundsätzlich für den Alpentourismus zu hinterfragen.

- Lief hier nicht das traditionelle Modell des Disparitätenausgleichs nach alter regionalpolitischer Schule ab, welche die Doktrin der Erschließung und des Infrastrukturausbaues in den Vordergrund stellt, bevor neue, differenzierte Entwicklungsstrategien vorliegen?
- Meinte man wirklich allen Ernstes, mit einem Portal eine Wertschöpfung für die umliegende Region erreichen zu können? Handelte es sich nicht um einen widersprüchlichen Einzelprojekt-Aktivismus ohne gemeinsame und abgestimmte Strategie für die Raumentwicklung?
- Für den öffentlichen Verkehr außerhalb des Portals hätten die nötigen Dichten gefehlt. Wusste man überhaupt, welche positiven und negativen Auswirkungen ein Projekt wie die Porta Alpina auf die Region gehabt hätte? Das punktuelle Konzept drohte das originäre Potenzial der Natur und Kultur der oberen Surselva zu degradieren, das gerade hier ausgeprägter vorliegt als in vielen anderen Alpentälern.

Die Porta Alpina konnte es als Einzelprojekt-Aktivität wohl nicht richten. Der Bundesrat ließ sich in diesem Fall für seinen Bescheid viel Zeit, angekündigt bis zum Jahre 2012. Gut möglich, dass die technischen Vorgaben für den Tunnelbetrieb das Projekt zum Kippen brachten. Auch die Wirtschaftlichkeit des Vorhabens ließ Skepsis zu. Immerhin hätten sich Grundkosten von 45 000 Schweizer Franken für den Transport jedes Fahrgastes ergeben. Die Bündner Regierung hat das Projekt von sich aus im September 2007 beerdigt. Man hört, dass eine private Investorengruppe das Projekt allerdings noch nicht aufgeben will.

Touristenzentrum und Naturpark in einem in Mittelbünden?

Savognin liegt auf 1200 m Höhe am nördlichen Ende des Julierpasses auf dem Weg ins Oberengadin zur »Top of the World-Destination« St. Moritz. In Savognin begann für die Schweiz das Schneekanonen-Zeitalter im Jahre 1978, wohl auch deswegen, weil die Station für den alpinen Skisport höhenmäßig im kritischen Bereich liegt. Nach Prognosen für die gegenwärtige Klimaerwärmung könnte sich die Schneegrenze bis zum Jahre 2050 um 350 m nach oben verschieben. Dann werden Skigebiete, die unter 1500 m Höhe liegen, Probleme mit der Schneesicherheit bekommen, vor allem sind dann die Talabfahrten nicht mehr gesichert. Die Savogniner haben zwei Optionen: Sie können versuchen, dem Klimawandel zu trotzen, indem sie das Wettrüsten gegen andere Stationen mit neuen Bahnen und Bauten in schneesichere Bereiche nach oben ausdehnen. Oder sie profilieren sich vermehrt als Reiseziel für einen angepassten Tourismus mit dem Hauptziel der Erhaltung wenig berührter Natur, vielfältiger Kultur und lokalen Produkten mit entsprechender Wertschöpfung.

Die örtlichen Behörden wollten offensichtlich beides, und hier beginnt das Problem. Savognin hat sich mit 20 anderen Gemeinden zum ehrgeizigen Projekt Parc Ela zusammengeschlossen. Der 600 km^2 große Naturpark wurde im Juni 2006 feierlich eingeweiht und erhofft sich nun die Anerkennung durch den Bund. Rund 30 Naturparkideen konkurrieren derzeit um das Bundeslabel einer Naturparks von nationaler Bedeutung, wodurch auch Bundesmittel mit der Umsetzung, der Einrichtung und dem Betrieb des Parks verbunden sind. Die einzelnen Park-Kandidaten müssen sich fragen, worin sie einen Mehrwert bei ihrem jeweiligen Park sehen und wie sie sich von anderen unterscheiden. Worauf basiert also ihr Markenzeichen, ihre Parkidee, ihre Einzigartigkeit? Vonseiten des Bundes wurde zudem signalisiert, dass die in einem Naturpark zusammengeschlossenen Gemeinden jeweils ihr ganzes Gemeindegebiet einbringen müssen.

Auf Radons, in der kleinen Nachbargemeinde von Savognin namens Riom-Parsons, nahe der derzeitigen Parkgrenze, sollten mit einem Kostenaufwand von 150 Millionen Franken 18 ha Alpwiesen in eine inselartige Bauzone für ein Resort (1700 Betten), Läden, Restaurants und Zufahrtsstraße mit 1500 Parkplätzen verwandelt werden. Damit wären auch Skigebiets-Erweiterungen verbunden. Was ist zu den beiden gegenläufigen Ideen zu sagen und zu fragen?

- Die Schaffung isolierter Sonderbauzonen, welche nicht an bestehende Siedlungsgebiete angeschlossen und damit abgetrennt sind, widersprechen dem Raumplanungsgesetz.
- Mit dem Parc Ela will man einen naturverträglichen Tourismus anstreben, insbesondere auch im Sommer. Das geplante Projekt Radons würde nicht zur Glaubwürdigkeit des Projektes beitragen, die unabdingbar für einen Park ist, sondern wäre auf den Skitourismus im Winterhalbjahr konzentriert. Die Park-Kandidatur kann ohne Glaubwürdigkeit keine Anerkennung durch den Schweizer Bundesrat bekommen.
- Den Regionalverantwortlichen scheint die ganzheitliche Ausrichtung der Glaubwürdigkeit eines Naturparks noch zu wenig bewusst zu sein. Dies muss so interpretiert werden, wenn man hört, dass im Gebiet auch weitere Wasserkraftwerkprojekte geplant sind, welche die natürlichen Flussabschnitte beeinträchtigen müssten. In der Schweiz sind mehr als 90 Prozent der möglichen Wasserkraft bereits genutzt. Wasserkraft ist zwar sauber, stammt aus der Region und ist vor allem erneuerbar, aber ist nicht dasselbe wie eine schöne Landschaft. Das besondere Augenmerk muss deshalb in Naturparks dem ungestörten Wasserverlauf gelten. Denn wo sonst, wenn nicht hier? Der Bau eines neuen Wasserkraftwerks gehört einfach nicht in einen Naturpark.

Das Spekulationsprojekt Radons ist überraschend im November 2007 gestorben, die Wahlberechtigten in der Gemeinde Riom haben die notwendige Nutzungsänderung im Richtplan abgelehnt. Für den regionalen Naturpark Ela sieht es nun wieder besser aus.

Zwei gegenläufige Trends im Berggebiet?

Was sagen uns die drei Schweizer Fallbeispiele? Die derzeitige Tourismusentwicklung im Alpenbogen ist durch zwei große Trends gekennzeichnet. Mit der Schaffung großflächiger Naturparks soll eine nachhaltige Tourismusentwicklung vor allem in wirtschaftlich peripheren Regionen gefördert werden. Neben dem Schutz von Natur und Landschaft sollen lokale Initiativen die regionalen Wirtschaftskreisläufe stärken. Wir kennen derartige Initiativen seit längerer Zeit aus Italien und Frankreich. Auch der privat betriebene Naturpark »Logarska dolina« in Slowenien ist ein gutes Beispiel. Diese Initiative erhielt gar eine alpenweite Auszeichnung im Programm »Zukunft Alpen« der Internationalen Alpenschutzkommission CIPRA. Auch dort steht die Vermarktung von regionalen Produkten in engem Zusammenhang mit der Förderung von Arbeitsplätzen und der Erhaltung der Kulturlandschaft.

Auf der anderen Seite zeichnet sich ein Trend zu großflächigen Tourismusprojekten in wenigen Regionen ab. Vieles liegt dann in einer Hand. Auch diesem Modell kann eine Attraktivität nicht abgesprochen werden. Das eine Modell wirbt für die Erhaltung intakter Landschaft, das andere erfordert Maßnahmen, die eine Erschließung der Landschaft fördern, sodass sie sich den urbanen Lebensformen mit Skizirkus (Sonne, Spaß und Action) anpasst. Diese Form kennen wir seit einiger Zeit aus den französischen Alpen.

Konzentration des Wintersports auf wenige Top-Regionen?

Fachleute glauben, dass sich der Wintersport künftig eher auf einige Top-Zentren (vergleiche den Begriff »Top of the world«) fokussieren wird. Die dann so noch stärkere Verlagerung des Wintertourismus in Zentren wird den Trend zu Verknüpfungen mit anderen Aktivitäten erleichtern. Hier hat der Resort-Gedanke seine Chancen. Resorts scheinen offensichtlich dem gesellschaftlichen Trend, analog den Einkaufszentren im Einflussbereich der Städte, zu entsprechen. Derartige Projekte bedingen eine Finanzierung durch Investoren oder internationale Gesellschaften. Seit Jahrzehnten nisten sich in Frankreichs Alpen urbane Retorten in höheren Lagen ein. In der Schweiz verdichten sich solche Strukturen auch im Unterwallis (Verbier, Anzère, Haut-Nendaz), ebenso gibt es Planungen bei Crans-Montana. Die ausländischen Investoren gehen davon aus, dass sie ähnlich wie im Fall Andermatt vom Bundesrat eine Ausnahmebewilligung erhalten. Aber auch in solchen Fällen gelten die Grundsätze der Raumplanung. Insbesondere dürfen Weiden und Heuwiesen nicht isoliert angelegt werden.

Bei den eingangs erwähnten Projekten fällt auf, dass für die Standortwahl das Kriterium der Bodenverfügbarkeit eine besondere Rolle spielte. Ebenso dürften im Alpentourismus die Subventionen der öffentlichen Hand eine besondere Rolle spielen. Sie können die Darstellung des Kosten-Nutzen-Verhältnisses erheblich verfälschen.

Wird der »grüne« Tourismus chic?

Zum Image der Alpen gehört es, dass der Tourismus eine dominierende Rolle spielt. In den gesamten Alpen trifft dies aber nur auf jede zehnte Gemeinde zu. Auf der Alpensüdseite sind im 20. Jahrhundert viele abgewandert, was stellenweise mittelfristig auch auf der Nordseite geschehen kann. Die Auswirkungen des Strukturwandels und die Klimaerwärmung haben aber auch Vorteile. Derzeit werden vielerorts 90 Prozent der Seilbahnkapazitäten im Winter genutzt, und der einst dominierende Sommertourismus wurde zur Nebensache. Könnten die Alpen gerade im Zuge der Klimaerwärmung, wenn es am Mittelmeer dauernd über 40 °C heiß wird, nicht wieder zu Wohlfühlort und »Sommerfrische« (im wahrsten Sinne des Wortes) werden? Die zeitlich knappe touristische Sommersaison ließe sich dann verlängern. Südtirol macht es uns ja mit einem »Vier-Saisons-Tourismus« schon lange vor. Viele Touristiker und Regionalverantwortliche hatten bisher für den sanften oder Öko-Tourismus nur ein müdes Lächeln übrig und betrachten ihn als wenig ertragreiche Nische. Er nimmt denn auch derzeit nur etwas über 5 Prozent am alpinen Gesamttourismus ein. Er ist aber ausbaufähig. Man erinnert sich in diesem Zusammenhang an die parallele Diskussion bei Energiefragen, als den alternativen Energien wenig Gewicht beigemessen wurde. Zählen tut bekanntlich eher, was groß ist und damit auch große Investitionen erfordert.

In der Landwirtschaft gibt es andererseits den Ausspruch »Kleinvieh macht auch Mist«. Hat ein angepasster Tourismus, der verantwortungsvolles Reisen in Natur- und Kulturlandschaften, wo die Umwelt erhalten und das Wohl der einheimischen Bevölkerung gefördert wird, nicht seine Chance?

Das Motiv »Naturerleben« hat in den letzten Jahren an Attraktivität gewonnen. Rund 30 bis 40 Prozent der Touristen aus den deutschsprachigen Ländern sind für ökotouristische Angebote besonders empfänglich. Das »Bildungsbürgertum« ist bereit, für einen umwelt- und sozialverträglichen Tourismus entsprechend zu bezahlen. In Nordamerika boomt der Markt für umweltbewusstes Reisen und nimmt derzeit dreimal so schnell zu wie der konventionelle. Heute soll bereits jeder dritte erwachsene Amerikaner zu den »Ökokennern« gehören (Marktschätzung USA jährlich 77 Milliarden Dollar). Es wird hier auf gehobenen Lifestyle gesetzt, mit einer Generation, für die soziale Verantwortung, aber auch Luxus einen neuen Lebensstil darstellt. Der »grüne« Jetsetter »erkundet die Natur, isst Großmutters Gerichte, selbstverständlich aus lokalem Anbau, picknickt am Tennessee River, hört in der Dämmerung einem Sagenerzähler zu und genießt das gute Gefühl, ein Stück vom Aussterben bedrohtes Kulturgut gerettet zu haben« (aus Simone Ott, der Öko-Jetset, »Neue Zürcher Zeitung« vom 20. Mai 2007).

Mit »Grün« lässt sich also Geld verdienen. Man darf mit großem Interesse die angelaufene Naturpark-Entwicklung in der Schweiz verfolgen. Günstig ließe sich dies mit der aus Italien stammenden und inzwischen weltweit agierenden »Slow Food«-Bewegung verbinden, die mit ihren wiederentdeckten regionalen Qualitäten boomt und sich für kurze Transportwege und landwirtschaftliche Biodiversität einsetzt. Naturbezug und Luxus sind als neuer Lebensstil zumindest in der Schweiz noch wenig verinnerlicht. Schauen wir, was der »Westwind« in den nächsten Jahren diesbezüglich bringt.

Schlussfolgerungen

1. Touristenzentren in den Alpen werden sich ausbreiten und sind eine mögliche Antwort auf die gesellschaftlichen Megatrends. Deren Anzahl dürfte aber begrenzt sein. Beispielsweise wäre für die Schweiz ein knappes Dutzend realisierbar. Die Umsetzung muss aber mit Bedingungen verknüpft werden wie das Einhalten von Grundsätzen der Raumplanung und des Tourismus selbst. Wenn sie über genügend Betten verfügen, sind sie für Reiseveranstalter interessant.
2. Ein »grüner« wertschöpfender Tourismus ist eine weitere, bisher unterschätzte ökonomische Alternative im alpinen Bereich. Die Idee eines weiter entwickelten Naturparks ist vielversprechend, aber Glaubwürdigkeit wird hier das Schlüsselwort sein.
3. Die beiden großen Trends, Konzentration auf Wintersport und alternativer Naturtourismus, vertragen sich nicht am selben Ort. Es sind regionale Entscheidungen erforderlich, wo welche Strategie verfolgt wird. »Klein aber fein« kann für viele Reiseziele den Mittelweg darstellen und eine Ausrichtung auf Familientourismus ermöglichen.

Das »Phantom«-Bild eines »grünen Jetsetters«

Der »grüne Jetsetter«

- ist zwischen 35 und 75 Jahre alt
- hat einen höheren Schulabschluss
- hat ein regelmäßiges Einkommen
- kommt aus einem Ballungsraum
- sucht im Urlaub eher ruhige Erholung als Unterhaltung und Action
- bevorzugt Rückbesinnung auf Angemessenheit, Vernunft, Authentizität, Wohlfühlwert
- möchte Gegenden kennenlernen unter Einbezug der vielfältigen Natur und Kultur
- will komfortablen Urlaub haben, isst und trinkt gern und gut und achtet auf Regionalprodukte
- zieht kleinere Orte den international bekannten Reisezielen vor
- ist bereit, einen Obulus für Natur zu leisten.

Über der Nordwand des Matterhorns

Über den Fotografen

Matevž Lenarčič, B. Sc.

Geboren: 22.5.1959 in Trbovlje
Ausbildung: Diplom-Biologe
Beruf: Fotograf und Pilot

Tätigkeiten:

Als Biologe: 1986 bis 1990 am Institut der Republik Slowenien für Naturschutz
Als Fotograf: www.aerovizija.com
Autor von sieben Bildbänden:
Around the Only World, 2000
The Upper Savinja Valley, 1991
Waters in Slovenia, 1995
The Savinja River, 1997
The Logar Valley Nature Park, 1996
Šmarna gora, 1998
The Slovene Mediterranean, 1998
51 Wandkalender
28 Einzelausstellungen
Als Autor: zwei Bücher
Around the Only World, 2006
Sense and Realization – Patagonia, 1988

Expeditionen mit dem Flugzeug: www.wingsforever.com
World Trans-Siberia, 2002
Around The World, 2004
Africa – Valley of Life, 2005

Expeditionen in den Bergen:
Grönland, 1978
Annapurna I, 1983
Annapurna IV, 1994
Karakorum/Himalaya, 1986
Patagonien: Fitz Roy, Cerro Torre, 1983, 1985
Afrika usw.
Als Paraglider: 15 Jahre Flugerfahrung, Flug von den slowenischen Bergen bis zum Himalaya
Als Pilot: PPL – IFR, mehr als 2500 Stunden

Luftaufnahmen der Alpen

Die Alpen sind eine herrliche Gebirgskette, entstanden durch die tektonischen Aktivitäten der Erde und geformt durch klimatische Faktoren. Bewohner und Besucher haben die Region mit ihrer Kultur und Weltanschauung mit geprägt. Dieser Gebirgsraum mit seinen unzähligen Gipfeln, tiefen Tälern und Schluchten, Seen und Gletschern, Siedlungen und Wiesen, Fauna und Flora, rauer Wildnis und Kulturlandschaften kann in seiner Gesamtheit erst verstanden werden, wenn man eine kritische Einstellung dazu hat und einen Standort, von dem aus man alles überschauen und zugleich jedes Detail wahrnehmen kann. Eine solche Erfahrung lässt sich nur mit einem Leichtflugzeug machen, das jede thermische Brise spürt und so langsam fliegt, dass man den Kletterer auf dem Bergrücken erkennen kann, das aber zugleich auch schnell genug ist, um die 1200-km-Strecke zwischen Monaco und Wien in einem Tagesflug zu schaffen. Wenn man begreift, dass Menschen aus verschiedenen Tälern, mit verschiedener Hautfarbe und unterschiedlicher Geschichte Berge besteigen, um Ähnliches zu erleben, sieht man diese karge, steinige Bergwelt aus einer ganz anderen Warte. Die Flugzeugperspektive zeigt, dass das alpine Ökosystem mit geformt wurde von Menschen, die sich ihrer Abhängigkeit von der Natur bewusst waren, aber auch von anderen Menschen, die in ihrer Profitgier Jahrtausende alte Grundprinzipien der Region mit Füßen getreten haben. Aus der Luft erkennen wir auch, dass die Verdon-Schlucht in Frankreich, die Gletscher des Mont Blanc, die Granitmauern des Bergell, die barocken Rücken der Dolomiten und die hellfarbigen Kalksteinwände der Julischen Alpen Juwelen der Natur sind – in derselben Region, die um jeden Preis vor aggressiver Ausbeutung geschützt und für künftige Generationen bewahrt werden muss.

Das Flugzeug Pipistrel Sinus 912

Für Luftaufnahmen wird ein Flugzeug benötigt, das die gewünschte Höhe und die richtige Position für gute Aufnahmen erreicht. In Bergregionen sind die Auswahlmöglichkeiten aufgrund großer Höhen, starker Winde, Wetterwidrigkeiten, weiter Strecken und nur weniger Landeplätze beschränkt. Am einfachsten lassen sich die Aufnahmen mit einem leistungsstarken Hubschrauber realisieren, der hoch genug

Foto: Herman Slokar

steigen kann, doch ökologisch gesehen ist das recht fragwürdig, außerdem extrem kostspielig und zudem eine logistische Herausforderung angesichts einer nur dreijährigen Projektzeit.

Der gesamte fotografische Teil dieses Buchprojektes wurde auf der Grundlage eines Leichtflugzeuges und eines Piloten konzipiert, der zugleich Fotograf und Projektmanager war. Der umweltverträgliche Ultraleicht-Motorsegler Pipistrel Sinus 912 wurde als sehr geeignet angesehen, vor allem aufgrund seiner extrem variierbaren Geschwindigkeit (60 bis 220 km/h), dem günstigen Treibstoffverbrauch, dem geringen Schadstoffausstoß und dem niedrigen Lärmpegel. Außerdem kann er eine Höhe von 6000 m erreichen und fliegt mehr als 15 Stunden, ohne landen zu müssen. Diese Vorzüge verdankt er seinem modernen aerodynamischen Design und dem verbrauchsarmen 80-PS-Motor.

Schlechtwetterflüge in solch einem Leichtflugzeug sind eine große Herausforderung, da es außerordentlich empfindlich auf die atmosphärischen Launen reagiert. Das Fliegen in einem starken Aufwind ist ziemlich problematisch und das Fotografieren viel schwieriger. Eis kann sich schnell auf den glatten Flügelspitzen bilden, und die starke Einstrahlung und Aufheizung des Cockpits beim winterlichen Flug durch eisige Luft vermittelt nicht gerade ein Komfortgefühl. Die beschriebene Ausrüstung garantiert zudem kein sicheres Fliegen in reinen Instrumentenflug-Bedingungen. So verlangt das Fliegen in einem solchen Flugzeug ein hohes Maß an Demut gegenüber den Naturelementen sowie gute Kenntnisse über Umgebung und Wetter.

Bei schönem Wetter sind solche Flüge allerdings ein fantastisches Vergnügen.

Das Wetter

Aufgrund der komplexen Gestalt der Alpen, ihrer geografischen Lage zwischen dem Mittelmeer und Kontinentaleuropa und der Verteilung unterschiedlicher Luftmassen ist das Wetter in dieser Region außerordentlich wechselhaft und schwer vorhersagbar. Unterschiedliche Wetterlagen zusammen mit lokalen Phänomen erschweren zusätzlich die Situation in der Atmosphäre.

Gebirgsflüge sind eine ganz besondere und herausfordernde Form des Fliegens. Im Gebirge ändert sich das Wetter rascher und stärker als woanders. Die verschiedenen Gesteinsarten, die Täler und Hochebenen erwärmen sich unterschiedlich, was zu komplizierten thermischen Mustern führt. Die Feuchtigkeit von Tälern mit Seen oder von Tiefausläufern kondensiert auf den eisigen Gipfeln, Luftmassen sinken ab und steigen auf, und die Luftströme werden in manchen engen Tälern und Einschnitten düsenartig beschleunigt. Absinkende Luft auf der windabgewandten Seite eines Bergrückens vermag die Aufstiegskraft eines Motorseglers rasch zu übertreffen. Dann hilft auch kein Vollgas mehr, man wird hoffnungslos in die Tiefe gedrückt. Die Gebirgslandschaft bietet definitiv nur wenige Möglichkeiten für Notlandungen bei einem Motorschaden oder schlechtem Wetter. In engen Tälern wird diese missliche Lage oft noch durch widrige Winde verschlimmert.

Die Vorbereitung des Fluges

Mit der Sinus ist es möglich, in gut fünf Stunden über die gesamte Alpenkette zu fliegen. Aber auf dem Weg sieht man so viele prachtvolle Gipfel, Gletscherspalten, dunkle Schluchten, Seen und Almen, dass sich diese fünf Stunden ohne Weiteres zu 500 Stunden ausdehnen ließen, wenn wir alles im Detail studieren wollten. Hunderte von Gipfeln, Bergrücken, Silhouetten scheinen mit dem Horizont zu verschmelzen. Die charakteristischen Umrisse, wie wir sie aus der Bodenperspektive kennen, erscheinen uns in einem ganz neuen, ungewohnten Licht. Die Gipfel sind niedriger, die Wände sehen anders aus, auch die Bergrücken verbinden sich ganz anders, und das erschwert die Orientierung.

Jeder Flug erfordert präzise Vorbereitungen: das geografische Studium der Region, die Auswahl der Aufnahmestandorte und die Erstellung des Flugplans, das Startklarmachen des Flugzeugs und der fotografischen Ausrüstung, die Analyse der Wetterlage und der speziellen Beleuchtungsverhältnisse ausgewählter Berge usw. Der Flugplan muss zudem alle Luftfahrtvorschriften der einzelnen Alpenländer mit ihren unterschiedlichen Hoheitsbereichen berücksichtigen sowie die täglichen NOTAM (= notice to airmen)-Restriktionen.

So hängt der Erfolg jedes Fluges von zahlreichen Faktoren ab. Da es sich um Ein-Mann-Flüge handelte, musste man sich im Zeitplan nicht mit anderen Flugkameraden abstimmen.

Da der Motorsegler in ökologischer Hinsicht kaum einen Eingriff in die natürliche Umwelt darstellt, erhielten wir sogar von einigen Nationalparks Überfluggenehmigungen, obwohl wir dort Fotos aus Höhen brauchten, die unterhalb der genehmigten Flughöhe lagen.

Im Flugzeug wurden stets VFR (= visual flight rules)-Fliegerkarten mitgeführt, die sicheres Fliegen und eine gute Verständigung mit den Kontrolltürmen ermöglichten. Es gab noch zahlreiche andere Karten, die ausgewählte Gebiete besonders detailreich zeigten und damit eine präzise Orientierung und auch Erkennung der Fotoobjekte erlaubten. Die Navigation erfolgte mit einem GPS, an das auch die Kamera angeschlossen war. Letztere zeichnete für jedes Foto die exakten Koordinaten (Breite, Länge und Meereshöhe) auf.

Da die höchsten Gipfel aus einer Höhe von etwa 6000 m fotografiert wurden und es zuweilen wetterbedingt nötig war, in ausreichender Höhe oberhalb geschlossener Wolkenschichten zu fliegen, die sogar

die allerhöchsten Berge verhüllten, musste zusätzlich eine Sauerstoffausrüstung mitgeführt werden. Zu Sauerstoffmangel kann es oberhalb 4000 m kommen, wenn rasch die Höhe gewechselt werden muss.

Zur Standardausrüstung an Bord des Flugzeuges gehörten ferner ein Zelt, warme Kleidung und eine Überlebensausrüstung für den Fall einer Notlandung in unzugänglichem Gelände.

Fotografie

Für die Luftbildfotografie benötigt man besonders zuverlässiges und qualitativ hochwertiges Material. Die Szenerie wechselt extrem rasch, was sofortiges Reagieren mit der richtigen Wahl des Bildaufbaus und häufiges Auslösen erfordert. Alle Aufnahmen für das Projekt »Die Alpen« wurden mit professionellen, hoch auflösenden Digitalkameras (Nikon D2 und D3) und hochwertigen Nikon-Objektiven gemacht. Da das Flugzeugfenster die Bildqualität erheblich beeinträchtigt, wurde stets aus einem offenen Fenster fotografiert. Einige Szenerien wurden in unterschiedlichen Jahreszeiten und mit unterschiedlichen Beleuchtungsbedingungen mehrfach festgehalten.

Für einen guten Fotografen ist die Art des Lichts von größter Wichtigkeit. Bei höher stehender Sonne erscheinen alle Berge ziemlich ähnlich. Nur in besonderen Momenten, in den frühen Morgen- oder Abendstunden mit ihren warmen Farben und sanften Übergängen zwischen Licht und Schatten, oder wenn die Wetterlage eine spezielle Beleuchtung hervorruft, offenbaren die Berge ihren individuellen Charakter. So begann der normale Flugtag bereits lange vor Sonnenaufgang und endete mit der einsetzenden Dämmerung.

An einem normalen Flug- und Fotografiertag wurden durchschnittlich 3000 Bilder geschossen. Das bedeutet eine enorme Menge an Bilddaten, die bereits während des Fluges von der Memory Card der Kamera auf eine externe Festplatte überspielt wurden. Im Verlauf der drei Jahre summierte sich das auf über 100 000 technisch perfekte Fotos.

Die Endauswahl der Fotos erfolgte nach mehreren Kriterien:

- Thematische Eignung hinsichtlich der Botschaft dieses Buches
- Ein fotografisches Portfolio, das die gesamte Alpenregion abdeckt
- Eine Erfassung der verschiedenen Landschaftsformen
- Die Aufnahmen aller Berge mit einer besonderen Geschichte und kulturellen Identität
- Darstellungen typischer Siedlungen, Seen, Flüsse, Täler und geomorphologischer Besonderheiten
- Passende Auswahl an Farben und genügende Vielfalt
- Technische Voraussetzungen für großformatige Vergrößerungen.

Manchmal war es sehr schwierig, bestimmte weniger bekannte Gipfel zu identifizieren. In solchen Fällen erwiesen sich die in den Datensätzen der Fotos gespeicherten Koordinaten und Höhenangaben – gewonnen über die Verbindung der Kamera mit dem GPS-Gerät – als besonders wertvoll. Eingegeben bei Google Earth im Internet zeigten die Daten den genauen Standort und die Richtung der Aufnahme. Bei der Gipfelidentifizierung half auch der Vergleich der Fotos mit entsprechenden Abbildungen aus der Literatur und dem Internet. Schließlich wurden noch einmal alle Bilder mit ihren Daten von einem Expertengremium des Projektes »Die Alpen« geprüft.

Die ökologischen Auswirkungen des Projektes

Die Flugstatistik:

- 346 Flugstunden, 12 davon im Gleitflug ohne Motor
- Etwa 61 000 Flugkilometer
- Etwa 3400 Liter unverbleites Autobenzin (Super 95)
- Maximale Flughöhe: 5975 m
- Minimale Höhe während des Fluges: 100 m
- CO_2-Emission: schätzungsweise 7000 kg
- Lärmpegel: 32 dBA 300 m vom Flugzeug entfernt (bei normaler 55-prozentiger Laufleistung des Motors)

Die Menge verbrauchten Benzins war mindestens 20-mal niedriger als ein typischer Helikopter verbraucht hätte, während die Lärmbelastung und der Schadstoffausstoß auch in nur 500 m Entfernung vernachlässigbar gering waren. Die Pipistrel Sinus 912 gehört zu den wenigen Flugzeugen mit einem Schweizer Ecolight-Zertifikat. Das Flugzeug wurde in der Pipistrel-Fabrik gebaut, die über eine eigenständige Solarstromanlage verfügt und mit ihr 180 600 kg CO_2 pro Jahr einspart. Während der Projektzeit stieß das Flugzeug insgesamt 7000 kg CO_2 aus (diese Menge entspricht gerade einmal der Emission des Dienstwagens eines Geschäftsmannes in einem Jahr), die von rund 300 typischen und gesunden Bäumen in einem Jahr wiederaufgenommen werden können. In den drei Jahren geriet die Maschine nicht einmal in einen Vogelschwarm und flog auch nie so tief, dass sie Tiere oder Menschen hätte erschrecken können.

All diese Faktoren trugen dazu bei, dass die Präsenz des Flugzeuges nur einen geringen Einfluss auf das empfindliche alpine Ökosystem hatte.

Wir sind davon überzeugt, dass der positive Effekt des Projektes in Form einer Förderung der Entwicklung des Alpenraums im Einklang mit der Natur bei Weitem die direkten negativen Folgen übertrifft, die das Projekt für die empfindliche Alpennatur gehabt haben mag.

Die Autoren der Beiträge

Sir Christian Bonington

Er erhielt seine Ausbildung an der University College School, London und an der Royal Military Academy, Sandhurst. Mit dem Klettern begann er im Alter von 16, und es gelang ihm noch im Teenageralter eine große Erfahrung im Bergsteigen zu sammeln. 1960 nahm er auf Einladung an der Joint British-Indian-Nepalese Services Expedition zum Annapurna II (7937 m) teil und erreichte den Gipfel. Zusammen mit Bergsteigerfreunden organisierte er erfolgreich mehrere außerordentlich anspruchsvolle Expeditionen zu den höchsten Bergregionen der Erde. Er verfasste mehr als 20 Bücher, erhielt Ehrendoktortitel und viele Auszeichnungen und wurde weltweit zur unbestrittenen Kapazität und Legende im Alpinismus. Seine Erfolge im Hochgebirge sind Meilensteine im Alpinismus, eine große Inspiration auch für die jüngere Generation. Siehe auch **www.bonington.com/biog.pdf**

Foto Heinz Bayer, Salzburg

Dr. Werner Bätzing

Er studierte evangelische Theologie und Philosophie im Bielefeld, Tübingen und Heidelberg. Er arbeitete dann als Buchhändler in verschiedenen Buchläden und Verlagen in Berlin. 1983 bis 1987 studierte er in Berlin Geografie und Philosophie mit Schwerpunkt Alpenraum. 1988 bis 1995 war er wissenschaftlicher Assistent und später C3-Professor am Geografischen Institut der Universität Bern in der Schweiz. Seit 1995 ist er Ordinarius für Kulturgeografie an der Universität Erlangen. Er schrieb zahlreiche Bücher über die Alpen. Sein bedeutendstes, »Die Alpen« (1984, 1991 und 2003), wurde auch ins Französische (Lausanne 2005) und Italienische (Turin 2005) übersetzt. Sein zweiteiliger Bergsteiger-Führer Grande Traversata delle Alpi/GTA erreichte 2006 seine 5. Auflage. Publikationen: **www.geographie.uni-erlangen.de/wbaetzing**

Janez Bizjak, B. Arch.

Er ist Architekt, Designer, Alpinist (Grönland, Alaska), Naturschützer und Publizist. An der Universität Ljubljana studierte er Architektur, Visuelle Kommunikation und Ethnologie und erhielt 1967 sein Diplom. Nachdem er als freiberuflicher Architekt (1968 bis 1983) arbeitete, stand er im Dienst des Triglav-Nationalparks als Verantwortlicher für Kulturerbe und Landschaftsplanung. Von 1992 bis 2005 war er Direktor des Nationalparks. Seit 2006 ist er Direktor des privaten Alpeninstituts. Von 1985 bis 1999 war er Mitglied in der CIPRA Slowenien, und 1992 bis 1999 ihr Präsident. 1990 bis 1994 repräsentierte er Slowenien in der Mountain Protection Commission bei der UIAA, 1995–2005 in der ALP-ARC, wo er 2000–2005 ihr Vizepräsident war. Er schrieb zwei Bücher und 117 Fachartikel über Natur- und Umweltschutz, die in seiner Heimat wie auch im Ausland publiziert wurden.

Hervé Cortot, B. Sc.

Er wurde in Geografie und Glaziologie ausgebildet, schloss dann das Studium mit dem Schwerpunkt kontinentale Ökologie ab. Seine Leidenschaft für das aktive Bergsteigen in all seinen Varianten (Klettern, Bergwandern, Skifahren und Langlaufen) ermöglichte ihm 1977 die Anstellung im Nationalpark Les Écrins. Er wurde zunächst für Außenaufgaben und als Park-Ranger eingesetzt, arbeitete dann als Gebietsleiter und ist seit 2001 Chef der Wissenschaftsabteilung. Als wissenschaftlicher Universalist ist er den Humanwissenschaften, der Archäologie und Ornithologie gegenüber ebenso aufgeschlossen wie lokalem Wissensgut oder der Landschaftspflege. Die Neugier treibt ihn an!

Dr. Boštjan Anko

Er schloss das forstwirtschaftliche Studium an der Universität Ljubljana ab. In Kanada besuchte er das Ontario College of Education, lehrte dann an einer High School und leitete eine slowenische Schule. Er war zudem Berichterstatter für die Delo-Zeitung aus Kanada und Mexiko. Er erhielt seinen M.Sc. an der Yale School of Forestry and Environmental Studies und seinen Ph.D. in Ljubljana. Er widmete sich mit besonderer Aufmerksamkeit der Landschaftsökologie, dem Waldhaushalt und der urbanen Waldwirtschaft, der Geschichte der Forstwirtschaft und dem Naturschutz und war auf diesen Feldern an der Universität Ljubljana durch Forschungen, Publikationen und Lehre aktiv. Er entwickelte auch den Weiterbildungsstudiengang »Schutz des Naturerbes«. Er vertrat Slowenien engagiert in Forschungs- und Fachorganisationen und -foren, hielt Vorträge auf wissenschaftlichen Tagungen und als Gastdozent an vielen Universitäten. Der Kern seines Schaffens konzentriert sich nach wie vor auf die Frage des Umgangs des Menschen mit dem Wald und der Natur.

Dr. Anton Brancelj

Er erhielt 1991 seinen Ph.D. mit dem Thema »Ein Modell der Zooplankton-Produktion angewandt auf *Daphnia hyalina* (Crustacea: Cladocera) im See Blejsko Jezero«. Seit 1983 ist er mit einer vollen Stelle als Wissenschaftler am Nationalen Institut für Biologie in Ljubljana angestellt, erhielt eine C3-Professur und leitet seit 1994 eine eigene Abteilung. 1991 begann er mit Forschungen zu Hochgebirgsseen in den Julischen Alpen. Seitdem beteiligte er sich an drei internationalen Projekten zu Hochgebirgsseen in Europa und leitete zwei nationale Projekte zu diesem Thema. Zusammen mit seinen Mitarbeitern veröffentlichte er die Ergebnisse dieser Analysen in »High-mountain Lakes in the Western Part of the Julian Alps« (2002) und in anderen wissenschaftlichen Zeitschriften.

Dr. Mario F. Broggi

Er studierte an der ETH in Zürich Forstwirtschaft und erhielt seinen Ph.D. an der Universität für Bodenkultur in Wien. Er war Dozent an den Universitäten Basel und Wien. 29 Jahre lang arbeitete er als eigenverantwortlicher Ökologe in Ämtern in Liechtenstein, Vorarlberg, Zürich und Wien. Von 1998 bis 2004 wirkte er als Direktor der Eidgenössischen Forschungsanstalt für Wald, Schnee und Landschaft an der ETH. Er arbeitete in verschiedenen internationalen Organisationen mit: Europarat, IUCN, IUFRO und CIPRA, deren Präsident er mehrere Jahre lang war. Zurzeit ist er im Beirat an der Universität von Liechtenstein und Mitarbeiter in vielen Naturschutzorganisationen. Er hat über 300 Fachpublikationen zur Ökologie, Land- und Forstwirtschaft sowie Landschaftsplanung geschrieben.

Dr. Lučka Kajfež Bogataj

Sie schloss 1980 ihre Ausbildung an der Fakultät für Mathematik und Physik ab und erhielt ihren Ph.D. an der Fakultät für Biotechnologie an der Universität Ljubljana. Seit 1997 ist sie Professorin und liest an beiden Fakultäten. Seit 1996 leitet sie das Zentrum für Biometeorologie an der biotechnologischen Fakultät. Von 2002 bis 2008 gehörte sie dem Intergovernmental Panel for Climate Change (IPPC) in Genf an, und seit 2006 ist sie bei der WMO Ausschussmitglied des Global Climate Observation System (GCOS). Ihre Forschung konzentriert sich auf die Bereiche Klimaänderung und angewandte Meteorologie. Sie publizierte 87 Forschungsartikel, über 400 Fachartikel und populärwissenschaftliche Beiträge sowie 2008 das Buch »Kaj nam prinasajo podnebne spremembe?« (»Was bringt uns der Klimawandel?«). Sie erhielt 2008 den Ljubljana-Preis, den Verdienstorden der Republik Slowenien, den Roža-Mogota-Preis 2008, und als IPCC-Mitglied 2007 auch den Friedensnobelpreis.

Dr. Bernard Debarbieux

Seit 2001 ist er Professor für Kultur- und politische Geografie an der Universität in Genf. Er ist auch ein Experte für soziale und politische Fragen im Zusammenhang mit Bergregionen. Seine Forschung konzentriert sich auf Geografie, Tourismus und die Landschaft. Sein Hauptinteressengebiet sind die Berge in Europa und Nordamerika. Im Rahmen von DATAR (Délégation à l'Aménagement du Territoire et à l'Action Régionale) (Paris) leitete er eine Forschungsgruppe zum Projekt »Vertretungen und territoriale Komplexität«. Derzeit leitet er eine Forschungsgruppe, die sich mit dem Thema »Gebirge: Wissensstand und Politik« befasst. Näheres unter **www.unige.ch/ses/geo/collaborateurs/enseignants/debarbieuxbernard.html**

Dr. Hans Haid

Seinen Ph.D. in europäischer Ethnologie erhielt er an der Universität Wien. Als Autor zahlreicher Bücher über die Alpen und vielen Menschen auch aus dem Radio bekannt, arbeitet er seit 1972 als freier Autor, Dozent und Forscher zu Fragen der alpinen Kulturtradition und organisiert viele internationale Zusammenkünfte. 1974 gewann er den Peter-Rosegger-Preis des Verlagshauses Staackmann. Er war Mitbegründer des International Dialect Institute und schuf den Verband Pro Vita Alpina/International. Die Binding-Stiftung von Liechtenstein verlieh ihm den Großen Binding-Preis 1997 für Umwelt- und Naturschutz. Vom Bayerischen Fernsehen erhielt er 1999 den Preis Grüner Oscar, und 2007 verlieh ihm der österreichische Präsident Heinz Fischer den Titel des Honorarprofessors.

Dr. Boris Kryštufek

Als Professor für Zoologie leitet er an der Universität Primorska das Institut für Studien zur Biodiversität am Zentrum für Wissenschaft und Forschung in Koper sowie die Abteilung für Wirbeltiere im Naturhistorischen Museum Sloweniens. Er studiert Säugetiere auf dem Balkan und im Nahen und Mittleren Osten. Allein oder in Zusammenarbeit mit Kollegen ist er Autor oder Herausgeber von verschiedenen Büchern: »Sesalci Slovenije« (»Säugetiere Sloweniens«), »Sesalci Turčije in Cipra« (»Säugetiere der Türkei und Zyperns«), »Atlas sesalcev Evrope« (»Atlas der europäischen Säugetiere«), »Biodiverziteta Balkana« (»Biodiversität der Balkanländer«), »Živeti z medvedi« (»Leben mit Bären«) usw. Er ist fachlicher Herausgeber der Zeitschrift »Mammalia«, Redaktionsmitglied slowenischer und internationaler wissenschaftlicher Zeitschriften und leitet eine Reihe nationaler und internationaler Forschungsprojekte.

Marco Onida, LLM

Er studierte an der L.Bocconi-Universität in Mailand Wirtschaft und erhielt an der freien Universität Brüssel seinen LLM in Internationalem Recht und Rechtsvergleichung. Seit 1994 ist er als Vertreter der Europäischen Kommission Generaldirektor für Umwelt und Entsandter bei der Alpenkonvention. Momentan ist er Generalsekretär der Alpenkonvention (Innsbruck-Bozen) und hier auch verantwortlich für das ständige Sekretariat. Er ist Autor verschiedener Publikationen im Bereich Europäisches und Internationales Umweltrecht.

Dr. Michael Zemp

Er absolvierte ein wissenschaftliches Studium an der Universität Zürich und erhielt dort seinen Ph.D. Neben seiner Doktorarbeit arbeitete er als Hilfswissenschaftler bei der Naturkatastrophen-Risikoanalyse der Winterthur-Versicherung und später als GIS-Spezialist bei ESRI Schweiz. Seit 2003 ist er wissenschaftlicher Mitarbeiter des World Glacier Monitoring Service und engagiert sich dabei in verschiedenen wissenschaftlichen Projekten, einschließlich Gastwissenschaftler-Aufenthalte bei der Fortalecimiento de la Red Ambiental in Kolumbien und am National Snow and Ice Data Center in Boulder/USA. Er ist Hauptautor in verschiedenen Publikationen, in wissenschaftlichen Magazinen und begutachteten Büchern. In jüngster Zeit war er für den Bericht über »Global Glacier Changes: Facts and Figures« verantwortlich **(www.grid.unep.ch/glaciers/).**

Dr. Roland Dellagiacoma

Als Inhaber eines Doktortitels in Forstwirtschaft leitet er zurzeit als Direktor das Amt für Natur und Ländlichen Raum der Landesregierung von Südtirol in Bozen. Er ist zugleich Leiter des ARGE-ALP-Projektes und Mitglied in verschiedenen Expertenkommissionen für Raum- und Landschaftsplanung und der Verwaltung von Naturschutzgebieten. Sein Hauptarbeitsfeld sind Naturschutz, Naturparks, ländliche Entwicklung, Landschaftsplanung und Baukultur. Er schrieb zahlreiche Fachartikel und hält Vorlesungen über die Natur und den ländlichen Raum.

Dr. Uroš Herlec

Seine geochemischen Diplom- und Promotionsstudien beschäftigen sich mit der Verwendung stabiler Sauerstoff- und Kohlenstoffisotope in ökologischen und paläoökologischen Studien. 1995 war er zwecks weiterführender Studien mit einem Stipendium der australischen Regierung Gastwissenschaftler an der Universität von Hobart in Tasmanien. Zurzeit ist er in der geologischen Abteilung der Fakultät für Naturwissenschaften und Ingenieurwesen an der Universität von Ljubljana angestellt. Dort hält er Vorlesungen über »Lagerstätten von mineralischen Rohstoffen, Kohle und Öl« und »Mikroskopie von Erzen und Kohle«. Ebenso betreibt er aktive Feldforschung zu Erzlagerstätten. Von 1996 bis 2001 war er Präsident der Slowenischen Geologischen Gesellschaft und drei Jahre lang Vizepräsident des Europäischen Geologenverbandes. Er veröffentlichte über 200 Forschungs-, Fach- und populärwissenschaftliche Artikel.

Ferdinand Lainer, B. Sc.

1984 schloss er an der Universität für Bodenkultur in Wien erfolgreich sein forstwirtschaftliches Studium ab und absolvierte 1988 die Staatsprüfung für den leitenden Forstdienst. Von 1985 bis 1987 arbeitete er in der Steirischen Kammer für Land- und Forstwirtschaft als Leiter der »Abteilung für das obere Murtal«. Seit 1987 ist er bei der Salzburger Behörde des Nationalparks Hohe Tauern beschäftigt, wo er als deren Vizedirektor für Wildtierökologie, Kulturlandschaft und ländliche Entwicklung zuständig ist. Zu seinen wichtigsten Wildtierprojekten zählen: Leitung des Vorhabens Wiedereinführung des Bartgeiers in den Hohen Tauern, Wildjagdmanagement, telemetrische Analysen zum Steinbock. Er verwaltet die mit dem Europäischen Naturschutzdiplom ausgezeichneten Krimmler Wasserfälle. In der Zeit von 1995 bis 2007 leitete er das LEADER-Vorhaben »Die Nationalparkregion Hohe Tauern«.

Dr. Guido Plassmann

Er studierte Geografie und Geschichte der Alpen und erhielt 1993 seinen Abschluss. 1998 wurde ihm an der Joseph Fourier-Universität in Grenoble der Ph.D. verliehen. Seit 1993 arbeitet er im Rahmen der Alpenkonvention und ist seit 1995 im Auftrag des französischen Umweltministeriums verantwortlich für die Förderung des Verbunds alpiner Schutzgebiete im Nationalpark Les Écrins. Er ist Direktor der Regierungsorganisation Alpenverbund. Seit Januar 2006 ist er an der Schaffung der Projektgruppe »Schutzgebiete der Alpen« beteiligt. Seit Juni 2006 ist er Direktor des Arbeitskreises ALPARC und Mitglied des Ständigen Sekretariats der Alpenkonvention. Er publizierte Schriften zu Schutzgebieten und koordinierte wissenschaftliche Tagungen (1993 bis 2007).

Dr. Tone Wraber

Er erhielt 1961 an der Universität Ljubljana sein Diplom in Biologie und vertiefte seine Kenntnisse am Internationalen Institut für Alpine und mediterrane Geobotanik in Montpellier. Er erhielt seinen Ph.D. 1972 an der Universität Triest. Von 1960 bis 1968 war er Kurator für Botanik am naturgeschichtlichen Museum Sloweniens und 1968 bis 2003 (bis zur Emeritierung) Ordinarius für Systematische Botanik und Phytozönologie an der Universität Ljubljana. Seine Arbeiten konzentrieren sich auf die Flora Sloweniens, den westlichen Balkan und die Slowenischen Alpen, den Schutz der Pflanzenwelt und die Popularisierung der Botanik. Er ist Herausgeber von Proteus und anderer Zeitschriften und schrieb, teils als Co-Autor, neun Nachschlagewerke und zwei Buchübersetzungen zur alpinen Flora. Er nahm als Botaniker an drei Expeditionen zum Himalaya und nach Zentralafrika teil.

Anmerkungen

Die Alpen ist ein umfangreiches wie vielschichtiges Projekt, das dank der Mitarbeit vieler Experten durchgeführt werden konnte. Ihren Beiträgen verdanken wir es, dass wir dieses Bild einer aus vielen einzelnen Mosaikstücken aufgebauten Darstellung der großartigen Gebirgslandschaft vervollständigen konnten. Zahlreiche Menschen haben zudem auf vielerlei Art an diesem Projekt mitgewirkt. Ihre Hilfe war unverzichtbar. Wir bedanken uns bei allen aufs Herzlichste für ihre Mitwirkung, wohlwissend, dass ihr wirklicher Beitrag bei Weitem nicht durch die finanziellen Mittel aufgewogen werden konnte, die dem Projekt zur Verfügung standen.

Gregoire Bel, Jana Bergant, Bogdan Biščak, Dr. Mario F. Broggi, Freddy Fortunato, Tine Guzej, Marjutka Hafner, Gerald Imfeld, Hortensia Eraj, Miha Kovač, Jože Lenič, Anja Leskovar, Dr. Andrej Lukšič, Mathalie Morelle, Thomas Oberhauser, Dr. Guido Plassmann, Andreja Peček, Franci Savenc, Alenka Skok, Igor Stanonik, Jernej Stritih, Marjeta Keršič Svetel, Dr. Janez Šumrada, Hugues Thiebault, Davorin Tonkli, Federico Vallauri, Dr. Michael Vogel, Matjaž Vrečar, Philippe und Cecile Zen.

UNESCO
United Nations Educational, Scientific and Cultural Organization
Organizacija Združenih narodov za izobraževanje, znanost in kulturo
Slovenian National Commission for UNESCO
Slovenska nacionalna komisija za UNESCO

mountainwilderness slovenije

pro vita alpina

ITS International Tourism Symposium

alparc

Fotos im Einführungsteil:

Der Fluss Unec im Planinsko-Tal (Slowenien)

Der Grenz-Gletscher an der Nordwand des Lyskamm (Schweiz)

Die Nordwestseite des Mont Blanc (Frankreich)

Der Dolomiti Bellunesi-Nationalpark (Italien)

Der Eibsee (Deutschland)

Erläuterung zu den Fotos auf den Doppelseiten:

Pic de Bure, 2709 m [Frankreich]	**N** 44° 36' 13" **E** 05° 54' 23"	**2714 m**
Name, Meereshöhe und Land	Aufnahmeort	Aufnahmehöhe

Titel der Originalausgabe: The Alps, A Bird's-Eye View

Bibliografische Information der Deutschen Nationalbibliothek
Die Deutsche Nationalbibliothek verzeichnet diese Publikation in der Deutschen Nationalbibliografie; detaillierte bibliografische Daten sind im Internet über http://dnb.d-nb.de abrufbar.

1. Auflage
ISBN 978-3-7688-3180-2
Die Rechte für die deutsche Ausgabe liegen beim Verlag
Delius, Klasing & Co. KG, Bielefeld

Aus dem Englischen von Petra Demmler
Lektorat: Dr. Gabriele Lehari
Herausgeber: Vojko Strahovnik, Marko Lenarčič, Matevž Lenarčič
Experten: Janez Bizjak (SLO), Dr. Mario Broggi (CH), Dr. Hans Haid (A), Matevž Lenarčič (SLO), Dr. Guido Plassmann (F), Dr. Michael Vogel (D)
Fotos: Matevž Lenarčič
Text: Janez Bizjak
Einleitung: Koichiro Matsuura (J), Sir Christian Bonington (GB), Marco Onida (I)
Textbeiträger: Dr. Boštjan Anko (SLO), Dr. Werner Bätzing (D), Dr. Lučka Kajfež Bogataj (SLO), Dr. Anton Brancelj (SLO), Dr. Mario F. Broggi (FL), Hervé Cortot (F), Dr. Bernard Debarbieux (CH), Dr. Roland Dellagiacoma (I), Dr. Hans Haid (A), Dr. Uroš Herlec (SLO), Dr. Boris Kryštufek (SLO), Ferdinand Lainer, DI (A), Dr. Guido Plassmann (F), Dr. Tone Wraber (SLO), Dr. Michael Zemp (CH)
Design: Ivana Kadivec
Zeichnungen: Jaka Modic
Recherche geografische Namen: Dr. Stanko Klinar
Karten: © Geodetski inštitut Slovenije, Kartendesign: Primož Kete, Jani Demšar
Schutzumschlaggestaltung: Gabriele Engel
Satz: Fotosatz Habeck, Hiddenhausen
Printed in Slovenia 2010

Delius Klasing Verlag, Siekerwall 21, D - 33602 Bielefeld
Tel.: 0521/559-0, Fax: 0521/559-115
E-Mail: info@delius-klasing.de
www.delius-klasing.de